全国青少年校园足球教学训练指南

中国足球学校 编著

人民体育出版社

图书在版编目（CIP）数据

全国青少年校园足球教学训练指南 / 中国足球学校编著. -- 北京：人民体育出版社，2024
ISBN 978-7-5009-6360-8

Ⅰ.①全… Ⅱ.①中… Ⅲ.①青少年—足球运动—运动训练—中国—指南 Ⅳ.①G843.2-62

中国国家版本馆CIP数据核字(2023)第167959号

*

人民体育出版社出版发行
北京新华印刷有限公司印刷
新 华 书 店 经 销

*

787×1092　16开本　24印张　478千字
2024年3月第1版　　2024年3月第1次印刷

*

ISBN 978-7-5009-6360-8
定价：108.00元

社址：北京市东城区体育馆路8号（天坛公园东门）
电话：67151482（发行部）　　邮编：100061
传真：67151483　　　　　　　邮购：67118491
网址：www.psphpress.com

（购买本社图书，如遇有缺损页可与邮购部联系）

《全国青少年校园足球教学训练指南》
编委会

总策划： 丁启鹏　国家体育总局秦皇岛训练基地（中国足球学校）
　　　　　　　　　主任（校长）

主　任： 崔　军　国家体育总局秦皇岛训练基地（中国足球学校）
　　　　　　　　　党委书记

副主任： 丁　乐　国家体育总局秦皇岛训练基地（中国足球学校）
　　　　　　　　　副主任（副校长）

成　员： 崔钰杰　国家体育总局秦皇岛训练基地（中国足球学校）
　　　　　　　　　文化教育处处长

　　　　　　赵人英　国家体育总局秦皇岛训练基地（中国足球学校）
　　　　　　　　　原训练部副主任

　　　　　　张　勇　国家体育总局秦皇岛训练基地（中国足球学校）高
　　　　　　　　　级教练员、亚足联/中国足协A级教练员、亚足联/
　　　　　　　　　中国足协B级教练员讲师

　　　　　　武　朋　吉林大学体育学院讲师、亚足联/中国足协A级教练
　　　　　　　　　员、亚足联/中国足协C级教练员讲师、吉林省校园
　　　　　　　　　足球专家委员会专家委员

　　　　　　邓麒露　吉首大学体育科学院运动训练硕士

前　言

"'三大球'要搞上去，这是一个体育强国的标志。"习近平总书记从中华民族伟大复兴的战略全局、从全面建设体育强国的战略出发，要求推动"三大球"的改革发展。当今中国正在全面走向世界舞台的中央，中华民族伟大复兴的中国梦与中国体育强国梦息息相关。

党的十八大以来，以习近平同志为核心的党中央站在国家强盛、民族复兴的战略全局，高度重视足球运动改革发展，对青少年校园足球发展进行了顶层设计和系统部署，提出了一系列新理念新思想新战略，强调足球要从娃娃抓起，从基层抓起，从群众性参与抓起，推动青少年校园足球工作深入开展。发展振兴足球的目标明确、重点突出、路径明晰，为新时代校园足球发展提供了根本遵循和行动指南。

校园足球可持续、高质量发展的核心在于"校园足球师资力量"，校园足球教师、教练员短缺是制约普及推广提高的瓶颈。全面贯彻落实《关于深化体教融合 促进青少年健康发展的意见》，推进足球进校园，充分发挥足球的独特教育作用，首先要有专业的校园足球教学训练指导教材，并在发展中不断形成内容丰富、形式多样、因材施教的足球教学体系。

该指南由中国足球学校负责组织编撰，在教育部体卫艺司统一部署与指导下，依据教育部相关政策文件，全面深化对体育的认识，在汲取中国足球学校二十年来为国家培养大量青少年足球运动员的丰富经验，以及近几年编印出版《校园足球手册》《青少年足球专项体能训练教程》《幼儿足球教学理论与实践》系列专业教材的基础上，坚持问题导向，聚焦关键环节，认真总结足球运动发展规律，旨在研制一套由国家行政部门主导，科学化、标准化、规范化的校园足球教练员教学指导教材，为校园足球教学训练工作的开展提供科学建议，规范校园足球教练员日常训练的管理、组织，完善校园足球教学课程体系，更好地指导校园足球教学训练，不断推动校园足球深入与高质量发展。

本指南共分为九大章节，涵盖足球技术、战术、体能、心理、计划、测试及青少年足球运动员体能训练方法指导。在校园足球师资培训开展如火如荼的大背景下，校园足球教师、教练员培训仍需要"精准发力、久久为功"，希望本指南的制定，能够切实推动校园足球教学向科学化、标准化与普及化的方向加速发展，为实现第二个百年奋斗目标和中华民族伟大复兴的中国梦贡献智慧和力量。同时也希望广大的读者能够为本指南完善优化提供宝贵建议！

编委会

2023年8月

目 录

上篇　青少年足球运动训练

第一章　技术 / 2

第一节　足球技术与技能 / 2

第二节　足球技术分类 / 3

第三节　球感 / 5

第四节　运（带）球 / 8

第五节　传球 / 20

第六节　接球 / 23

第七节　射门 / 29

第八节　突破 / 33

第九节　抢球 / 41

第十节　头顶球 / 46

第十一节　掷界外球 / 51

第十二节　守门员技术 / 53

第二章　战术 / 69

第一节　战术基本原则 / 69

第二节　比赛阵型 / 76

第三节　进攻与防守战术 / 89

第四节　定位球战术 / 112

第五节　比赛战术运用 / 118

第六节　足球战术教学与训练 / 134

第三章　体能 / 144

第一节　速度 / 144

第二节　灵敏 / 153

第三节　柔韧 / 162

第四节　耐力 / 164

第五节　力量 / 168

第六节　综合性身体训练 / 173

第四章　心理 / 184

第五章　计划 / 190

第一节　全年与阶段教学训练计划制订 / 190

第二节　周计划与课时计划（课教案）制订 / 195

第六章　测试 / 199

第一节　体能测试 / 199

第二节　基本技术测试 / 209

第三节　女生测试 / 223

下篇　青少年足球运动体能训练

第七章　青少年足球运动员体能训练方法 / 232

第一节　热身 / 232

第二节　速度训练 / 262

第三节　力量训练 / 268

第四节　快速伸缩复合训练 / 278

第五节　耐力训练 / 305

第六节　核心训练 / 319

第七节　灵敏训练 / 327

第八节　平衡训练 / 343

第九节　恢复和再生训练 / 350

第八章　各年龄段训练注意事项 / 362

第一节　运动素质发展敏感期 / 362

第二节　运动素质训练权重 / 363

第九章　青少年女子足球运动员专项体能训练 / 367

第一节　女子足球运动员的运动损伤特征 / 367

第二节　女子足球运动员的体能训练 / 368

上篇
青少年足球运动训练

第一章 技术

第一节 足球技术与技能

一、足球技术

足球技术是运动员在足球比赛中所采取的合理动作的总称。它是在比赛实践中逐步形成、发展、完善起来的。足球技术既是实现个人战术目的的前提，也是组织与完成局部和整体战术的基础，也就是说，没有技术就谈不上战术，没有技术就没有真正的实力。确切地说，足球技术在足球运动中起最重要的、决定性的作用，足球运动员只有熟练掌握足球技术，才能在比赛中有目的地采取行动，正确合理地处理球，以达到战术上的要求。

随着足球运动的迅速发展，竞赛制度日臻科学合理，职业化竞争日趋激烈以及个人能力全面提高，比赛争夺越来越激烈，攻守转换的速度越来越快，足球技术不仅在内容上更加丰富，动作难度也在不断提高，而且足球技术与目的、速度、意识、位置、即兴发挥等紧密结合。现代足球在追求获胜结果的同时，更加注重攻守的平衡和控球权的争夺，这些都是依靠足球技术来完成的，足球技术表现出以下特点。

（一）足球技术更讲究实用性

相对于过去的足球基本技术，现代足球技术更加实用。现代足球基本技术已将一些华而不实的动作抛弃，保留和新创了许多具有实用价值的基本技术。

（二）足球技术更加细腻

如果将20世纪四五十年代的足球影像与现代的足球影像做比较，就会觉得过去的足球技术相对较粗糙，这个问题主要表现在个人对于足球基本技术的运用方式和形态上。就一种趋势而言，足球基本技术由于受到进攻技战术与防守技战术的影响，以及人们对于足球比赛的需求，未来还会继续向着更加细腻的方向发展。

（三）足球技术节奏更快、对抗更激烈

随着现代足球技战术和体能的进一步发展，特别是不同阵型和队形的运用，攻守对抗日趋激烈，呈现出全场全面对抗的趋势。同时因球员身体素质的发展及足球运动水平的提高，现代足球比赛节奏更加快速、对抗更加激烈。

（四）足球技术中对个人技术发展的要求

第一，技术全面并有专长。
第二，技术与速度融为一体，动作速率明显加快。
第三，位置技术服务于战术需求。
第四，组合技术衔接得更加快速、连贯和协调。
第五，技术表现出高度的准确性、合理性、实用性和力量。
第六，对身体素质的要求更高。

二、足球技能

足球技能是指运动员在适当时间、适当地点并在对手干扰下选择使用适当技术的能力。

足球技能发展的基本过程：①在无对抗条件下学习、领会、掌握技术动作；②增加完成技术动作的难度；③通过良好的演示帮助运动员掌握、运用难新技术动作；④通过对抗训练提高利用正确合理技术应对对手的能力；⑤在实战中展示运用技术的能力。

第二节　足球技术分类

技术是足球运动四大基础要素之一。依据现代足球运动的发展，技术也在不断地进化，在教学、训练与实战过程中，对技术的认识、理解与运用也在不断地深化，使相应的技术分类方法也有不同的体现。

足球是一项技术动作相当复杂的运动项目，从队员在赛场上的位置和技术特点看，足球技术可分为锋、卫技术和守门员技术，但是不论是锋、卫队员还是守门员，在比赛中不仅需要完成结合球的技术动作，而且要完成许多无球的技术动作，所以足球技术又分为有球技术和无球技术两大类（表1-1）。

表1-1　足球技术分类

类型	分项技术	具体内容
无球技术	起动	原地起动、活动中起动
	跑	起动跑、冲刺跑、曲线跑、折线跑、折返跑、侧身跑、插肩跑、后退跑
	急停	正面急停、转身急停
	转身	前转身、后转身
	假动作	无球假动作
有球技术	传球	脚背正面、脚背内侧、脚背外侧、脚内侧、脚尖、脚跟
	接球	脚内侧、脚底、脚背正面、脚背外侧、胸部、腹部、大腿、头部
	头顶球	前额正面、侧额进攻头球、防守头球（原地、跳起）
	运（带）球	脚背内侧、脚背外侧、脚背正面
	抢球	正面抢球、侧面合理冲撞抢球、侧后铲球及抢断球
	突破（假动作）	有球假动作
	掷界外球	原地掷球、助跑掷球
	守门员技术	准备姿势、移动、选位、接球、扑接球、击球、托球、掷球、踢球

在一场足球比赛中，大部分球员都处于无球状态中。无球技术也是一名优秀运动员必备的重要技术，如上述分类中的起动、跑、急停、转身、假动作等在攻防战术行动中都具有非常重要的作用，而且无球技术往往与身体素质和战术意识紧密相连，但又不是任何一项身体素质所能替代的。无球技术运用得好坏往往也是一个运动员身体素质和战术意识训练水平高低的综合体现。所以在学习足球基本技术的开始阶段就要重视学习无球技术，把无球技术与身体素质和战术意识紧密地结合起来，这样更容易获得学习的效果。

根据足球技术的实用性和基础性，还可以分为足球基本技术和实战技术（图1-1）。实战技术是根据比赛的实际需要提炼而成的。

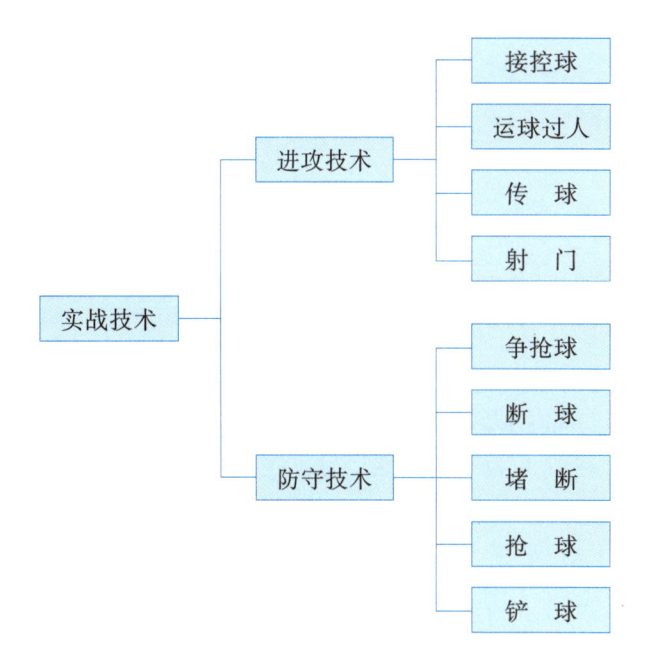

```
                        ┌─ 接控球
                        ├─ 运球过人
           ┌─ 进攻技术 ─┤
           │            ├─ 传 球
           │            └─ 射 门
实战技术 ──┤
           │            ┌─ 争抢球
           │            ├─ 断 球
           └─ 防守技术 ─┼─ 堵 断
                        ├─ 抢 球
                        └─ 铲 球
```

图1-1　足球实战技术分类

足球比赛中运动员不仅要完成单个技术动作，更多的是从获得球到处理球的完整动作过程，即若干技术动作的组合。因此，足球技术又可分为单个技术和组合技术。

第三节　球感

一、什么是球感

球感也称为球性，是指对球的感觉与把控能力。对初学者来说，必须十分重视熟悉球性、增强球感的训练，努力提高脚和身体各个部位（手臂除外）对球的感觉与把控能力，这对完成控球和各种技术环节有极其重要的作用。

二、训练的方法

球感（性）训练方法多种多样，就是要尽可能多地接触球，以提高身体各部位（脚、腿、腹、胸、头等）对不同性能球的感觉与控制力。总的原则是日积月累、循序渐进、熟能生巧。

（一）训练范例

1. 颠网袋中球

初学者开始练习颠球时，可将足球放在网袋中，手抓住网袋上端，用脚的各部位颠球，以熟悉球性，感受触球后球的变化规律。

2. 自抛自颠

初学者采用手抛球的方法自抛自颠。分别用脚、大腿、胸和头部连续颠球，由单个部位颠球过渡到各部位串连颠球，由手抛颠球过渡到用脚挑起来颠球。

3. 颠球比赛

在限定时间内（1~2分钟）进行颠球比赛。颠球失败球落地后，仍可继续颠球，直至到时结束，累计颠球次数排列名次。

4. 组合部位颠球

（1）**六部位颠球**：左、右脚背正面、脚内侧、脚外侧六个部位连续颠球，每个部位颠球一次，顺序不限但不得重复。

（2）**八部位颠球**：六部位加上左、右大腿八个部位连续颠球，每个部位颠球一次，顺序不限但不得重复。

（3）**十二部位颠球**：八部位加上胸、头、双肩十二个部位连续颠球，每个部位颠球一次，顺序不限但不得重复。

5. 行进间颠球

在规定距离内（如20~30米）做行进间颠球，球落地可在落地点继续行进间颠球，直至到达终点。计算完成的时间排列名次。

6. 颠球游戏

（1）**限定高度颠球**：①限定每次颠球的高度不得超过膝关节，连续颠球。②限定每次颠球的高度不得超过胸腹部，连续颠球。③限定每次颠球的高度不得超过头部，连续颠球。

（2）**颠球—转身—颠球**：将球颠起超过头部后迅速转身180°再颠球。可允许调整球但限定次数（如2~3次），逐步减少调整球次数，直至不调整球连续做转身颠球。

（3）颠传球：①两人相对做颠传球，可限制触球次数，如每人颠球1~3次后传球，直至每人只能触球一次完成颠传球。②3~5人围成圆做颠传球，要求同两人颠传球。

（4）足网球比赛：在网球场地进行单人或双人足网球比赛，按网球规则进行但必须用脚踢。

（5）足排球比赛：在排球场地进行六人制足排球比赛，按排球规则进行但只能用除手臂外的身体各部位触球。

（二）训练方法图示

练习一至练习四如表1-2至表1-5所示。

表1-2 练习一

场地	12米×12米
器材	标志物、足球若干
方法	队员用身体合理部位自由变换部位颠球
要求	1. 颠球的节奏控制 2. 触球部位保持适度紧张 3. 控制好用力方向与大小 4. 触球部位要合理、正确 5. 保持身体放松、重心平稳
变化	1. 不同部位高低结合的颠球 2. 颠球及控球（停反弹球、挑球变向）

表1-3 练习二

场地	15米×15米
器材	标志物、足球若干
方法	在场地内每人1球。活动中按照不同要求运用身体合理部位控制各种性质的球，颠球高度不断变化、颠球方向不断变化
要求	1. 颠球：支撑腿灵活站立 2. 缓冲控球：根据球的力量接触球，缓冲球的力量 3. 下压停球：调整好部位和方向 4. 注视球：根据球的运行方向迅速移动
变化	1. 颠球（用脚的六部位、大腿、胸、头、肩等部位） 2. 缓冲控球（用头、胸、大腿、脚各部位） 3. 下压停球（用脚底、脚背内侧和外侧）

表1-4 练习三

场地	15米×15米
器材	标志物、足球若干
方法	两人一组。一人随意进行各种颠球和挑球变向控制球练习，另一人做适当干扰，难度不宜大。轮流交替进行练习
要求	1. 颠球时的击球点略高 2. 颠球和挑球后重心移动 3. 空中球变为地面球要平稳，连接熟练

表1-5 练习四

场地	12米×16米，中间设球网
器材	标志物、足球若干
方法	4V4网式足球比赛： 1. 只允许球在本方场地落地一次，第二次落地即为失分。每方必须第3次触球时才能将球顶或踢到对方场地 2. 15球一局，三局两胜制
要求	1. 判断好来球方向和速度 2. 脚步及时移动 3. 同伴间准确传球 4. 观察对方的位置 5. 互相交流合作

第四节 运（带）球

运球也称为带球，队员在带球跑动中通过变向、变速、过人等技术动作从而保持球权、创造传球配合或射门的机会。运球是运动员个人控球能力、应变能力和个人进攻能力的集中体现，熟练掌握和合理运用运球与运球过人技术，对调控比赛节奏、丰富战术变化、突破密集防守、创造射门机会都具有重要意义。学习运球与运球过人技术需要认真反复训练，并通过赛场实践逐渐形成自己的运球能力和特点。

一、运球动作分析

运球技术包括跑动与触球两个要素。运球跑动时要重心低、步幅小、频率快、动作放松，这种跑动方式有助于队员及时调整身体重心以及与球的位置关系，适应运球急停、变速、变向等的需要。运球触球动作是一种推拨式的触球，这种方式有助于队员运球时在力量、方向上对球进行有效的控制。跑动与触球动作的协调转换和有效交替，便构成运球的动作过程。

运球过程中有多种触球的动作方法，但无论哪种触球方法，都包括以下三个阶段。

（一）支撑脚踏地蹬送阶段

蹬送动作的作用是推动人体重心前移，维持身体相对平衡，保证运球脚顺利完成触球的动作。这一阶段，应尽量缩短支撑时间，积极蹬送，以加速身体重心的移动。

（二）运球脚前摆触球阶段

在支撑脚蹬送的同时，运球脚前摆触球给球推动力。触球动作包括脚的部位、触球部位、触球时间、触球力量和触球方向等因素。只有熟练地把握好这些因素，并协调其相互间的关系，才能保证对球的有效控制。

（三）运球脚踏地支撑阶段

运球脚触球后要顺势落地支撑，并随即过渡到蹬地动作，以保证重心移动的连续性，使人体与球的移动保持一种协调关系，为运球动作过程的连贯、流畅奠定良好的基础。

在运球过程中，撑、蹬、摆、送动作是有序的统一体，应连贯完成。在此基础上重点关注运球脚的前摆触球环节，这是掌握和提高运球技术的关键。

二、运球方法与要领

按脚接触球的部位分，运球分为脚背正面运球、脚背内侧运球、脚背外侧运球和脚内侧运球；按运球路线分，运球分为直线运球、曲线运球。

（一）脚背正面运球

特点： 正脚背触球，直线推送，动作自然，速度快，但只适用于直线运球，多在前方空间开阔、纵深距离较长的情况下运用。

动作方法： 身体自然放松跑动，步幅稍小，上体稍向前倾，两臂屈肘自然摆动。运球腿自然提膝前摆，脚背绷紧，脚尖向下，在运球腿向前迈步过程中用脚背正面推送球的后中部，将球向前推送，身体重心紧紧跟随球移动。

易犯错误： ①运球脚触球时踝关节松动不稳定，难以控制运球的力量和方向。②膝、踝关节僵硬，触球时变推拨为捅踢动作，控制不住球。③支撑脚离球过远，推球后重心滞后，造成人球分离对球失控。

纠正方法： ①可采用放慢运球速度的练习，巩固触球脚的稳定性，掌握好蹬、摆用力方向，步幅可小些，固定脚踝，反复练习、体会。②放慢运球速度，要求按照蹬、摆、推拨的顺序，做完一次，向前慢跑两步，再做一次，反复练习并体会，并在熟练的基础上扩大视野。

（二）脚背内侧运球

特点： 运球动作幅度大，控球稳定性好，便于掩护性运球或运球变向，是比赛中运用最多的运球方法之一，但动作较复杂，运球速度较慢。

动作方法： 身体放松自然跑动，支撑脚落在球侧方，身体稍向支撑脚一侧倾斜，运球一侧腿屈膝，脚尖向下并稍外转，在运球腿向前迈步过程中用脚背内侧推送球的后中部，将球向前推送，运球脚及时落地支撑，身体重心紧紧跟随球移动。

易犯错误： ①身体重心过高或侧倾不够，影响对运球方向的控制。②触球时脚型不稳，影响控制效果。

纠正方法： ①采用固定球练习，确定支撑脚的位置，进行反复练习，体会重心前移的动作要领。②在练习中，可放慢运球速度，固定脚型，强调推送的动作顺序，体会如何控制运球方向。

（三）脚背外侧运球

特点： 运球灵活、可变性强，便于掩护球，易于观察场上情况变化、控制运球方向和发挥运球奔跑速度的优势,可做直线运球、斜线运球和变向运球,是比赛中最常用的运球方法之一。

动作方法:身体放松自然跑动,步幅较小,上体稍向前倾,两臂屈肘自然摆动,运球腿自然提膝前摆,脚背适当紧张固定,脚尖向下并内转(扣),在运球腿向前迈步过程中用脚背外侧推拨球的后中部,将球向前推送,运球脚及时落地支撑,身体重心紧紧跟随球移动。

易犯错误:①运球一侧腿直腿前摆,难以控制拨推球的动作和力量。②膝、踝关节僵硬,影响控球效果。③身体重心偏高或后坐,影响身体重心跟进和运球速度。

纠正方法:①进行走步式练习,在行进练习中体会支撑脚的位置和触球脚的部位。②在练习中变换运球方向,体会运球脚踝关节的推拨、运控动作。

(四)脚内侧运球

特点:脚接触球面积大,容易控制球,但速度较慢,多用于掩护性运球或运球变向。

动作方法:支撑脚踏在球的侧前方,膝关节微屈,上体前倾并向运球脚方向侧转,随身体重心前移,运球腿提起脚尖外转,用脚内侧部位推送球的侧后中部,运球脚及时落地支撑,身体重心紧紧跟随球移动。

易犯错误:①支撑脚选位不好,挡住球路或影响运球脚做动作。②推送球时,踝关节松动或脚尖外转不够,影响运球方向的控制。

纠正方法:①进行走步式练习,在练习中体会支撑脚的位置及动作要领。②在练习中固定脚型,强调触球时脚尖外转,用脚内侧推送球。

三、直线运球与曲线运球

直线运球与曲线运球是比赛中最常用的运球方式,用于快速推进、突破、转移等战术打法,在运球训练中要特别重视。

(一)直线运(带)球

多采用脚背外侧、脚背正面运球的方法,进行快速运球。适用于进攻时在开阔地带运球快速推进和摆脱防守后的快速反击。

1. 训练的目的

掌握直线快速运球的基本方法，体会运（带）球时的推拨动作与跑动速度的结合，体会支撑脚与运球脚连贯动作的协调配合。

2. 训练的方法

（1）直线快速运球：采用脚背外侧、脚背正面运球的方法进行直线运球的练习，运球速度逐渐由慢到快，逐步掌握两只脚交替直线运（带）球，逐步掌握推拨球动作与奔跑协调配合的动作要领。

（2）运球迎面接力：设相距20米的两个标志桶，队员分成人数相等的A、B两组，分别站在标志桶后。A组的第一人快速直线运球到对面的标志桶，把球传给B组的第一个人，然后跑到B组队尾，B组第一人快速直线运球到对面的标志桶，把球传给A组的第二个人，然后跑到A组队尾，如此连续循环进行。

（3）练习方法与场地设置同上：多组同时进行，分别计时，用时最少的组获胜。

（4）直线变速运球：运球变速的距离可长可短；变速节奏可急可缓；可有规律变速，也可无规律变速。重点体会变速时球的运控与衔接。

3. 练习要素的变化

（1）初学者开始运球的速度可以稍慢一些，体会运球的部位和方法，待熟练后逐渐加快运球速度，进而做到运球速度能快、慢结合。

（2）调整场地的大小或增加限制线，体会运球的快慢结合和对球的操控能力。

（3）运球路线可以是直线、三角形或十字形等，练习的队形可采用横队或纵队。

（4）按队员的技术能力分组，制定不同水平的训练内容，以便调整训练强度。

（二）曲线运（带）球

多采用脚背内侧、脚背外侧、脚内侧运球进行改变方向的曲线运球。适用于改变进攻方向和运球过人突破。

1. 训练的目的

掌握曲线运（带）球方法，体会曲线运（带）球的触球部位和运球角度的调整、变化，体会身体重心的移动、跟进和变化。

2. 训练的方法

（1）**运球过杆（障碍物）**：设置10根杆或标志桶，间距依次为1米、2米、3米，呈直线排列。队员排成一路纵队，由排头开始，从起点线运球绕过数根标杆或标志桶，再折返绕杆或标志桶回到起点，把球传给下一个人，然后排到队尾，如此连续循环进行。

（2）**曲线运球过杆（障碍物）**：设置10根杆或标志桶，呈曲线排列，间距均为2米，练习方法同上。

（3）**运球绕中圈**：队员分成两组分别站在中圈与中线的两个交点上，各组的排头队员按同一方向沿中圈外侧运球（球进入中圈犯规，需回到中圈外再继续运球），运球到起点把球交给本组的下一个同伴，然后跑到队尾，如此连续循环进行。

（4）**绕中圈运球比赛**：练习方法同上，比哪组最先全部完成绕中圈。

3. 练习要素的变化

（1）初学者开始运球的速度可以稍慢一些，重点体会运球时如何变换球的方向和移动身体重心。

（2）调整场地的大小，还可以考虑增加标志物。标志物的摆放开始可以是直线有序的，也可以不规则摆放，以提高曲线运球变向能力。

（3）运球路线轨迹可以是折线，也可以是弧线，变换的角度可大可小，可在运球中突然变向，可在运球急停后突然变向，可在运球变速中突然变向。

（4）根据队员实际情况对练习人数和次数进行调整，以便掌握训练强度。

四、运（带）球综合训练

（一）训练的目的

通过运（带）球综合训练感受运球的脚法、触球部位、推拨球动作及运球的距离、方向、速度等要素的变化；对运球的节奏感、距离感，以及重心的移动和应变的机动性等予以掌控，提高队员的运控球能力。

（二）训练的方法

（1）**看指向性信号变向运球**：在罚球区内每人一球自由运球。听到教练员鸣一声哨或做一个手势时，立即做一个运球变向动作；听到教练员鸣两声哨或变换手势时，立即做一段快速运球；听到教练员鸣三声哨或做其他手势时，立即做一个假动作晃动运球变向，提高视听能力。

可限定脚法，如只许用右脚或只许用左脚，或两脚交替使用；只许用脚背外侧变向或只许用脚背内侧变向；只许用脚内侧变向或脚底拉球转身等。

（2）**运球模仿练习**：两人一组，前面的人做各种变向、变速、急停、急起的跑动，后面的人运球跟踪模仿。

（3）**1V1运抢球**：两人一组，一人运球，一人防守。开始时运球人做各种运球变向、变速动作，防守人消极防守，做各种动作来干扰运球队员，逐步过渡到积极防守。运球人力争运控球不被抢截，防守人力争夺得控球权。

（4）**1V1运抢球比赛**：练习方法同上。计每人的运控球时间，在规定时间内运控球时间长者获胜。

（三）练习要素的变化

（1）**活动方式的变化**：活动方式要简单易行，先直线运球，后曲线运球，然后直线、曲线结合运球。

（2）**活动速度的变化**：开始时速度可以稍慢一些，重点体会带球时如何变换速度、方向，体会身体重心的转移变换。熟练后逐渐加快运球速度或快慢结合变速运球。

（3）**技术组合的变化**：初学者开始练习时应做单个运球动作，如脚背正面带球、脚内侧带球、脚背外侧带球等，然后结合推球、拨球、拉球、挑球、扣球等技术动作进行各种组合技术练习。

（4）**人数的变化**：练习开始时人数少一些，逐渐增加练习的人数，提高抗干扰能力，注重变换运球的方向，提高运球的掌控能力。

（5）**对抗程度的变化**：对抗程度要从无对抗到有对抗，从消极对抗到积极对抗，再到比赛中加以运用。

（6）**练习场地的变化**：注意调整训练场地的大小，还可以考虑增加标志物。标志物的摆放可以是直线有序的，也可以不规则摆放，以提高曲线变向运球能力。

（7）运球路线的变化：运球路线可以是直线、折线，也可以是弧线，变换运球方向的角度可大可小，可在运行中变向，也可急停后变向。

五、训练方法图示

练习一至练习九如表1-6至表1-14所示。

表1-6　练习一

	场地	8米×10米
	器材	标志物、足球若干
	方法	1. 以教练员传球开始 2. 进攻方运球通过小球门得分 3. 一旦球传出，防守方即开始防守 4. 当防守方得到球后即转为进攻对面球门 5. 做完一次后双方交换位置
	要求	1. 观察 2. 攻方充分运用运球技术争取通过球门得分 3. 守方积极防守，争取转守为攻，充分运用运球技术和传球配合射门得分

表1-7　练习二

	场地	20米×20米
	器材	标志物、足球若干
	方法	5V5运球过人比赛，鼓励多运球过人，每过一人得1分。在规定时间内累计双方得分决定胜负
	要求	1. 观察 2. 体会变向运球过人的方向变化 3. 体会变速运球过人的节奏变化 4. 体会运球过人的假动作 5. 体会运球过人的时机
变化	根据球员的能力可采用不同大小的球门进行有方向的运球对抗练习	

表1-8 练习三

场地	里圈的方块 12米×12米 外圈的方块 16米×16米
器材	标志物、足球若干
方法	绕里圈快速带球比赛 教练发信号开始比赛 1. 顺时针方向绕4个标志桶 2. 过标志桶时，要从标志桶内侧斜线向前推球，运球人从外侧绕过标志桶继续运球 3. 在两个标志桶之间至少触球一次 4. 计时决定胜负
要求	1. 用脚背正面、脚背外侧运球，推球过标志桶时可用脚背外侧或脚内侧 2. 控制运球方向和速度 3. 体会运球技术的运用
变化	1. 逆时针方向 2. 多组间比赛

表1-9 练习四

场地	20米×20米
器材	标志物、足球若干
方法	1. 场地两端线上各设一个小球门 2. 分两组，每组3～5人，分别站在边线的中间段。一组为攻方，一组为守方 3. 教练员传球给攻方队员即为开始。攻方进攻，守方防守 4. 攻方运球、过人通过小球门得1分。守方抢得球运球、过人通过对面小球门得1分 5. 一次攻防完成后，攻守双方队员互换位置准备下一次攻防练习 6. 累计双方得分数，多者胜
要求	1. 观察 2. 充分运用扣、拨、拉、挑、踩球和转身等运控球技术

表1-10　练习五

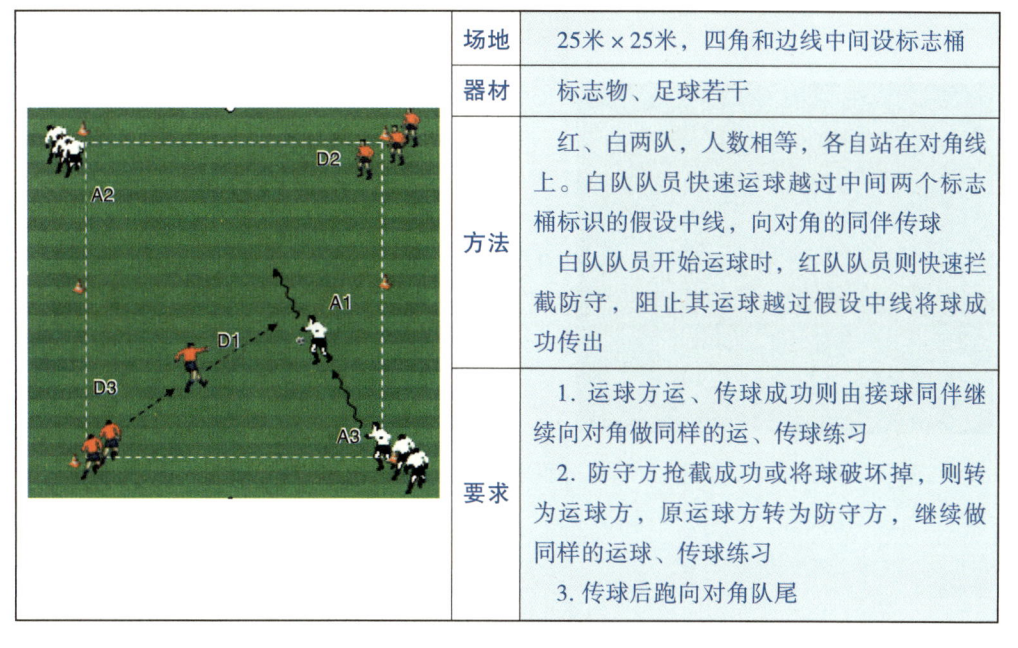

场地	25米×25米，四角和边线中间设标志桶
器材	标志物、足球若干
方法	红、白两队，人数相等，各自站在对角线上。白队队员快速运球越过中间两个标志桶标识的假设中线，向对角的同伴传球 白队队员开始运球时，红队队员则快速拦截防守，阻止其运球越过假设中线将球成功传出
要求	1. 运球方运、传球成功则由接球同伴继续向对角做同样的运、传球练习 2. 防守方抢截成功或将球破坏掉，则转为运球方，原运球方转为防守方，继续做同样的运球、传球练习 3. 传球后跑向对角队尾

表1-11　练习六

场地	40米×20米
器材	标志物、足球若干
方法	球员运控球，观察教练员手势做出相应反应： 1. 当教练员做手势1时，球员脚踩球 2. 当教练员做手势2时，球员坐在球上 3. 当教练员做手势3时，球员相互交换球 4. 当教练员做手势4时，球员做一个假动作
要求	1. 注意力集中，随时抬头观察 2. 将球保持在可随时变化的控制范围之内 3. 用多种脚法运控球

表1-12 练习七

场地	中圈
器材	足球若干
方法	队员每人一球，在中圈外运球。放在中圈内球的数量比人数少一个 1. 顺时针运球，听到口令后马上停止运球，将球踩在原地（球不能进入圈内），快速进入中圈内抢占一个球 2. 没有抢到球的队员罚做10次俯卧撑或10次蹲跳起
要求	1. 始终将球控制在范围内，随时准备和下一个动作有机连接 2. 运球时步子要小，降低重心
变化	1. 转换带球方向 2. 运球进入中圈，控好自己的球并抢另一个球

表1-13 练习八

场地	20米×10米
器材	标志物、足球若干
方法	把队员平均分成两组，在每组前方10米处放置一个标志杆，队员必须运球绕过标志杆，并运球返回至起点将球踩定，再由下一个队员重复上述运球过程，直至全部完成。最先完成的组即为胜者
要求	1. 运球时要将球控制在一定的范围内，不能成为追球跑 2. 运球时动作协调，绕标志杆的时候降低重心，步子小而灵活 3. 运球返回至起点时要将球踩定
变化	1. 设置多个标志杆（桶）做蛇形绕杆接力比赛 2. 用脚背内侧、脚背外侧、脚背正面、脚内侧运球

表1-14 练习九

	场地	10米×10米，设置每组3~5个标志物，间距1~3米，设置若干组
	器材	标志物、足球若干
	方法	运球蛇形绕标志物：队员分成人数相等的若干组，每人一球。各组第一人运球蛇形绕过全部标志物后向对面边线快速运球，并将球踩在线上。然后各组第二人做同样练习，直至各组全部做完
	要求	1. 运球动作协调，绕标志物的时候降低重心，步子小而灵活 2. 运球脚触球时脚腕要灵活、放松，推送球柔和、自如 3. 体会身体的灵活性和脚下动作的有机结合 4. 前一人将球踩在线上，下一人才能开始运球
变化		1. 运用不同脚法的组合运球 2. 左扣右拨、右扣左拨和拉、挑等过人组合练习 3. 进行若干组的运球蛇形绕标志物接力比赛

六、运球训练的指导要点

第一，球不可离开自己的控制范围，身体重心要随时跟上球，随时控好球。

第二，用身体掩护球，要用远离对手的脚运球。

第三，注意身体姿态（身体放松、抬头观察，用眼睛的余光看球）。

第四，运球变向要隐蔽。

第五，变向后的加速及变速的节奏。

第六，变速、变向过人、假动作晃动过人的时机与距离。

第七，视右向左、视左向右的眼神假动作。

第五节 传球

传球是比赛的基本要素之一，是全队配合的核心部分，通过传球可以改变场上球与队员之间的位置关系，从而更好地保持控球权、组织进攻、创造射门得分机会。

一、训练的目的

提高传球技术的熟练性和准确性，使队员之间相互配合的能力得到加强。

二、训练的方法

进行原地和行进间跑动传接球练习，采用各种脚法传球，并逐步熟练掌握。

三、训练要素的变化

（一）方向、时机、隐蔽性传球的变化

初学者开始传球时的速度可以稍慢一些，力量可以稍小一些，距离可以稍近一些，重点体会传球脚法和击球部位，待熟练以后逐渐加快传球速度、加大传球力量、加长传球距离，体会各种方向、时机的掌控与脚的不同有效部位。

（二）训练场地和传球方法的变化

调整传球场地的大小，增加传球的人数，变化传球的脚法、距离、路线、方向。

（三）传球跑动路线的变化

传球跑动路线可以是直线、斜线，也可以是折线、弧线，变换的角度可大可小，可在运行中变向，也可急停后变向。

（四）训练人数和次数的变化

训练队员的人数和练习的次数可根据队员掌握动作的实际情况决定，可多可少，可以两人一组传球，也可以多人传球。

四、训练方法图示

练习一至练习五如表1-15至表1-19所示。

表1-15　练习一

场地	30米×10米，中间设置2~3米小球门
器材	标志物、足球若干
方法	两人传球配合后传球通过小球门给对面两名队员，两名队员传球配合后将球传回来，如此连续做传接球练习
要求	1. 传接球质量：传球准、接球稳 2. 主动迎球、接球，不能等球 3. 传地滚球通过小球门、传低平球通过小球门、传高球越过小球门；传弧线球越过小球门

表1-16　练习二

场地	20米×20米，场内摆放几组间距为2~3米的标志盘
器材	标志物、足球若干
方法	两组队员在场内自由传接球，同队队员在传球时要使球通过两个标志盘之间
要求	1. 相互呼应，抬头观察 2. 注意选择传球目标及传球时机、脚法、力量、方向、路线 3. 传球后跑空当接应
变化	从无触球次数限制逐步过渡到有触球次数限制

表1-17 练习三

场地	15米×15米，如图设置标志盘、标志桶
器材	标志物、足球若干
方法	1. 五人练习。第一人在标志盘后准备传球，其他人站在各自标志桶处准备接球、传球 2. 第一人将球传向下一个标志盘，传球后跑向第一个标志桶，准备再接球、传球；第二人从第一个标志桶处跑向标志盘接球后传球或直接传球到下一个标志盘，传完球跑向下一个标志桶，准备再接球、传球。如此连续进行跑动传接球
要求	1. 观察 2. 注意接球、传球质量 3. 呼应

表1-18 练习四

场地	30米×50米，设八人制球门
器材	标志物、足球若干
方法	攻守对抗比赛：6V6（每队一人守门）得分一方由本方守门员发球继续比赛
要求	1. 观察、呼应 2. 进攻与防守的合理配合 3. 注意传球质量 4. 定时轮换场上队员位置

表1-19 练习五

场地	40米×40米，场地用标志桶分成4个三角形，设小球门
器材	标志物、足球若干
方法	4V4、5V5、6V6比赛：比赛中队员想接同伴传球必须移动到另外一个三角形区域，如果违反规则，由对方在犯规地点罚任意球 如A1向前传球给A2，再次接球前他必须移动到其他三角区，A2传球给A3后，再次接球前必须移动到其他三角区
要求	1. 观察、判断场上情势 2. 传球及时准确、移动快速灵活 3. 力争控球权，不丢球 4. 呼应

第六节 接球

接球是运用身体的有效部位，将运行中的球有目的地接控在所需位置上的动作方法，是获得球的主要手段。良好的接球能力能为个人和球队创造更多的进攻机会，也是保证战术顺畅的重要因素。在比赛中本方控球时（进攻）和获得控球权时（由守转攻）接控球的质量尤为重要。

接球的方法很多，根据触球部位的不同分为脚内侧接球、脚掌接球、脚背正面接球、脚背内侧接球、脚背外侧接球和大腿、胸部、腹部、头部等部位接球。

一、接球技术分析

在足球比赛中，除守门员在本方罚球区内可以用手接、控球外，其他队员都不允许用手或手臂触球，而身体其他任何部位都可以接球。

接球是将运动状态的球控制在个人控制范围内的过程，一个完整的接球动作包括判断选位、接球前的支撑、触球动作、接球后跟进4个技术环节。

（一）判断选位

在接球前，首先要准确判断来球的路线、落点、速度及性质等，并且要注意观察场上队友和对手的情况，及时、合理地移动选位，占据有利的接球位置。

（二）接球前的支撑

稳固的支撑是接好球的保证，接球效果的好坏首先取决于支撑脚的位置和支撑的稳定性。支撑脚的位置是指支撑脚与接球点的方位和距离。合理的支撑距离，有助于接球动作的顺利完成，而支撑脚的合理方位，则有助于将球控制在所需要的位置上，并能尽快地转入下一个行动。

接球时支撑腿的膝关节应适度弯曲，身体重心略下降，以加强支撑腿的稳定性。选位应根据来球的性质、接球的方法和目的来确定。

（三）触球动作

接球动作的关键是减缓来球的冲力。减缓来球冲力可分为缓冲和改变球的运行路线两种方法。

1. 缓冲

缓冲是削弱、减缓来球冲力的有效方法。接球时触球部位触球时间越长，其对球的缓冲作用就越好。可以通过接球部位的前迎加大引球后撤的距离来延长触球时间，从而缓冲球的冲力。迎撤动作的幅度和速度决定缓冲的效果，应与来球的速度相适应。对一些球速较慢、力量较小的来球，可利用接球部位关节和肌肉的放松获得缓冲效果。

2. 改变球的运行路线

当球以一定的角度触及人体或地面时，因其改变了运行路线，能量受到损耗而削弱了冲击力。因此必须合理地利用身体的有效部位和地面，采用压推、切挡、拨扣转身、拉引、收挺等加力动作使球改变运行路线，达到减缓来球冲力以更好地控制球的目的。

一般来说，迎撤接球的准备期长，触球时间长，需有较宽松的时间和空间条件来完成动作。而改变球的运行路线的加力接球，准备动作小，触球时间短，接球后能改变方向快速离开原地，达到接球摆脱的技术效果，更适用于紧张的比赛环境。

3. 常见的接球方法

（1）**迎撤**：是以接球部位前迎来球，触球刹那向后引撤以缓冲来球力量的动作方法。迎球和引撤动作要协调连贯，引撤的时机要恰到好处，迎撤的幅度与速度应与球速相适应，才能收到较好的缓冲效果。

（2）**压推**：是压和推合二为一的连贯动作，多用于接反弹球。在判断好落点和选好支撑位置的基础上，在球落地的刹那，接球部位对准球的反弹点，迎着球的反弹方向下压，随即与推合成一个动作，从而与球的反弹力形成合力，使球在改变方向的过程中减速。运用压推动作的关键在于准确判断来球的落点、反弹时间和反弹路线，并控制好动作时机和压推动作。

（3）**切挡**：是通过下切动作加快球的上旋速度，增大球与地面的摩擦阻力，使来球力量得到削弱，并利用接球部位挡住球路，从而达到控制球的目的，多用于接地滚球。切挡接球的关键在于把握好动作时机，以及下切角度和速度。球速越快，下切角度应适当调小，下切速度应加快。

（4）**拨扣转身**：是拨扣球与转体连贯合一的动作过程。拨、扣是通过调整拨扣球的角度将球控向转身方向，转身既是协调拨扣球动作的需要，又具有摆脱、突破和尽快面对进攻方向的积极意义。接球时，支撑脚的选位要利于蹬转，身体的转动带动拨、扣动作。一般来说，拨扣球的力量应与来球力量成反比，拨扣球角度应与转体角度成正比。拨扣球时，身体重心应向拨扣球方向移动，接球脚拨扣球后要积极落地，并迅速过渡为支撑脚，保证重心随球快速移动。

（5）收挺：收挺动作多用于接空中球。收指身体或接球部位的后缩动作，具有引撤缓冲动作的功能；挺指身体或接球部位呈一定角度主动迎球推送的动作，其作用是通过推送动作改变来球方向缓冲球的力量达到控球目的。

（四）接球后跟进

接球后身体重心随球快速移动是迅速衔接下一个控球动作的技术关键。接球动作开始时，重心位置落在支撑脚上，以保证接球动作的稳定性，但随动作发展，应有意识地将重心向接球方向转移，接球动作完成后，重心应在球运行的方向上及时移动，从而使身体的运动方向与球的运行方向相一致，保证身体能尽快移动到控制球或支配球的位置上，衔接好接球后的下一个动作。

二、各种接球动作的技术特点与动作要领

接球的技术种类很多，以接球的部位来区分，可分为脚部、腿部、腹部、胸部、头部五类。

（一）脚部接球

脚部接球的动作方法最多，运用最广，是最基本的接球技术。脚部接球运用部位有脚内侧（脚弓）、脚背正面、脚背外侧和脚掌等。

1. 脚内侧（脚弓）接球

接触球面积大，动作灵活多变、稳妥可靠，便于改变接球方向和连接下一个动作，适用于接地滚、反弹和空中球。

（1）动作要领：①接地滚球。身体正对来球，根据来球速度、性质及周围情况，选择支撑脚位置，膝关节微屈、重心降低。接球脚根据来球状态相应提起，膝、踝关节外旋，脚趾稍翘，用脚内侧对准来球，触球刹那，接球部位做相应的引撤或变向接球，将球控在所需要的位置上。②接反弹球。选择好支撑脚位置，身体稍向前倾，接球脚膝、踝关节稍外旋，小腿与地面成一定夹角，向下做压推动作时，膝关节要领先小腿。③接空中球。根据来球选择最佳支撑脚位置，接球腿屈膝抬起以脚内侧对准来球，根据需要采用引撤或切挡动作，接球落地后，随即将球控制在地面并做好下一个连接动作。

（2）易犯错误：①判断起动慢，不能选择最佳的迎球位置，影响衔接动作完成的连贯性。②接球腿膝、踝关节外展不够，影响接触球角度，导致控球不稳。③迎撤接球时机控制不好，缓冲效果差。④压推接球和拨扣转身接球时，重心跟进慢，接控动作脱节。⑤接球腿动作僵硬，直腿接球，难以控制球。

（3）纠正方法：①可进行分解动作和无球模仿练习，提高动作协调性。②注意抢占接球最佳位置，强调反应快、起动快，从而进一步理解、体会主动接球的意义。③接地滚球时，确定好支撑脚的位置，要求由慢到快迎撤接球，以求达到最佳的缓冲效果。④练习用手接反弹球，体会接球的最佳时机是在球刚刚弹离地的瞬间。将此接球体会运用到脚接球的动作上。⑤接空中球时，在确定正确的技术动作时，强调接球腿髋关节要放松，注意整个身体与接球动作的协调配合。

2.脚背正面接球

膝、踝关节活动自由度大，迎撤动作自如，接球稳定，但变化较少，适用于接空中下落球。

（1）动作要领：身体正对来球，并要判断好球的路线和速度，支撑脚稳固支撑，接球腿屈膝提起，以脚背正面迎球，触球刹那，接球脚引撤下放，膝、踝关节相应放松，以增加缓冲效果。欲将球接于体前或体侧时，触球刹那踝关节通过触球角度的调整，控制球的落地方向；欲将球接至身后时，接球刹那接球脚尖要勾翘，踝关节适度紧张，引撤速度要快，身体随之后转，将球接于身后并控好球。

（2）易犯错误：①接球腿膝、踝关节紧张，动作僵硬，缓冲球效果差。②引撤时机和速度掌握不好，球控制不稳。③对来球判断不准，接球部位没对准来球。

（3）纠正方法：①进行无球模仿练习或队员自抛自接球、对墙踢球接回弹球的练习，体会接球技术动作。②进行两人相互手抛球接球练习，体会技术动作。③无球的身体协调性练习，体会接球时膝、踝关节充分放松。

3.脚背外侧接球

脚背外侧接球有动作幅度小、速度快、灵活机动、隐蔽性强的特点。但动作难度较大，接球时常伴随着假动作和转体动作，适用于接地滚球和反弹球。

（1）动作要领：脚背外侧接球后的动作相对较慢，因此支撑脚与接球腿的蹬摆动作要协调连贯，保证接球后身体重心随球快速跟进，缩短动作衔接时间，加快连接动作速度。①接地滚球：接球腿屈膝提起，踝关节内扣，以脚背外侧对准来球，接球时以脚背外侧接控球的相应部位，将球控制在需要的位置上。②接反弹球：判断好球的落点，接球腿小腿应与地面形成合理夹角，以膝关节领先用脚背外侧做扣压动作，控制球的反弹。

（2）易犯错误：①支撑脚选位不当，影响整个接球动作的完成。②判断不好球的落点，身体的配合不协调，接不住球或接不稳球。③身体动作僵硬造成假动作或转体动作与接球动作不连贯、不协调，出现接球失控。④接反弹球时，身体重心没跟上，小腿与地面的夹角不当，出现接球时"卡壳"或控制不到位。

（3）纠正方法：①从不同的方向对固定的球进行模仿练习。找到支撑脚的合理位置，调整好人与球之间的位置关系。②个人针对性训练，使上体与下肢髋、膝、踝关节协调配合，达到动作灵活自如。③练习自抛自接反弹球，体会小腿与地面最为合理的夹角，达到接控球合理、到位。④练习时加上假动作、转身和接球后的控球连接技术，以使整个接球技术更加完善。

4. 脚掌接球

脚掌接球是以前脚掌接球，动作简单，控球稳定可靠，适用于接地滚球或反弹球。

（1）动作要领：判断来球路线或落点，选好接球位置并稳固支撑，接球腿屈膝提起，脚尖勾翘，使脚掌和地面形成一定的仰角，接球刹那接球腿有控制地下放，用前脚掌部位触压球的后中部，将球控制在脚下。采用脚掌接球的方法时，为便于完成下一个动作，通常在脚掌触压球后衔接拉引、捻拉或推送动作，以将球控在需要的位置上。欲将球接向身后则用拉引动作；欲将球控制在体侧则用捻拉动作；欲将球控制在体前则可用推送动作，做这些动作时重心随之移动以便更好地控球。

（2）易犯错误：①对球的落点判断不准或支撑脚站位不当，影响接球动作的完成。②身体的配合不协调，抬脚高度和角度控制不好，接球时容易产生失误。③接反弹球时踏压时机掌握不好，身体后仰，易出现触压不到球或使球漏掉的情况。

（3）纠正方法：①进行脚掌的踩、踏、拉地面球的练习，体会脚掌的触球部位，熟练脚掌控球动作。②练习中踝关节充分伸展放松，根据不同方向的来球，确定和适应脚掌同地面的角度和身体的协调配合，从而达到运用自如。

（二）胸部接球

胸部接球触球点高、面积大，适用于接胸部以上的平高球、空中球。按接球的方法可分为挺胸式接球和收胸式接球。

（1）动作要领：①挺胸式接球。要判断来球的落点，选择适当的接球位置，接球时，身体正对来球，两腿自然开立，膝关节微屈，两臂自然放置于体侧，上体稍后仰与来球形成一定角度。触球刹那胸部主动向上挺送，使球触胸后稍向前上方弹起，球下落于体前迅速控于脚下。挺胸式接球还有跳起式接球、蹲跪式接球两种方法，其动作要领同挺胸式接球一样，只是在接较高的球时做跳起式接球，接稍低的球时做蹲跪式接球。挺胸式接球还可用于传球，在接球的基础上胸部触球的刹那，突然改变挺送的方向，将球顺势传给自己的队友。②收胸式接球：适用于接齐胸的平直球。收胸式接球与挺胸式接球的动作差异在于触球刹那的动作，球触胸瞬间，迅速收胸收腹缓冲来球的力量，使球落于体前。胸部接球的触球点高，接球后下落反弹，需及时将球控在脚下。如果将球接向身体两侧，在触球的刹那要突然转动身体，带动球变向。

（2）易犯错误：①对来球落点的判断能力差，选位不当，影响整个接球动作的完成。②挺胸、收胸时机掌握不好，对球的缓冲效果差。③挺胸接球时，上体后仰角度不合理，使球的反弹和落点不理想。

（3）纠正方法：①进行接球动作的模仿练习，体会动作要领。②队员自抛自接，体会上体的仰角、挺胸时机和动作、球的反弹角度、接球后的控球连接。③进行两人一抛一接挺胸式、收胸式接球练习，体会合理的接球位置，调整好人与球之间的位置关系，体会正确的接球动作和接球与控球的连接。

（三）大腿接球

接触球面积大，肌肉丰厚、有弹性，动作简单易学，适用于接一定弧度的高球、腰腹以下的平空球。

（1）动作要领：①接下落高球。身体正对来球，选好支撑脚位置并固定支撑，接球腿屈膝上抬，以大腿中前部对准来球。触球瞬间，接球腿积极引撤下放，肌肉相应放松，以加强缓冲效果，使球触腿后落于体前。接力量较小的来球，还可采用垫球的方法，即接球腿屈膝上抬迎球接球，接球刹那大腿相对稳定，肌肉适度紧张，将球向上垫起。用这种方法接球，可在球落地前处理球，也可待球落地后将球控制在脚下。②接快速平直的平空球（腰腹以下）。身体正对来球，支撑脚向前跨出，膝稍屈。接球腿膝关节向下，大腿与地面垂直或小于90°，正对来球，在触球刹那接球腿积极引撤，肌肉相应放松，以加强球的缓冲效果，使球触腿后落于体前并予以控球。

（2）易犯错误：①接球腿引撤时机和速度掌握不好，缓冲效果差。②大腿接球部位靠前或偏后，接球效果不理想。

（3）纠正方法：①进行两人一抛一接的练习，体会接球时的引撤时机和速度，体会对球良好的缓冲效果。②大腿颠球训练，体会大腿接触球的正确部位和控球感觉。

（四）腹部接球

适于接胸部以下的平球和反弹球。接触球面积大，易于缓冲，接球稳。判断好来球方向、落点，身体正对来球，腹部触球刹那迅速回收缓冲，使球落在控制范围内，控好球。

（五）头部接球

适于在较开阔的空间接空中下落球。判断好球的落点，以正前额对来球，接触球刹那头颈部协同身体下撤缓冲，使球落于体前并迅速控制球。

第七节 射门

射门以将球打进对方球门为目的，是个人和集体进攻的总目标。一场比赛的胜负是通过射门得分的多少来决定的，射门得分是进攻的最终目的，也是足球比赛的核心。

一、射门训练方法

（一）对球门墙射门训练

固定球射门、活动球射门。

（二）罚球区内外固定球射门训练

罚球区内不同角度摆放固定球射门、罚球区外不同角度摆放固定球射门。

（三）运球射门训练

个人运球射门、横向运球过标志杆后射门、纵向运球过标志杆后射门。

（四）传接球配合射门训练

两人一组传接球配合射门、三人一组传接球配合射门、两人接不同来球方向射门。

（五）定位球射门训练

罚球区周围摆放定位球射门、罚点球（无守门员防守、有守门员防守）。

二、练习要素的变化

（一）射门方式的变化

射门练习可以从踢固定球过渡到踢地滚球或空中球，由原地射门逐渐过渡到跑动射门，用不同脚法进行射门练习。

（二）射门速度的变化

射门速度开始时可以慢一些，注重射门的方向和准确性，逐步加快速度、加大旋转力量。

（三）射门技术组合的变化

初学者开始射门练习时做单个射门动作，逐步过渡到运球射门、运球过杆射门、运球过人射门、接传球射门等技术组合射门练习。

（四）射门对抗程度的变化

从不设防守队员到设防守队员，从消极防守到积极防守对抗，过渡到比赛中的射门。

（五）辅助练习器材的变化

缩小球门以提高射门难度；增大球门、增加射门距离以提高射门强度；门前设置障碍物以提高弧线球射门的能力。

（六）限制区、线的变化

增加限制区，以加大射门的难度；设置限制线限定射门距离的远近，以提高射门的力度、准确性。

三、训练方法图示

练习一至练习六如表1-20至表1-25所示。

表1-20　练习一

场地	10米×15米，设置3个八人制球门
器材	标志物、足球若干
方法	1. 设守门员。3组队员同时练习 2. 将球固定在地面，助跑射门
要求	1. 体会射门动作正确、协调、有力 2. 控制好支撑脚位置和身体的重心，射门瞬间踝关节用力、脚背绷紧 3. 射门前观察守门员的位置 4. 用语言指导、鼓励队员
变化	1. 射门用脚背正面、脚背内侧、脚背外侧、脚内侧 2. 用左、右脚练习射门

表1-21　练习二

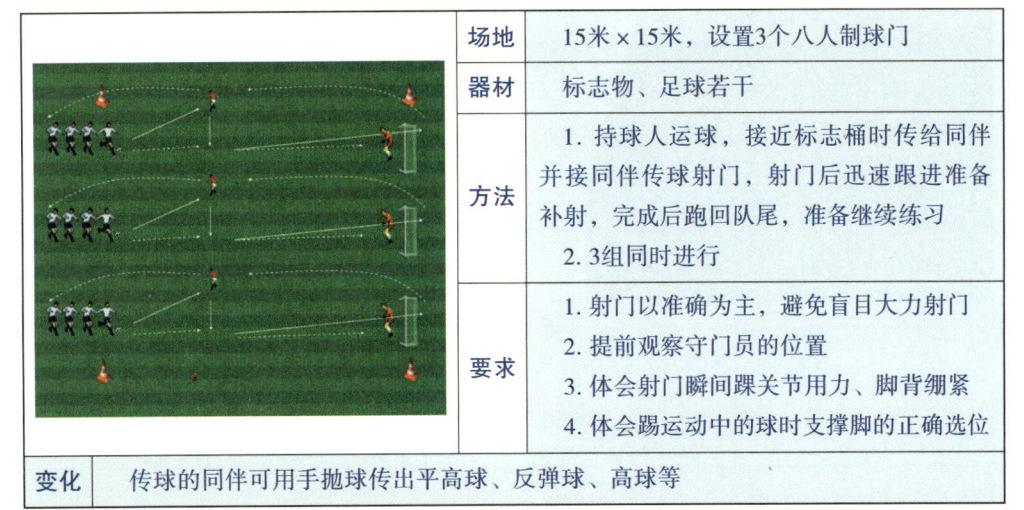

场地	15米×15米，设置3个八人制球门
器材	标志物、足球若干
方法	1. 持球人运球，接近标志桶时传给同伴并接同伴传球射门，射门后迅速跟进准备补射，完成后跑回队尾，准备继续练习 2. 3组同时进行
要求	1. 射门以准确为主，避免盲目大力射门 2. 提前观察守门员的位置 3. 体会射门瞬间踝关节用力、脚背绷紧 4. 体会踢运动中的球时支撑脚的正确选位
变化	传球的同伴可用手抛球传出平高球、反弹球、高球等

表1-22　练习三

场地	30米×15米，场地中间设置两个标志桶，距离与十一人制球门等宽
器材	标志物、足球若干
方法	1. 两组队员面对标志桶练习用各种脚法射门 2. 两组人数相等，两两相对，一射一接 3. 接球人不断变换位置，射门人按其位置射门，将球射准（射出的球找准接球人）
要求	1. 可迎球直接射门、接球后射门、接球后运球射门 2. 可射出地滚球、低平球、高球 3. 射出的球必须通过两个标志桶之间，高球不可过高 4. 体会射门的正确动作 5. 体会踝关节、脚背的瞬间绷紧用力

表1-23　练习四

场地	50米×40米，如图设置球门、两个标志桶
器材	标志物、足球若干
方法	1. 队员分成两组，人数相等。进行一对一攻防练习 2. 防守方传球给进攻方，进攻方接球后运球从两个标志桶中间通过并射门 3. 防守方等进攻方接球后立即开始防守，阻止其运球通过两个标志桶射门 4. 进攻方运用各种运球、运球过人的方法，力争完成射门任务 5. 定时交换两组攻防任务
要求	1. 强化完成射门的质量 2. 体会运球、运球过人与射门的有效衔接 3. 防守方由消极防守过渡到积极防守 4. 从无守门员过渡到有守门员
变化	两队比赛，射门进球多者获胜

表1-24 练习五

场地	30米×40米，设置球门
器材	标志物、足球若干
方法	1. 2V1射门练习。三人一组，两人进攻，一人防守 2. 进攻方运用各种二过一打法，力争完成射门 3. 防守人阻止其完成射门，力争抢下球或破坏掉 4. 定时交换三人位置
要求	1. 进攻方可运用二过一完成射门，也可以接球后个人运球突破完成射门 2. 防守方由消极防守过渡到积极防守 3. 从无守门员过渡到有守门员 4. 可分多组进行练习

表1-25 练习六

场地	40米×40米，设置两个球门
器材	标志物、足球若干
方法	5V5比赛： 1. 按比赛规则进行 2. 得分一方由本队守门员发球继续比赛（以示奖励） 3. 用手掷边线球 4. 各队队员轮流守门
要求	1. 果断射门 2. 射门前观察守门员位置 3. 射门技术动作要快速、简练

第八节 突破

过人是指队员持球通过各种运控球、假动作等技术完成过人突破，从而创造进攻机会或射门得分机会的进攻行动。

青少年阶段过人突破的进攻能力是影响比赛的重要因素。

一、运球过人动作分析

运球过人是在运控球的基础上,根据战术需要以及对手的防守位置和重心变化情况,利用速度、方向和动作变化,获得时间和空间位置上的优势,从而突破防守的一种技术手段。

运球过人从动作过程上可大体分为三个阶段。

(一)逼近与调动对手阶段

运球逼近对手时,应始终将球控制在自己的控制范围内,重心下降,步幅缩小,利用各种假动作诱骗对手,造成对手在防守中出现错误。

(二)运球超越阶段

在攻守对峙中,运球队员运用速度、重心、方向的变化和假动作迷惑对手,创造突破的时间差和位置差,快速运球超越对手实现突破。

(三)摆脱与保护阶段

在越过防守队员后,身体重心要积极随球跟进,积极摆脱对手,注意护球,拉开与防守队员的距离,巩固、发展突破对手的时空优势。

为达到运球突破的目的,应注意以下几点:

第一,掌握时机。突破时机是指防守队员由于意识和行动上的错误,而产生的有利于突破的时间与空间,要及时抓住这稍纵即逝的有利时机。运球突破的时机要根据对手的防守情况来定,一定要掌握好过人突破的时机,如果时机掌握不好,将会事倍功半,甚至会前功尽弃。

第二,调整距离。超越对手时,与对手的最佳距离是一大步,因为这样对手虽有可能触到球,但不能先于控球队员触到球,进退两难。

第三,速度和方向的变化。运球越过对手时,必须掌握运球的速度和方向的变化,注意变化的突然性、敏捷性和多样性。只有能随心所欲地改变球的速度和方向,才能根据对手争抢时的情况,准确把握越过对手的时机,成功突破对手。

二、运球过人的技术方法

运球过人的技术方法是多种多样的，但都是利用运球者速度或方向的变化和假动作的迷惑，达到突破对手的目的。下面介绍几种运球过人的方法。

（一）强行突破

强行突破是以突然快速起动与变向、变速相结合的动作越过对手的过人方法。采用此方法过人时应注意以下几点。

第一，队员起动快而突然，技术动作与奔跑速度快。

第二，准确掌握起动时机。一般在距对手一大步左右，对手犹豫的刹那。

第三，对手的身后有较大空当，突破后其他防守队员不能及时补位。

第四，推拨球的距离要适当远些，以便加速超越对手。

（二）运球假动作突破

利用身体的虚晃动作及眼神、呼喊等行为使防守队员产生错误判断，出现有利于突破的时间与空间，从而乘机运球突破。采用此方法过人时应注意以下几点。

第一，要密切注视对手的反应和动作。

第二，随时准备抓住时机突破。

第三，假动作要逼真，控制好身体重心及球。

第四，实施过人时动作要突然、快速。

（三）拉、扣、拨球组合突破

以单、双脚快速拉、扣、拨球，不断变换运球方向，使对手很难判断运球突破的时机和方向。当对手在堵截防守中露出空当时，快速运球突破。采用此方法过人时应注意以下几点。

第一，拉、扣、拨球的动作必须熟练、准确。

第二，随时观察对手的反应，出现机会迅疾突破。

第三，控制好身体重心，移动和起伏不宜过大。

第四，配合好各种假动作。

（四）变速运球突破

利用运球速度的变化，达到摆脱对手的目的，实现运球突破。采用此方法过人时应注意以下几点。

第一，用远离对手侧的脚运控球，并做好侧身掩护球的动作。

第二，运球速度的变化要突然、隐蔽。

第三，在变换运球速度时，要能随时控制好身体重心及球。

（五）穿裆球突破

运球时如果对手从正面阻截、距离较近且两脚开立较大，身后有较大空当，可采用突然将球从对手胯下穿过，自己快速从防守者一侧越过的穿裆球突破。采用此方法过人时应注意以下几点。

第一，运球接近对手时要隐蔽自己的意图。

第二，运球时重心不要太低，速度稍慢且用眼神迷惑对手。

第三，时刻注意对手的站姿和重心移动，一旦发现其两脚开立较大，重心又落于两脚之间，立即采用穿裆球突破。

（六）人球分过突破

人球分过突破是运球者和球分别从防守者的两侧越过的突破方法，多在防守队员向前猛扑而未站稳正确防守位置且身后有较大空间时采用。采用此方法过人时应注意以下几点。

第一，运球的路线要稍偏向对手一侧。

第二，要在对手即将取得正确防守位置之前进行突破。

第三，最好使球呈弧线运行绕过对手，以便自己插上接球运球。从对手的另一侧越过时要突然加速使对手猝不及防。

三、运球过人的基本动作

（一）推球

推球是在运球时用脚踝（腕）向前推送球的动作，以脚内侧、脚背内侧或外侧触球，使球向前运动。

易犯错误： ①运球时推送球的力量掌握不好，造成球向前运动的距离过大或过小。②运球时推送球的方向控制不好，使球的运行方向与自己的跑动方向不一致，造成对球失控。③运球过人时推送球的时机掌控不好，造成运球过人失败。

（二）拨球

拨球是在运球变向时用脚踝（腕）拨球的动作，以脚背内侧或脚背外侧触球，使球向侧方或侧前方滚动。

易犯错误： ①拨球位置不准确，控制不好拨球方向。②拨球时重心跟进慢，动作连贯性差。

（三）扣球

扣球是在突然转身、急停、变向时用脚踝（腕）扣压球的动作，以脚背内侧或脚背外侧触球，使球向侧后方停下或改变运动方向。

易犯错误： ①支撑脚的位置和方向不正确，挡住球路或影响扣球变向的角度。②扣球腿膝关节和脚踝（腕）动作不协调，缺少突然性。

（四）拉球

拉球是用脚掌将球向前、向后或向左、向右做拖拉动作，以使球改变运动方向。

易犯错误： ①脚掌踩压球太紧，使拉动球不灵活。②髋关节过于紧张，使拉转动作不协调，影响拉球变向和运球速度。

（五）挑球

脚背、脚尖翘起向上挑球的动作或脚背向上撩球的动作，使球从对手体侧或头上越过，一般不要将球挑得太高。

易犯错误： ①挑球部位掌握不好，影响出球的角度和方向。②挑球后重心跟进迟缓，影响控球和快速衔接下一动作。

推、拨、扣、拉、挑既是过人的基本动作方法，又是技术教学、训练中用于熟悉球性的有效练习方法。在比赛中，这些动作既可单独使用，也可有机地组合使用。切忌僵化地套用概念模式，应根据场上比赛的实际情况，运用娴熟的球性，通过合理的技术组合，使其发挥最大的作用。

四、训练指导要点

在一对一突破训练过程中教练员应注意以下指导要点：①观察防守队员位置和重心的移动。②调整自己的身体姿态，控制好身体重心。③变向、变速时与对手的距离、位置。④假动作的逼真和突然性、隐蔽性。⑤变向过人的加速突破，超越防守人。

五、训练方法图示

练习一至练习五如表1-26至表1-30所示。

表1-26　练习一

	场地	20米×20米
	器材	标志物、足球若干
	方法	1. 在场区内设4个小球门，进行1V1对抗练习。射进任一球门均得一分 2. 进攻方被断球后变为防守方，防守方抢断球后变为进攻方 3. 定时换人进行
	要求	1. 积极进攻，射门得分 2. 运球变速、变向过人突破射门 3. 运球假动作过人突破射门 4. 运球穿裆过人突破射门 5. 推、拨、扣、拉、挑组合技术过人突破得分
变化	分成两队，人数相等，两两相对进行1V1对抗，定时换人进行。全部完成后，累计得分多的队获胜	

表1-27 练习二

场地	20米×20米
器材	标志物、足球若干
方法	1. 在区场内设4个小球门，队员分成两队进行1V1对抗练习，每队守2个球门，攻另2个球门 2. 定时换人进行，全部完成后，累计得分多的队获胜
要求	1. 积极进攻，射门得分 2. 运用各种过人突破方法射门得分

表1-28 练习三

场地	15米×10米
器材	标志物、足球若干
方法	1. 每组两名队员，一名队员在场内进行1V1对抗练习，另一名队员在场外底线处准备换人 2. 由一方队员先持球进攻，将球带过对方底线即得分，守方队员阻止其得分，抢得球即转为进攻，将球带过对方底线得分，每得一分，场内外两名队员交换位置，由失分队持球进攻，如此连续进行
要求	1. 运球过线时将球踩定在线上才能得分 2. 提示队员尝试运用各种过人突破方法过线得分
变化	练习方法同上。设两个小球门，运球过人射门得分，定时累计得分多的队获胜

表1-29　练习四

场地	40米×40米，罚球弧外设两个标志桶相距10米
器材	标志物、足球若干
方法	1. 两组队员人数相等，分别站在罚球区两个角外10~15米处 2. 一组每人一球。一人运球绕过标志桶后向球门方向运球，在罚球弧前射门，进球得一分 3. 二组防守，一组进攻人起动后即快速绕过标志桶进行防守，阻止其运球射门，抢到球或破坏球得一分 4. 定时累计双方得分，多者胜。然后交换双方位置继续进行练习
要求	1. 时刻注意观察对手 2. 运用各种过人突破方法射门得分 3. 运用身体护球
变化	1. 改变开始运球和防守起动的位置 2. 由不设守门员到设守门员

表1-30　练习五

场地	40米×40米，设八人制球门；用标志桶摆放3个小球门，间距10米，每个小球门宽2米
器材	标志物、足球若干
方法	1. 红白两队各三名队员，两两相对进行一对一对抗练习。八人制球门设守门员，标志桶摆放的小球门不设守门员 2. 进攻方队员拿球从小球门线开始进攻。防守方队员在距小球门10米处开始进行防守 3. 进攻队员运用各种过人突破技术争取射门得分。防守队员阻止其射门得分，抢到球立即向小球门进攻，将球射入小球门或运球通过小球门得分，进攻队员转入防守，阻止其得分 4. 三对队员同时或轮流进行练习，定时交换攻防位置
要求	1. 注意观察对手重心移动 2. 体会、强化运用假动作过人突破 3. 丢球后快速由攻转守
变化	1. 在场地另一端线设八人制球门 2. 红白两队三组队员1V1比赛，不设守门员，定时结束，累计三组得分，积分多的队获胜 3. 设守门员，进行4V4或5V5比赛

第九节 抢球

抢球是通过个人和整体实施有效的防守行动阻止对手的进攻,迫使攻方改变进攻路线避开本方危险区域,争取夺回球权,获得由守转攻的机会或将球破坏掉。

防守能力是影响比赛结果的重要因素之一,在对抗日趋激烈的足球比赛中,进攻与防守转换快速、合理有效的防守技术对提高球队的竞技能力是十分重要的。

本节主要介绍抢球、断球的基本动作方法,以及常见的错误动作和纠正方法。

一、抢断球的技术动作分析

抢断球包含抢球和断球两种技术,但从其动作过程分析,都是由以下三个环节构成的:判断与选位、上步抢断、衔接动作。

(一)判断与选位

准确的判断是移动、选位的依据,是进行有效抢、断的先决条件。

抢球时守方要对攻方的动作意图、动机、变化、控球距离等情况进行瞬间判断,并据此选择和调整自己的防守站位。抢球的站位应在对手与本方球门中点的连线上,当对手背对球门时,可采用贴身逼抢以防其转身;若对手已转向正对球门,则应本着"以堵为主,堵中放边"的原则选位,并伺机抢球。

断球时,守方应准确判断攻方的出球意图、出球时间、出球方向以及传、接队员间的位置关系等,选择、调整自己的防守位置。一般情况下,应选在对手与本方球门线中点构成的连线上,并偏向有球一侧,与对手保持的距离应是向前有利于断截,向后有利于封堵。在牢牢控制对手的基础上,争取和把握住断球机会。

(二)上步抢断

上步抢断包含抢断时机和抢断动作,在个人防守中,要树立攻击性防守的主动意识,只要有可能,就要积极抢先断截对方的球,从而在气势上给对手造成压力,一旦对手已控稳球,应注意在封堵过程中寻找机会抢断,切忌不计后果地盲目扑抢。

断球的时机一般是当球运行距离较长,对手注意力在球上并消极等球时,而自己的位置又能抢先一步触到球。

抢球的时机多是在对手触球的刹那球暂时失控或远离控制时，抢先伸脚将球抢过来。抢、断球的方法很多，可针对来球的性质和状态合理选用相应的动作，如地滚球或低平球可用脚内侧抢断；平高球或高球可用胸或头部抢断；反弹球可用脚或腹部抢断。也可根据抢球的位置选用相应方法，如正面抢球多用脚内侧；侧面抢球可利用规则允许的"合理冲撞"；侧后抢球多用铲球动作来弥补位置上的劣势。

无论采用哪种抢断动作，都要突然、迅猛、准确，使对方出乎意料或反应不及。抢断球时，支撑腿要积极后蹬，加速重心前移，抢球腿积极上步跨抢，争取抢先触球，抢球动作要"硬朗"，以加强抢断球时的动作力度。

（三）衔接动作

抢断球除在危急情势下具有破坏性外，多数情况下是为了获得球或控制球。抢球动作的结束，应是控球动作的开始。所以在抢球和断球时就应考虑后续的动作，一旦抢断成功，重心应向球的方向快速移动，以保证抢断、控球动作的连贯性。

二、抢、断球技术与动作要领

（一）断球

断球在比赛中经常使用，包括踢、顶、铲、接等断球动作。凡是需要直接进行传、射的断球，就需要用踢、顶、铲动作来完成；凡是需要使球处于自己控制之下的断球，则必须使用接球动作来实现。同时还应对控球方的传球路线有预见性；对于控球方传球的时间、力量、落点有迅速判断的能力；起动断球动作要迅速果断，使对手难以防备。

（二）抢球

抢球是比赛中经常使用的动作，是将对手脚下控制的球抢过来或破坏掉。抢球技术的运用较复杂，主要是无球技术和有球技术的合理结合。

抢球包括正面抢球、侧面抢球和侧后抢球。

1. 正面抢球

进攻者运球正面对着抢球者而来，为了将对手所控制的球抢过来或破坏掉所采用的动作为正面抢球，包括正面跨步抢球和正面倒地铲球。

（1）动作要领：①正面跨步抢球。两脚前后开立，两膝微屈，身体重心下降置于两脚之间，面向对手，在对手运球脚触球即将着地或刚着地的瞬间，支撑脚立即用力后蹬，上体前倾，膝关节弯曲，身体重心移至抢球脚上，以脚内侧对准球跨步抢球。如果双方的脚同时触球，则要顺势提拉，使球从对方脚背滚过，同时身体重心要迅速跟上，把球控制好。在离球稍远抢不到的情况下，则可用脚尖捅抢，将球破坏掉。②正面倒地铲抢。两脚前后开立，两膝弯曲，身体重心下降并落在两脚间，面向对手。在对手运球脚触球即将着地或刚着地的瞬间，支撑脚立即用力后蹬，抢球脚沿地面向前滑铲，以脚内侧、脚掌对准球倒地铲球，同时上体向铲球脚一侧侧转倒地，如球未被铲掉，蹬地脚迅速沿地面成弧形扫踢将球破坏。

（2）易犯错误：①抢球脚的踝关节不够紧张，抢球无力。②触球后重心跟进不及时，影响衔接下一个动作，不能及时控球。③抢球时机掌握不好，不能抢先触球而失败。④抢球动作力量、速度不够，双方同时触球并脚时提拉速度慢，影响抢球效果。⑤抢截球时运用动作不合理而造成犯规。⑥铲球后起身慢，影响下一步行动。

（3）纠正方法：①进行无球模仿练习，或固定球体会各种抢球技术动作。②从弱对抗到强对抗进行练习，体会抢球时机、动作和下一步行动的连接。

2. 侧面抢球

侧面抢球是与运球者平行跑动或从后面追成平行跑动时实施的抢球动作。侧面抢球包括合理冲撞抢球、异侧脚铲球和同侧脚铲球三种情况。

①合理冲撞抢球。当与对手并肩跑动抢球时，身体重心稍下降，同对手接触一侧的臂紧贴自己的身体，当对手靠近自己一侧的脚离地、另一侧脚着地时，用肩和上臂部以合理的力量冲撞对手相应部位，使其失去平衡而乘机将球抢过来。②异侧脚铲球。在控球者拨出球的一刹那，抢球者用与对手同侧的脚用力后蹬地成跨步，前脚（异侧脚）以脚外侧沿地面滑出，用脚尖、脚背或脚掌将球破坏。然后小腿外侧、大腿外侧和臀部依次着地。③同侧脚铲球。在控球者拨出球的一刹那，抢球者用与对手异侧的脚用力后蹬地成跨步，前脚（同侧脚）以脚外侧沿地面滑出，用脚尖、脚背或脚掌将球破坏。然后，小腿外侧、大腿外侧和臀部依次着地。

3. 侧后抢球

侧后抢球多是在对手突破的情况下，防守队员进行的回追反抢技术。由于位置上的劣势，因此必须靠铲球动作争取主动，分为同侧铲球和异侧铲球。其铲球动作同侧面铲球，只是要特别注意铲球的时机，不能造成先铲到人而犯规。

（1）**易犯错误**：①蹬地跨步发力不足，滑铲速度慢，铲不到球。②铲球动作不连贯，身体着地缓冲动作不合理，容易造成伤害并影响迅速衔接下一个动作。③铲球后起身动作慢影响下一步行动。

（2）**纠正方法**：①进行无球模仿练习，体会侧后铲球动作要领；体会身体倒地时的自我保护缓冲动作和四肢的协调配合；体会迅速起身衔接下一个动作。②对抗强度从弱到强，倒地滑行距离应从近到远。

4. 铲球练习方法

①做无球的铲球模仿练习，先做原地铲球练习，再进一步做跑动中的铲球练习。②做有球的铲球练习，先做原地铲球练习，体会铲球动作要领和倒地的缓冲保护。③当基本掌握铲球动作后，可以做跑动中的铲球练习。将球沿地面抛出后追球将球铲掉，体会跑动中对滚动的球实施铲球动作的要领。④两人练习，一人运球前进，另一人从侧后追赶至适当位置，看准时机进行铲球练习。运球人要适当配合，使铲球者能体会运动中铲球动作的要领。⑤练习方法同④，两人进行对抗中的铲球练习，体会实战中如何运用铲球。

三、训练方法图示

练习一至练习四如表1-31至表1-34所示。

表1-31　练习一

	场地	25米×20米，两端线中间各设一个小球门
	器材	标志物、足球若干
	方法	1. 队员分为两队，人数相等，各自站在临近端线的边线外 2. 1V1攻防：由教练员指定一方先进攻，将球发给攻方一名进场队员开始进攻，守方一名队员进场积极防守 3. 攻方队员力争突破守方队员，将球打进守方球门；守方队员力争抢下球，突破攻方队员将球打进攻方球门 4. 攻方进球得一分；守方抢到球得一分，将球破坏掉得一分，将球打进攻方球门得两分 5. 两队全部完成一次攻防后交换位置再做一次。累计两次得分，得分多者胜
	要求	1. 积极防守 2. 进攻时运用各种过人突破技术完成突破将球打进球门 3. 防守时运用各种一对一防守技术完成防守，抢下球转守为攻并将球打进球门

表1-32 练习二

场地	30米×20米，两端线中间各设一个小球门
器材	标志物、足球若干
方法	4V4攻守练习（不设守门员） 规则：正常进攻得分为一分，由守转攻得分为两分 在规定时间内累计得分多者获胜
要求	1. 积极防守 2. 抢到球后转守为攻要力争得分 3. 注意相互协防、保护 4. 呼应

表1-33 练习三

场地	15米×10米
器材	标志物、足球若干
方法	一防二练习：两人相互传球，一人伺机抢断。抢到球后将球传回传球人，继续练习
要求	1. 积极抢断，力争抢到球 2. 抢球人与传球人保持适当距离和角度，注意重心的移动 3. 判断好来球，抢断动作上步要迅捷、准确

表1-34 练习四

场地	25米×30米，在两条30米线上各设间距相等的2个两米宽的小球门
器材	标志物、足球若干
方法	4V4攻防练习： 1. 每队防守两个球门，进攻两个球门 2. 定时累计得分，多者胜
要求	1. 注意观察和判断场上形势 2. 做好人盯人防守 3. 掌握好抢断球时机 4. 抢断球后迅疾由守转攻

第十节 头顶球

一、头顶球动作分析

头顶球是自下而上全身协调发力用头顶球的动作过程，它的动作结构主要包括以下四个环节：判断与选位、蹬地与摆动、头触球、顶球后身体的控制。

（一）判断与选位

判断与选位是完成头顶球的前提，可直接影响头顶球的时机、力量和方向。合理的选位应以准确的判断为依据，首先要判断来球的路线、速度、性质，并据此进行相应的移动选位，选位中要始终注视球的发展变化，及时调整自己的移动路线，使自己处于最佳的预定位置。

（二）蹬地与摆动

蹬地是头顶球的起始发力阶段，其作用一是利用后蹬加速身体向前摆动，起到增大头部击球力量的作用；二是利用向下蹬地使身体尽量向上腾起，这样既为身体的充分摆动创造了条件，又便于占据合理的跳顶空间位置。

身体摆动是顶球的主要力量来源，大摆幅的顶球方法是通过身体的反向背弓或侧屈，充分发挥腹背肌肉的屈伸作用，为加大身体、头部的摆动幅度和加快其摆动速度创造了条件。大摆幅的顶球力量大、出球速度快、出球有力，适用于较远距离的传球、破坏球和大力射门。小摆幅是利用腹部肌肉的弓身拉长与收缩、颈部猛然加力顶击球，其动作准备时间短，顶球动作快速突然，出球路线灵活多变，但力量较小，一般用于短传、近射，尤其变向"摆渡"球效果更佳。

（三）头触球

这一环节的主要任务是保证头顶击球的效果。头触球这一环节为主动击球，也称为击球动作。其动作包含击球时机、顶球部位和颈部发力动作等因素。

1. 击球时机

从理论上讲，最佳的时机应是在头部摆至垂直部位时发力顶击。因为这时身体重心相对平稳，便于动作的控制，能充分发挥摆体的速度，否则将会影响顶球的力量。

2. 顶球部位

顶球部位是指顶球时头与球的对应部位，包括头的触球部位和击球点，它直接影响顶球的准确性和力量。因此应根据来球的路线、出球的方向来确定相应的击球部位，以保证球按预定的目标运行。

3. 颈部发力动作

颈部发力动作是整个发力过程的最后阶段，这一发力应短促有力，这样才能较好地把握顶击时机，并保证击球的速度。常见的有向前顶送、向下点击、向侧摆甩和向后蹭顶等发力动作。击球时颈部保持适度紧张具有一定的保护作用。

（四）顶球后身体的控制

顶击球后，身体姿势的控制将会直接影响下一步的行动。因此在冲顶、跳顶、争顶或鱼跃顶球后，既要注意落地的缓冲和保护动作，又应注意控制身体姿势，保持重心稳定，保证下一动作的转换速度。

二、前额正面头顶球特点与动作要领

（一）前额正面头顶球特点

前额正面头顶球是最常用的头顶球技术，其特点是触球部位较平坦，动作发力顺畅，容易控制出球方向，准确性强，出球平稳有力。按顶球方法可分为原地前额正面顶球、前额正面冲顶球、前额正面转身顶球、前额正面跳起顶球、前额正面鱼跃头顶球。

（二）前额正面头顶球动作要领

1. 原地前额正面顶球

原地顶球时，身体正对来球，两腿自然站立，膝关节微屈，两眼注视来球，上体稍后仰，挺胸展腹，两臂自然张开，下颌收紧。顶球时蹬地、收腹、摆体，当头摆至身体垂直部位时，用前额正面顶击球后中部，顶击球瞬间颈部肌肉保持紧张，顶球后继续向前顶送，以控制出球的方向。

2. 前额正面冲顶球

在比赛中运用较多，顶球动作与原地前额正面顶球相同，是在快速奔跑中完成冲顶球，因此要准确判断球的路线、选择好头击球点、控制好身体重心。

3. 前额正面转身顶球

转身顶球时，准备动作与原地前额正面顶球大体相同，只是身体稍侧对来球，出球方向一侧的支撑脚靠前站立，以便转体发力。顶击球刹那，后脚用力向出球方向蹬转带动身体转动，当身体转向出球方向时加速摆体，用前额正面顶击球，顶球后继续向前顶送，以控制出球的方向。

4. 前额正面跳起顶球

跳起顶球时，要根据来球选好起跳位置，两脚前后站立，掌握好起跳时机，起跳腿积极发力蹬跳，手臂协调向上提摆，以加强起跳力量、维持身体平衡。起跳后两臂自然张开，挺胸展腹，形成背弓，两眼注视来球。跳至最高点时，迅速收腹摆体，下颌收紧，前额积极迎球发力顶击，顶球后屈膝缓冲落地。注意看清球的飞行路线，及时进入下一个行动。

5. 前额正面鱼跃头顶球

鱼跃顶球时，要准确判断来球，掌握好起跳时机和顶球点，利用积极后蹬使身体向前水平跃出，两臂微屈前伸，眼睛注视来球，利用身体向前的水平冲力用前额正面将球顶出。顶球后两臂屈肘用手撑地，随后胸、腹、大腿、小腿、脚依次缓冲着地。

（三）前额正面头顶球易犯错误

第一，头顶击球刹那闭眼缩颈，不是主动地用前额顶击球，而是被动地让球击打头部。

第二，头顶击球时机掌握不好，使头被动顶球难以发力，影响顶球的效果。

第三，起跳后上、下肢与身体的配合不协调，动作出现脱节和停顿，造成顶球失误。

第四，起跳点和起跳时机掌握不好，影响顶球动作的质量和顶球效果。

（四）纠正方法

（1）进行徒手的模仿练习：体会原地和跳起时上、下肢与身体的配合发力动作和正确的触球部位。

(2) 原地顶球练习：两人配合一抛一顶，体会头击球时机、触球部位和腰腹发力与顶球的配合。

(3) 跳起顶球练习：两人配合一抛一顶，体会选择起跳位置、判断起跳时机；体会身体跳起的协调动作、腰腹发力与顶球的协调配合。

(4) 鱼跃头顶球练习：在沙地或体操垫上进行，两人配合一抛一顶，体会鱼跃动作的跃起、飞行和前额正面顶球、缓冲落地等一系列动作的要领。

三、训练方法图示

练习一至练习三如表1-35至表1-37所示。

表1-35 练习一

	场地	15×10米，两端线中间各设一个小球门
	器材	标志物、足球若干
	方法	1V1头顶球射门： 1. 队员分成两队，人数相等，各自站在边线外 2. 两队各出一名队员进入场内做一对一头顶球射门练习 3. 教练员指定一方进攻，由场外队员将球掷给场内同伴，同伴头顶球射门，完成后出场，换另一名队员进场练习。如此连续进行，直至全部完成头顶球射门 4. 另一方防守，场内队员与攻方队员争顶头球，干扰其头顶球射门，完成后出场，换另一名队员进场练习。如此连续进行，直至全部完成防守 5. 防守方先消极防守，逐步过渡到积极防守
	要求	1. 判断好球的落点，选择好头顶球时机 2. 体会头顶技术动作要领，做到正确、无误 3. 可设守门员或不设守门员 4. 双方争顶时不得犯规
	变化	1V1头顶球射门比赛。规定比赛时间，进行两个轮次，累计进球得分多的队获胜

表1-36　练习二

场地	15米×15米，两端线中间各设一个小球门
器材	标志物、足球若干
方法	2V2手抛头顶球射门： 1. 教练员指定进攻方。攻方两人手抛球配合进攻。接近对方球门时，接同伴的手抛球头顶球射门 2. 防守方在防守中用头争抢、抢断、干扰、破坏攻方进攻 3. 完成一次进攻后，两队互换攻防
要求	1. 跑动配合进攻灵活多变 2. 选择好头顶球时机，为同伴抛出恰到好处的球，实现头顶球射门得分 3. 灵活运用原地头球、冲顶头球、跳起头球、鱼跃头球的方法射门 4. 防守方积极防守，破坏攻方进攻
变化	2V2手抛头顶球射门比赛：规定比赛时间，进行两个轮次，累计进球得分多的队获胜

表1-37　练习三

场地	20米×15米
器材	标志物、足球若干
方法	两人一组，一名队员将球抛给同伴，同伴用前额正面将球顶回
要求	1. 克服"怕"球的紧张心理，注视来球 2. 颈部保持紧张，下颌收紧，两臂自然张开，保持身体平衡 3. 全身协调发力，用前额正面顶击球，顶球后继续向前顶送，控制出球方向 4. 抛球队员抛球高度与落点要合适 5. 练习一定时间后两人交换
变化	一名队员将球抛向同伴，同伴头球攻门

第十一节　掷界外球

比赛中球出界成死球后，由最后触球队员的对手掷界外球重新恢复比赛。竞赛规则规定掷界外球的队员掷球时必须面向球场，用双手将球从头后经头顶用一个连续动作掷入场内，脚可以踩在边线上，但不能越过边线，任何一只脚都不得离地。

竞赛规则规定直接接得所掷界外球没有"越位"，因而掷球的一方就可以充分利用规则发动进攻，尤其是在前场接近角球区附近掷界外球，可以给对方造成很大的威胁。

一、掷界外球的动作分析

掷界外球的技术动作是一个下肢固定的爆发式的单摆运动，影响掷界外球远度的因素有两个，其一是掷球出手的速度，其二是掷球出手的角度。出手速度是由掷球者力量的大小、身体是否协调以充分发挥爆发力和双手持球由后向前的摆速快慢决定的，掷球出手速度越快掷出的球越远；出手角度的大小则是由掷球出手的时机决定的，出手迟则掷出角度小，出手早则掷出角度大，过小或过大的掷球出手角度都会使球掷出的远度受到影响。出手速度与出手角度完美结合掷出的超远界外球，十分有利于组织进攻，能给对方造成很大的威胁。

二、掷界外球动作要领

（一）原地掷界外球

面对场内出球方向，两脚前后或左右开立，膝关节微屈，上体后仰成背弓，重心移到后脚上（左右开立时，重心在两腿之间），两手自然张开，拇指相对成"八"字形，持球的后侧部，屈肘将球置于头后。掷球时，两脚用力蹬地，两腿迅速伸直快速摆体，同时两臂急速前摆，当球摆到头上时，用力甩腕将球掷入场内。掷球时，脚可沿地面向前滑动，但不能离地或踏入场内。

接应的同伴距离较近时，一般采用原地掷界外球，掷球的力度、远度根据场上实际情况而定。

（二）助跑掷界外球

助跑时，双手持球于胸前，在迈出最后一步时，上体后仰成背弓，同时两手持球置于头后，两脚前后开立，掷球动作同原地掷界外球。若助跑速度较快，在最后两步可采用垫步的方法以控制身体向前的冲力。

接应的同伴距离较远或已插入对方腹地处于越位位置时，可采用助跑掷界外球，将球大力掷给同伴。

三、易犯错误

（1）因概念不清或在完成掷球动作时上、下肢与身体配合不协调，造成犯规。

（2）在掷球距离较近时，容易出现球不是从头后经头顶用一个连贯动作掷出，而是动作出现停顿，或是没有将球置于头后，从头上就掷出来了，造成犯规。

（3）当企图往远处掷球时，出现单臂用力或用力过猛造成脚离地而犯规。

（4）改变方向掷球时，身体不能正对出球方向而造成犯规。

四、纠正方法

（1）进行无球徒手模仿练习，练习分解动作后再练习组合动作。

（2）进行有球练习时，可把动作速度放慢些，掷球距离近一些，主要加深对规则的理解，着重体会动作要领。

（3）要求上、下肢与身体协调用力，掷球动作熟练，身体要面向出球方向，脚不得离地。

五、训练方法图示

练习一、练习二如表1-38、表1-39所示。

表1-38 练习一

场地	33米×68米
器材	标志物、足球若干
方法	1. 白队掷界外球，两名白队队员交叉跑位接球，将球掷给摆脱防守的同伴 2. 大力掷球到中路空当，同伴迅速插上接球直接射门
要求	1. 接球者交叉换位突然摆脱 2. 掷给摆脱防守无人盯防者 3. 掷球者掷出球后迅速进场接应 4. 掷球准确、动作不犯规

表1-39 练习二

场地	33米×68米
器材	标志物、足球若干
方法	白队掷界外球，直接将球掷到球门区域的前、中点，接球队员用头后蹭将球传至门前，同伴抢点射门
要求	1. 掷球的准确性 2. 策应队员突然摆脱、跑位，积极为接球者创造条件 3. 掷给摆脱防守无人盯防的同伴或掷向空当，同伴插上接球 4. 掷球者掷出球后应迅速进场接应，参与进攻

第十二节 守门员技术

守门员的位置极其重要，甚至有"一个好守门员顶半支球队"的说法，但是这个位置不宜早期专门化，过早的专门化会阻碍球员足球全面基本技术和身体素质的发展与提高，没有好的踢球技术和身体素质，难以成为优秀的守门员。

守门员的选拔有一定科学规律，要在足球基本技战术、身体素质、心理、意志品质等方面得到全面发展的基础上，根据身高（遗传基因）、反应、弹跳、灵敏、柔韧、腰腹力量、意志品质、勇敢精神等方面和个人意愿来遴选，这些是优秀守门员的必备条件。

在初级阶段不搞专门的守门员训练，不设专门的守门员位置。让学生学会以下几项守门技术，大家轮流守门并从中发现可塑的好苗子。

一、准备姿势

两脚左右开立，与肩同宽，身体重心放在前脚掌上，上体稍前倾、双膝微屈，两臂自然置于体前，两肘稍屈，掌心向下，手指自然张开，两眼注视来球（图1-2）。

图1-2

准备姿势是接球前的准备姿势，而不是要求在场上一直保持这个姿势。

二、脚步移动

脚步移动是调整自身位置的步法移动技术。主要步法有左右横向移动的侧滑步、交叉步、跨步和向前、向后移动的步法。

脚步移动要求：重心降低，落在前脚掌上。移动时控制好重心，脚步平稳、快速，蹬地有力。

（一）侧滑步

侧滑步是双脚依次交替连续侧向移动的步法（图1-3）。

图1-3

（二）交叉步

交叉步是双脚交叉侧向移动的步法（图1-4）。

图1-4

（三）跨步

跨步是侧向横跨一步的移动步法，可与侧滑步、交叉步配合运用。

（四）向前、向后的步法移动

向前、向后的步法移动是使身体向前移动、向后移动的步法。

三、选位

比赛中要选择正确合理的防守位置。选位原则如下：第一，当球在对方半场时，选择扩大活动范围，缩小与后卫线的距离，以保护后卫身后的空当，防止对方打身后。第二，当对方射门时，选择处于射门点与两门柱间夹角的角平分线上，尽量向前逼迫缩小对方射门角度（图1-5）。

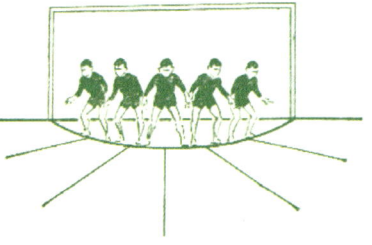

图1-5

四、手接球

手接球是守门员最基本的技术，其手法有上手接球和下手接球。

（一）上手接球

上手接球适于接胸部以上的平球、平高球和高球。

两手自然张开，拇指相对成"八"字形，拇指尖保持适当距离，双手的拇指和食指形成一个"心"形（图1-6）。

图1-6

接球时手指要用力，手指肚触球，掌心是空的，触球的瞬间双手要有缓冲动作，接稳球后立即变换成胸前抱球，将球紧抱于胸前（图1-7）。

接平高于胸部的球时，身体对准来球，双臂屈肘向上，双手以上手接球手法准备，当来球触及胸的瞬间，双臂内夹、收胸，双手抱住球的上部收于胸前（图1-8）。

接身体两侧平、高球时，手法与上述方法基本相同，只是身体要向来球一侧转，来球同侧手接球的后中部，挡住球的飞行路线，另一只手接球的后上部，双手拇指呈"八"字形，双手拇指、食指呈"心"形，接球时手指用力，掌心是空的，接稳球后立即变换成胸前抱球（图1-9）。

图1-7

图1-8 　　　　　　　　　　　图1-9

（二）下手接球

下手接球适于接胸部以下平球、低平球、反弹球、地滚球等。

上体稍前倾，两肘夹紧于胸前，上臂紧贴胸部，前臂前伸，小指相对，掌心向上，手指张开与前臂、上臂、胸部形成"口袋"状。接球时手指用力像铲子一样对准来球，触球后即刻含胸收腹，将球收进"口袋"抱紧于胸前（图1-10）。

接地滚球时双臂自然下垂，张开手指，掌心向前，手指用力像铲子一样对准来球，触球后迅速将球铲起抱紧于胸前（图1-11）。

图1-10

图1-11

（三）学习几种接球方法

通过初级阶段的训练可逐步学习难度较高的接球方法。

1. 单膝跪立接地滚球

身体正对来球，两腿开立。接球时一条腿弯曲，另一条腿跪立（膝盖接触地面）并靠近弯曲腿的脚跟，用下手接球的手法，双手张开向前插入球的后底部，迅速将球收到手与前臂、上臂、胸部形成的"口袋"里（图1-12）。

图1-12

2. 扑接地滚球

守门员身体两侧难以用脚步移动的方法接到的地滚球，可以采用扑接的方法接球。

注视来球，判断好接球点，屈膝使身体重心下降并移到距球近的一侧脚上，充分用力蹬地，身体充分展开，双臂迅速前伸，用距球近的一侧的手挡住来球，另一只手按住球的后上部（形成上手接球手法），迅速将球收起抱在胸前站起（图1-13）。

图1-13

身体落地顺序是小腿外侧、大腿外侧、臀侧、上体侧、肩臂。

3. 接反弹球

判断好球的落点和反弹方向，身体前倾，正对球的反弹方向迎球而上，在球落地反弹瞬间用下手接球手法将球接住抱在胸前（图1-14）。

图1-14

4. 跳起接空中球

跳起接空中球分为双脚起跳和单脚起跳两种方法，双脚起跳适于原地起跳接空中球，跳起高度低、接球点低，防守面积较小（图1-15）；单脚起跳适于助跑起跳接空中球，跳起高度高、接球点高，防守面积大，适用范围较广（图1-16）。

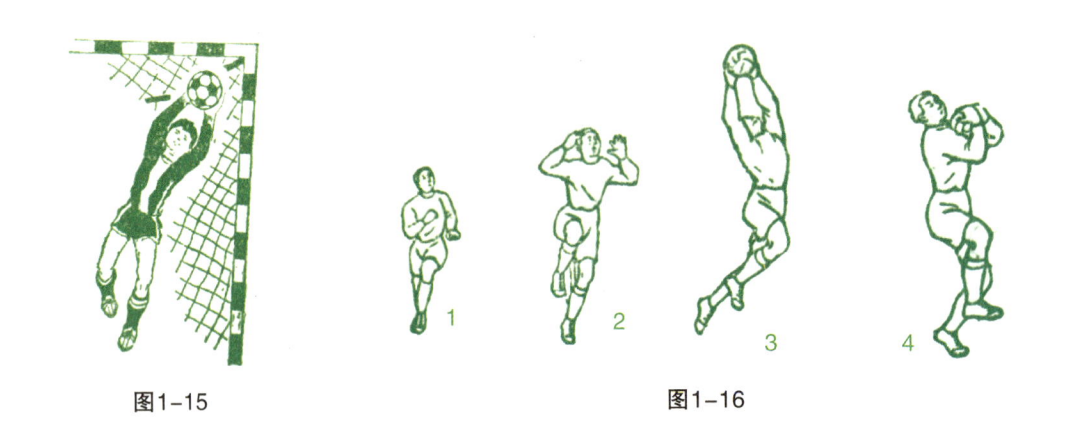

图1-15　　　　图1-16

跳起接空中球分为以下步骤：①判断来球的线路、高度、弧度、旋转，及时准确地起跳。②根据来球的方向、高度、位置，采用原地双脚起跳或助跑单脚起跳。③充分利用蹬地和腰腹力量，双臂积极向上带动身体腾空，眼睛注视来球。

单脚起跳时非起跳腿要积极屈膝上提以带动身体向上，保持这个姿势既能掩护接球，又能保护自己免受冲撞。④用上手接球手法接球，接稳球后即刻转换成胸前抱球。⑤落地时身体要有缓冲动作，保护好身体及球。

5. 鱼跃凌空扑球

守门员身体两侧难以用脚步移动的方法接到的平高球，要采用鱼跃凌空扑接的方法接球或扑出。

做好准备姿势，盯住射门起脚瞬间，准确判断来球路线，采用跨步跃起或交叉步接跨步适时跃起，距球近的脚用力蹬地，另一侧腿随之屈膝提摆，使身体充分伸展，与地面平行腾空跃出，两臂迅速前伸，双手用上手接球手法接球后将球牢牢抓住，落地时用双手按球撑于地面，屈肘依次以前臂、上臂、侧肩部、上体体侧、侧臀部、大腿侧面、小腿侧面缓冲着地，同时屈膝团身抱球护于胸前，待平稳后起立（图1-17）。

图1-17

如没有把握接好球，可以用双手或单手将球向球门外侧扑（击）出。

上述方法可用于扑接从守门员两侧射来的高球，动作要领相同，只是要腾空跃得更高、更远，一般守门员要用一个交叉步接一个跨步蹬地跃起，以求跃得更高、更远。对球速快、角度刁而难以接到的高空球，可采用单手将球托（击）出。

扑接高空球对守门员的腿部、腰腹部力量和全身的协调用力要求更高。

（四）击球

面对球速快、角度刁而难以接到的平高球、高空球射门，可采用将球击到罚球区外的两侧区域或击出球门。击球可分为双拳击球和单拳击球。

1. 双拳击球

双拳击球接触球面积大，准确性高，适用于击正面力量大的平高球，击球前双臂屈肘，双拳并拢、拳心相对紧握于胸前，跳起接近最高点时双拳拳面对准来球的后中部快速击出（图1-18）。

2. 单拳击球

单拳击球动作灵活，活动范围大，击球点高、击球远，适用于击两侧传中高球和门前高吊球。击球前击球手臂屈肘握拳于肩上，跳起接近最高点时单拳拳面对准来球的后中部快速击出（图1-19）。

图1-18　　　　　　　　　　图1-19

（五）托球

守门员面对射向球门又急又快的高球难以处理时，或是高吊球门上方，双方激烈拼抢头球时，可采用托球将球托出界外（图1-20）。

托球可用单手手掌或双手手掌托球的底部，借助球的飞行惯性将球托出门后界外。

图1-20

（六）封挡球

封挡球是面对距离近、球速快、难以判断和反应的射门时采用的应急防守动作，即用展开的身体将射来的球封挡出去。

封挡球动作要领：①冷静判断场上情势，保持好身体重心不盲动。②封住射门角度，判断射门时机，在对方射门瞬间迅速逼近射门者，充分展开身体，扩大封挡面积，将球封挡出去。

（七）脚踢、铲球

脚踢、铲球是对方射来的球难以用手接或来不及接时采用的破坏球动作，即用脚踢或铲球将球破坏掉。

五、守门员发球

守门员接球后快速发球是由守转攻的开始。守门员发球方法有手掷（抛）球、脚踢球。

（一）手掷（抛）球

守门员接球后用手掷（抛）球给同伴发动进攻。

1. 单手肩上掷球（图1-21）

图1-21

2. 手抛地滚球（图1-22）

图1-22

（二）脚踢球

守门员接球后用脚踢球给同伴发动进攻。脚踢球传给同伴：①自己手抛球，用脚踢凌空球、反弹球传给同伴。②把球放在地上，用脚踢球传给同伴。③踢本方球门球和本方后场任意球发起进攻。

六、推荐训练方法

（一）脚步移动

1. 看教练员的手势做脚步移动

①向左（右）的跨步移动（横跨一步）；②向左（右）的侧滑步移动；③向左（右）的交叉步移动；④向左（右）的跨步结合侧滑步移动；⑤向左（右）的跨步结合交叉步移动；⑥向左（右）的交叉步结合跨步移动；⑦向前的上步移动；⑧向后的后退步移动。

2. 结合起跳的各种脚步移动

结合起跳做上述步法移动练习。

（二）接球

1. 单人抛接球

面对墙用单手肩上掷球或手抛低平球、地滚球，用上手接球或下手接球手法接从墙上反弹回来的球。可安排多人拉开距离对墙做此练习。

2. 两人抛接球

两人一组，相距5~10米，互相做抛接球练习，抛出地滚球、低平球、平高球、高球、高吊球等，练习用不同的手法接球。可分成几组同时练习。

3. 手接球练习

（1）如图1-23所示，A、B两组每组5人，A组站在球门区与球门线交点处，B组每人一球站在罚球点处，A1去守门，B1用手掷球或手抛球射门，A1接球。然后A2去守门，B2用手掷球或手抛球射门，A2接球。如此连续进行练习，直至全部完成后两组交换位置继续练习。

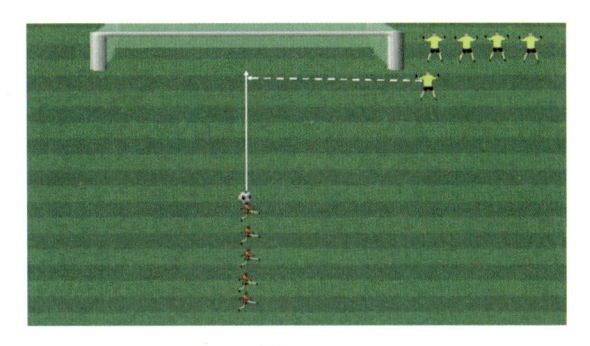

图1-23

（2）同上练习。改用脚踢球射门完成上述练习。

（3）教练员在球门前15米处手抛球或脚踢球射门，队员轮流守门，体会上手、下手接球的手法。

4. 扑接球练习

（1）教练员或队员在距球门10~15米处抛（踢）两侧地滚球，守门员练习扑接地滚球。每名队员扑接5~10次换下一名队员做练习。

（2）教练员或队员在距球门10~15米处射门，队员轮流守门。用各种方法射门，守门员练习接球，每名队员接球5~10次后换下一名队员做练习。

（3）三名守门员各持一球站在球门前，第一名将球传给教练员，教练员踢（抛）近门柱下角球，守门员扑接球后持球回队尾，下一名如此继续进行。规定每人接球次数，完成后结束（图1-24）。

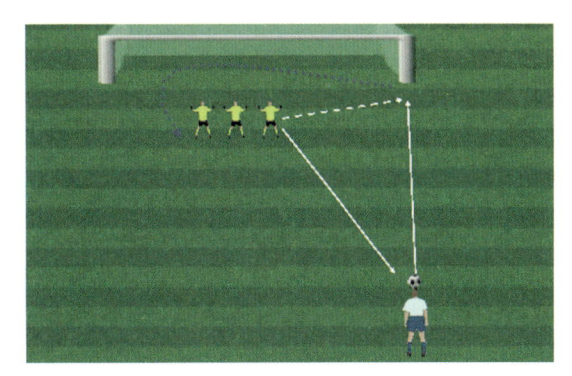

图1-24

（4）同上练习。教练员踢（抛）近门柱上角球，守门员扑接球后持球回队尾，连续进行。规定每人接球次数，完成后结束（图1-25）。

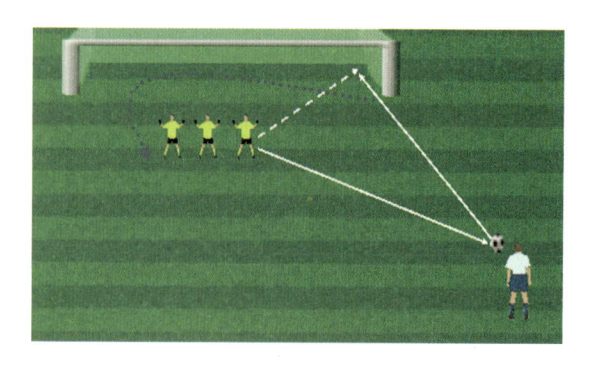

图1-25

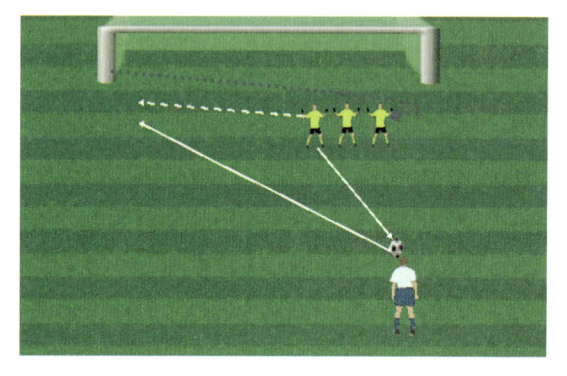

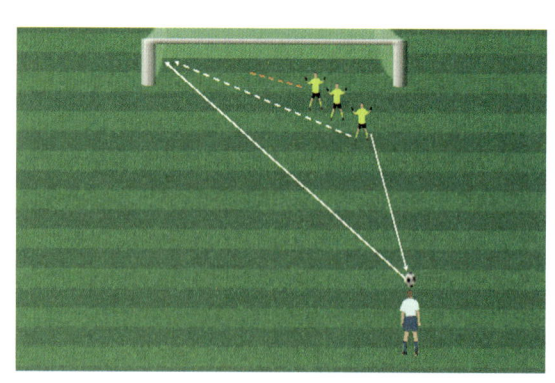

图1-26

（5）同上练习。教练员踢（抛）远门柱下角球，守门员扑接球后持球回队尾，连续进行。规定每人接球次数，完成后结束（图1-26）。

（6）同上练习。教练员踢（抛）远门柱上角球，守门员扑接球后持球回队尾，连续进行。规定每人接球次数，完成后结束（图1-27）。

图1-27

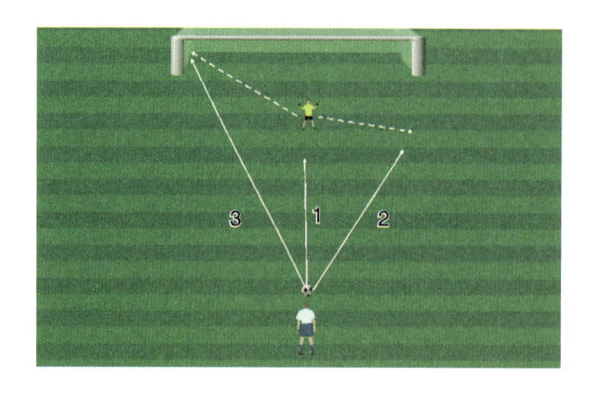

图1-28

（7）教练员用3个球，第一个球踢（抛）地滚球给守门员正面，第二个球踢（抛）左（右）门柱下角球，第三个球踢（抛）右（左）门柱上角球（图1-28）。

要求守门员每次扑接球后迅速回位，做好扑接下一个球的准备，三个球连续进行。规定接球次数，完成后结束。

（8）教练员站在一侧门柱前准备射门，守门员先向远门柱做侧滑步移动，摸到远门柱后迅速返回，向近门柱侧滑步移动准备接球，教练员踢（抛）近门柱下角球，守门员扑接球。规定接球次数，完成后结束（图1-29）。

要求守门员移动要快速，控制好重心，注意观察。

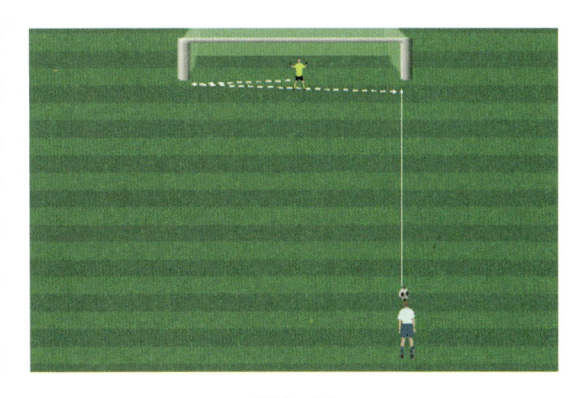

图1-29

（9）教练员站在球门前连续向守门员两侧射门，守门员连续向两侧扑接球，每次接到球后要立即回传给教练员。规定接球次数，完成后结束（图1-30）。

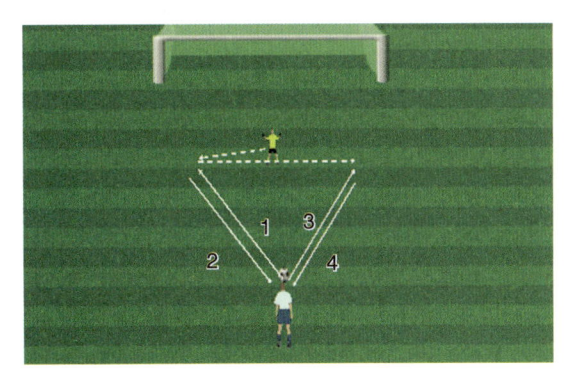

图1-30

（10）在罚球区线上摆放10个球，教练员连续将球射向球门两侧下角，守门员连续扑接球（图1-31）。

要求守门员移动、扑接要迅速、灵活。教练员要掌握射门的间隔时间。

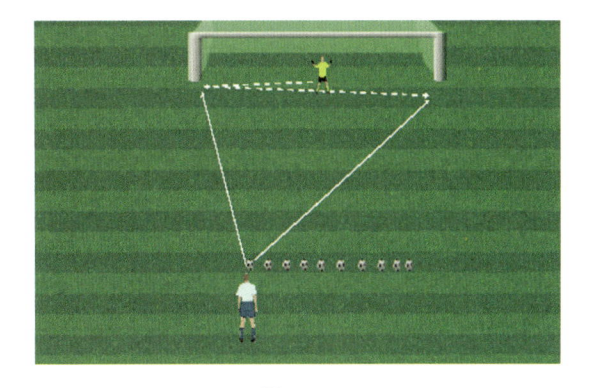

图1-31

5. 击（托）球练习

（1）教练员站在一侧门柱前，守门员向前移动摸到教练员手中的球后迅速向侧后方移动，击（托）出教练员抛出的远门柱上角球。规定接球次数，完成后结束（图1-32）。

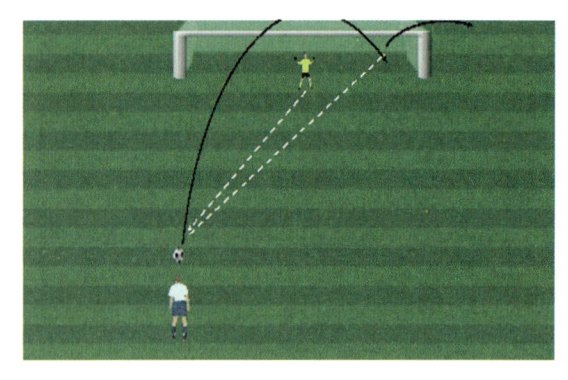

图1-32

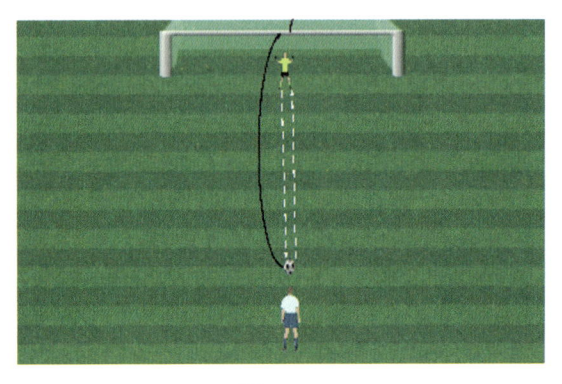

图1-33

（2）教练员站在球门前，守门员向前移动摸到教练手中的球后迅速向后移动，击（托）出教练员抛出的球门横梁下方的高吊球。规定接球次数，完成后结束（图1-33）。

6. 发球练习

（1）对墙练习手抛发球：①距墙5～10米，练习单手肩上掷球。②距墙5～10米，练习手抛地滚球。

（2）对墙练习手抛脚踢发球：①距墙5～10米，手抛球踢凌空球。②距墙5～10米，手抛球踢反弹球。

（3）对墙踢定位球：距墙5～10米，把球放在地上踢定位球。

（4）罚球区内用手抛发球，可采用单手肩上掷球、手抛地滚球，安排队员接球。

（5）罚球区内用脚踢发球，可采用踢定位球、手抛球踢凌空球、手抛球踢反弹球，安排队员接球。

（6）球门区内踢定位球，安排队员接球。

7. 综合训练

（1）在球门线上横向摆放4个标志，教练员射门，守门员接球。

守门员从一侧门柱开始侧向滑步结合前后移动绕过4个标志，扑接教练员踢（抛）向远门柱下角的球。规定接球次数，完成后结束（图1-34）。

可以要求守门员侧向跳过4个标志，教练员可以踢（抛）出各种球。

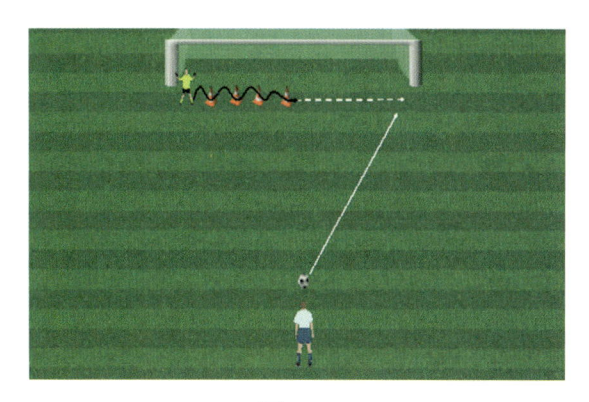

图1-34

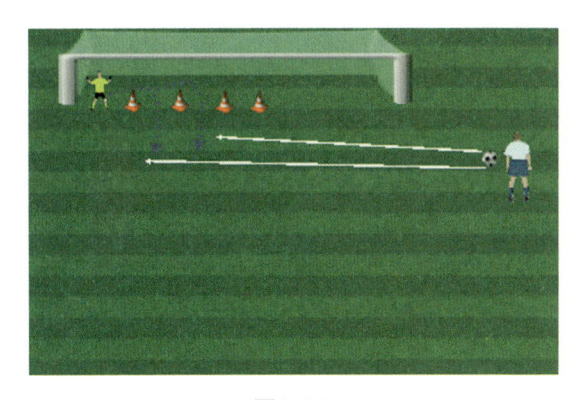

图1-35

（2）在球门线上横向摆放4个标志，教练员射门，守门员接球。守门员从一侧门柱开始，每绕过一个标志接一次教练员踢（抛）出的球，连续绕过4个标志接4次球。规定练习次数，完成后结束（图1-35）。

（3）在球门线上横向摆放2个标志，教练员射门，守门员接球。守门员绕过2个标志扑接教练踢（抛）向一侧的球，然后反向绕过2个标志扑接教练员踢（抛）向另一侧的球。规定练习次数，完成后结束（图1-36）。

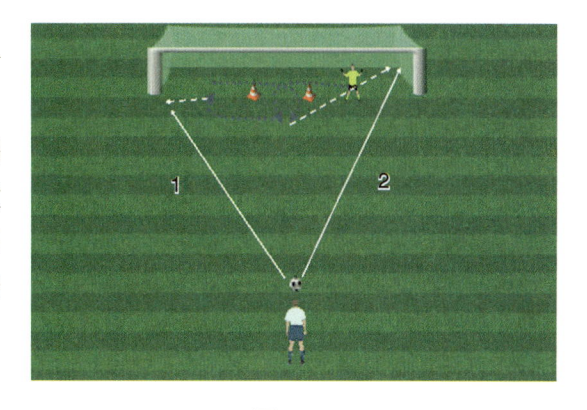

图1-36

（4）在球门两侧各摆放一组标志，每组3个标志，教练员射门，守门员接球。守门员先绕过一侧的3个标志，扑接教练踢（抛）出的球，然后绕过另一侧3个标志，扑接教练员踢（抛）出的球。规定练习次数，完成后结束（图1-37）。

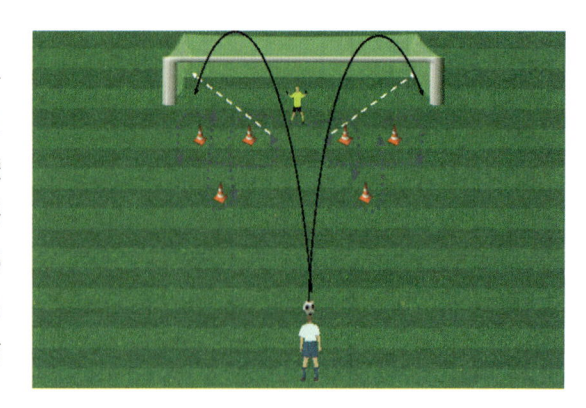

图1-37

（5）教练员用3个球，第一个球踢（抛）地滚球给守门员正面，第二个球踢（抛）左（右）门柱下角球，第3个球踢（抛）右（左）门柱上角球（图1-38）。

要求守门员每次扑接球后迅速回位，做好扑接下一个球的准备，3个球连续进行。规定接球次数，完成后结束。

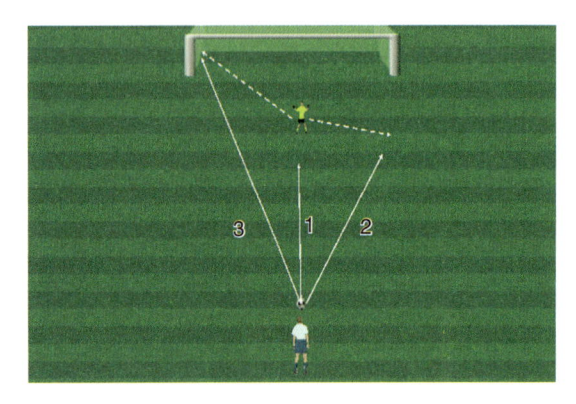

图1-38

8. 实战训练

（1）在队内进行攻防训练时，由守门员轮流守门。
（2）队内进行比赛时守门员守门。
（3）正式比赛时守门员守门。

第二章 战术

第一节 战术基本原则

足球战术原则是足球比赛攻防客观规律的高度概括，是战胜对手的行动准则。

一、足球战术运用的基本原则

（一）攻守平衡的比赛原则

任何比赛战术的制订与运用都是为了既有利于本方进攻得分，又有利于有效阻扰对方破门得分。比赛中，攻防任何一方面的失衡都会造成顾此失彼，不同程度地削减本队的攻势和防守的稳固性。坚固的防守可以使进攻更加强大，而强大的进攻能力又可以使防守更加稳固。正确处理好进攻与防守的辩证关系，把握住攻守平衡的比赛原则，是足球竞技必须遵循的基本准则。

（二）合理控制比赛节奏的原则

任何足球战术的有效实现均有其相应的时空条件。这就要求比赛中必须根据各种战术行动要求，合理地控制比赛的节奏，做到能快才快、该快则快、该慢则慢，最大限度地保证既定战术实施成功。

总体来说应做到：攻防转换要快，攻防重心的移动要快，中场的整体推进和回防要快；阵地战的进攻节奏应适当放慢，比赛场面极为不利时的进攻节奏应适当放慢；比赛时间不多，本队比分领先或落后时，应根据比赛的需要放慢或加快进攻节奏。

（三）选择恰当比赛阵型的原则

符合本队实际的比赛阵型有利于本队整体竞技能力的充分发挥。在实战中，比赛阵型应根据本队队员的竞技实力、特点和三条线攻守力量的需要来配备队员人数，这是选择比赛阵型的基本原则。从现代足球比赛中各国所采用的比赛阵型来看，一般在后卫线放三名或四名队员，中场和前场各两名或三名队员，其他队员将根据各线力量的需要加以安排。如果攻防力量力求均衡，可采用"1-3-3-3"阵型或"4-3-3"阵型；如果攻防重点放在中场或后卫线，就可采用"4-4-2"阵型、"3-5-2"阵型和"5-3-2"阵型等。

（四）安全与冒险的比赛原则

足球比赛中，两个罚球区及其附近区域是双方攻防的焦点，争夺异常激烈。为了获得更大的攻防效益，在上述区域展开攻防行动时应贯彻以下两个原则。

1. 安全原则

在本方后场，尤其是在门前30米区域所采取的一切攻防行动，都必须以最大限度地确保本方球门安全为前提。进攻时，传球要准确、稳健，少短传、横传和运球过人，配合要简捷，确保控球权；防守时，应严防紧逼，压缩门前防守空当，加强门前保护。出脚抢截要准确、谨慎，尽量避免犯规，危急时刻可大脚出球或踢球出界。

2. 冒险原则

在对方门前30米区域内要敢于展开突变与快速的冒险进攻行动，包括向对方腹地快速、直接推进，一对一与对手近身作战，突然、快速的过人强行突破射门，带冒险性、直击要害的各种传切配合、射门等。在本方球门可能告破的危急时刻，应根据防守的判断，果断采取冒险的防守手段，救危难于瞬间。有时为了挽回败局或保持领先局面，也应果断采取冒险或安全的攻防打法。

二、进攻战术原则

足球比赛中，充分创造和有效利用进攻的时间、空间是进攻的总体战术原则。制造纵深、拉开宽度、渗透突破、随机应变是进攻战术原则的具体体现。

（一）制造纵深

向对方球门区域快速推进，迅速形成威胁对方球门之势，力争射门得分是进攻的主要方向和目的。因此，在由守转攻的瞬间，应考虑有效地创造和利用进攻的纵深空间，向前跑动、向前传球，以最快的推进速度兵临对方球门，形成攻门之势。

（二）拉开宽度

在不能迅速创造有效进攻纵深时，应充分利用球场宽度，有目的地将进攻向球场两侧区域发展，拉开进攻的宽度，从而使防守方被迫向两边移动防守重心，扩大其防守面积，使其防线的左右联系变松散，从而为实施纵向的渗透突破及增加进攻的时间、空间创造条件。拉开的宽度应根据对方队员的活动、位置的情况和场区的不同而异。

（三）渗透突破

对方防线一旦松散，并出现可利用的进攻空当，进攻队员应立即加快进攻节奏，迅速采用各种技战术手段，果断地实施中路、边路、边中结合的渗透突破进攻。相邻位置的进攻队员在扯动策应、传球配合、穿插切入等方面的默契配合是有效实施渗透突破进攻的关键。

（四）随机应变

足球赛场上的情况千变万化，没有固定的比赛模式或套路，更不会出现绝对一样的比赛情景。这就要求运动员在比赛中必须善于审时度势，根据比赛情况的变化适时地采用适当的攻防行动，在攻防节奏、方向、位置区域、距离和高度等方面灵活机动，随机应变地调整个人和全队的技战术打法，以达到预期的比赛目的。

三、防守战术原则

在足球比赛中，控球权的丧失意味着本队防守的开始，成功的防守是确保本方球门稳固不失并夺得控球权转为进攻的必要前提,防守应遵循"防守延缓、平衡防守、收缩防守、立体控制"等战术原则。

(一)防守延缓

最大限度地延缓对方进攻的推进速度,是有效构筑本队整体防守体系的先决条件。因此,在由攻转守的瞬间,有球区域的防守队员必须首先实施就地反抢、阻截,干扰或封堵对方向前传球或运球的推进路线,尽可能减缓其进攻推进速度,为其他防守同伴赢得迅速回撤、整体布防的宝贵时间。阻止对方发动快速反击是防守延缓原则的核心。

(二)平衡防守

延缓对手进攻速度,就是为了能及时抢占有利于本队防守的时间、空间。尽快占据对手与本方球门之间的防守要害区域及位置,形成防守人数及力量与对方进攻力量均衡的状态或造成以多打少的防守局面,是稳固防守的重要战术措施与手段。良好的由攻转守的角色意识和快速回防的奔跑能力,是有效运用平衡防守原则的必然要求。

(三)收缩防守

在足球比赛中,运动员在快速回防、抢占有利防守空间的同时,还必须有目的地收缩防区内的立体空间,以最大限度地减小防守难度,加大进攻方的进攻难度,实现有效的防守控制。

收缩防守的一般原则是:整体防线向球场的中轴线和本方球门前的方向呈"漏斗型"收缩状态;向有球区域一侧收缩靠拢,形成有利于相互保护和补位的紧密防守队形,压迫所有可能威胁本方球门的空间。

(四)立体控制

对进入本方门前30米区域的进攻队员,尤其是有球进攻队员,要严防死守,竭力限制其进攻自由,不给对方任何进攻突破的可乘之机。随着进攻向本方球门的逐渐接近,必须尽快收缩门前防区,形成密集防守。密集防守的重点应是罚球区的中路危险地带有球区域的进攻活动,实现对这一要害防区内的进攻队员、球和时间、空间的立体控制。

四、个人攻防战术行动原则

（一）个人进攻战术行动原则

（1）本方得球后立即进攻。
（2）传球后积极跑动。
（3）在对方罚球区附近的有效射门区域内，进攻队员应首先选择射门。射门后，要及时跟进，随即进行补射。
（4）主动迎上接球，不要等球。
（5）当有同伴比自己位置更好、更能获得向前或射门机会时，要坚决及时、准确地传球。
（6）合理运用控球。
（7）接控球时，应力争在空中或球的第一落点接控好球或处理好球。尤其在本方禁区内更应如此，以免来球被对手截获造成失分。
（8）在本方罚球区地带受到对方逼迫时应尽量避免回传或横传球。
（9）在对方罚球区附近持球的队员，在无同伴接应或接应不力的情况下，应果敢地进行运球过人突破、射门或控制好球寻求与同伴配合的进攻时机。
（10）在可运球、可控球、可传球的情况下，应坚决选择传球。

（二）个人防守战术行动原则

（1）一旦失去球权，丢球队员要全力进行就地反抢、干扰、破坏，为同伴赢得整体布防的时间，全队队员都应迅速布防积极进行防守，力争将对手向边路或外线挤压。
（2）选择正确的防守位置，一般的选位原则是防内（中路）放外（边路）。
（3）个人防守的一般步骤是：断抢→盯人紧逼防其转身→面对面相持并伺机抢截→转身追抢或破坏。
（4）对控球或即将接控球的进攻队员要紧逼控制。
（5）对已经控球转身面对自己的进攻队员，要避免盲目、轻易地出脚抢断而被其突破，应尽量将其逼入不利于进攻的局面，伺机抢截或破坏。
（6）对距球近的对手要紧逼，对距球远的对手可稍疏松，做到人球兼顾。
（7）面向球进行正面防守，以便随时观察球的活动情况。

（8）防守时，尽量不让球越过自己，避免经常性的转身回追防守。

（9）避免不必要的犯规（尤其在本方罚球区内更应该避免犯规）。

（10）防守时不要随便踢球出界而轻易失去控球权。

五、整体攻防战术行动原则

（一）整体进攻战术行动原则

1. 利用宽度和深度

当本方控球后，本方队员要立即跑位，拉开进攻的宽度和深度，为持球队员提供多种进攻选择。接应队员应该在持球队员的两边拉开接应或在持球队员的纵深方向接应。

2. 不断地跑动接应

无论球队采用何种阵型，重要的是让队员理解这些阵型的攻防要点，队员在攻防中要进行不间断的跑动换位，不要让阵型成为静态的站位。队友良好的无球跑动能够给持球队员提供更多的进攻机会和选择，给予其更多的帮助。

3. 恰当的控球和准确的传球

在狭小的空间里恰当的控球和准确的传球是有效进攻的关键，控好球并找准机会恰到好处地传球以获得进攻、射门机会。

4. 快速跟进支援

所有攻方队员都要参与进攻，处在最后的队员不要始终站在禁区附近，特别是在传球给前方队友之后一定要迅速跟进。但是在向前跟进时，还要注意攻守平衡。

5. 不断利用人数优势以多打少

反击是最有效的得分手段之一，快速反击常常在进攻方有人数优势的情况下进行。因此，要提高"二打一""三打二"的配合能力。

6. 利用前锋突破、分球和扯动创造射门机会

（1）传球给前锋，快速跑动接前锋的分球：传球给逼近对方球门的前锋，

前锋接球后转身突破后卫射门，或者将球分给插上接应的队员射门。

（2）**前锋制造空当后传球给插上的队员**：前锋扯动策应制造空当，拉出空当后其他队员迅速插上，利用空当位置接球射门。

（二）整体防守战术行动原则

（1）**加强中场防守**：加强中场防守，让球远离本方球门。

（2）**强化全队防守层次**：进行防守时，整体队形要有层次，形成防守纵深，以避免对方一点突破全线失守。防守持球的进攻队员时，一名防守队员上前紧逼，其他队员应该在后面建立起一条协防、保护和补位的防线。

（3）**强化个人防守位置**：防守的队员要始终站在恰当的防守位置上，一定要随球移动自己的防守位置，特别是处在防守线最前沿的队员。

（4）**沟通交流**：对于成功的防守来说，防守队员之间良好的沟通交流是关键。只有良好的沟通交流才会有统一有效的集体防守。

六、培养战术意识和能力

战术意识和能力是球员的灵魂。战术意识和能力水平提高比技术能力水平提高难度要大，因此需要精心培养。球员在比赛活动中首先通过及时、敏锐、正确的观察，发现和感知相关信息，并识别有用的线索，结合足球比赛所需的专项知识和技能认知其中的关键点，选择、判断并决策，迅速传达到运动器官作出应答性反应（采取合理的动作）。

现代高水平足球队在战术能力，尤其是整体战术、比赛阵型和攻防转换方面表现出以下特征。

（1）当今更多的球队在比赛中整体战术表现得更为积极，尽一切努力进球和赢得比赛，而不是把目标定位在尽量不输球和不失球，所以进攻得分比保守不失球的踢法更重要。成功球队的一个关键因素是他们在诠释比赛打法时能够表现出更多的灵活性，一支队采用的战术体系，可以随着新球员的替换演绎出不同的效果，新入队的或替补球员必须能够立即融入球队的战术体系。球队作战的整体性越来越强，无论进攻与防守都需要整体参与，且防守时更倾向于形成密集的队形。

（2）因为球队阵型安排要以比赛的有效性为前提，所以球队趋向于使用更灵活的队形而不是固定不变的阵型。高水平的球队不会害怕短暂地失去队形，此理念有助于球队在比赛的各个时段、各个区域获得主动权。

具体球员位置体现在：两名边前卫（边翼卫）既要参与进攻也要参与防守；

如果球队采用双前锋，当失去球权后其中一名前锋要退回到中场参与防守；更多的球队打法是建立在做好稳固防守的基础上，通过中场发起进攻，且进攻更多的是通过地面传控推进；边后卫向前推进提供进攻的宽度和传中的选择，并在进攻中扮演边锋的角色，在进攻区域提供更多的支援；防守型后腰多数采用据后防守，以利于给边后卫创造向前推进的机会；球队的防守更多在前场形成有球区域的人数优势而实施紧密的封锁，失去球权后，边路球员大多要收缩至中场区域进行防守。

（3）攻防转换的质量与速度节奏是现代足球比赛突出的特点。比赛中，攻防转换的节奏越来越快，当重获球权后，所有球队都会将快速反击作为比赛战术的一部分，而更出色的球队则有能力发起快速、突然、有效的反击进攻。

第二节 比赛阵型

比赛阵型是指比赛场上队员的位置排列、攻守力量搭配和职责分工的形式。根据本队比赛战术需要结合队员的实际情况确定合理的比赛阵型，要让每名队员清楚自己在该阵型中的位置、任务和职责，鼓励队员在比赛中充分发挥个人能力并融入全队的整体配合中，可有效地整合与优化全队的整体战术组合，做到攻守实力平衡，实现预定的比赛目标。

阵型本身不能给球队带来胜利，不管采用什么样的阵型，最终可以带来胜利的是全队的技战术能力和体能。

一、五人制比赛阵型

五人制比赛阵型有"3-1"阵型、"2-2"阵型、"2-1-1"阵型等。

（一）"3-1"阵型

此阵型是指三名后卫和一名前锋的配置。此阵型注重防守，因为一旦被断球，有三名防守队员可以进行防守，在对方罚球区前可以制造较大的空当，进攻时后卫插上助攻对方也较难防守，能给予控球前锋较大的支持。此阵型易于掌握，适合训练时间较短的队伍使用，但需要有一名能够控球和传球的前锋，且对于后插上队员的体能有一定的要求。

"3-1"阵型发动进攻可以如图2-1所示，边路②号队员将球传给③号后斜线跑动插上，③号可以将球传给插上的②号，由②号射门或传球给在第二门柱包抄的前锋⑤号；或是将球传到前锋⑤号脚下，让前锋摆脱防守队员转身射门，或是②号传球后快速插上接前锋⑤号的回传球射门或传球给到第二门柱包抄的③号。

另一种常用的"3-1"阵型发动进攻的配合线路如图2-2所示，②号传球给③号后前插接应，③号传直线球或挑过顶高球给②号，②号接球直接射门或将球传到第二门柱给包抄的前锋⑤号，④号此时要适当靠近中路，防止对手的反击。

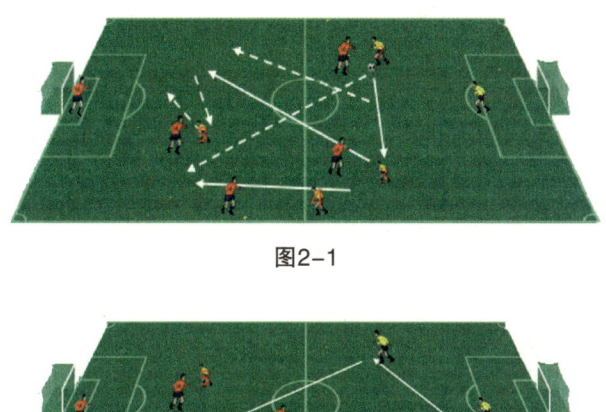

图2-1

图2-2

（二）"2-2"阵型

"2-2"阵型是两名后卫和两名前锋，是室内五人制足球最初始的一种阵型，它强调的是攻守平衡。因为在对方半场有两名前锋，向前传球的点较多，对方防守较难，两名前锋可以通过穿插跑动、换位接应打乱对方的防守体系，为后面插上的队员制造射门得分的机会。在"2-2"阵型发动进攻时，人员的站位分布较为平均，所以在每个区域都有一对一的机会，可以通过个人突破来打开对手的防守体系。

"2-2"阵型发动进攻时可以利用防守方中路空间相对较大的弱点进行配合，前锋进行对角跑动接应，如图2-3所示，②号摆脱防守回中路接应，③号将球传给②号后快速插上，②号向侧后方做球，③号拿球后直接射门或传给在第二门柱的⑤号，此时④号应向中路靠近保持攻守平衡；或者当③号将球传给②号后④号在边路快速插上，②号将球传到侧后方，④号接球后直接射门或传球给第二门柱包抄的⑤号，此时③号应向中路靠近保持攻守平衡。

当对手防守中路做得较好时，配合线路也可以如图2-4所示，⑤号移动到边路，③号将球从边路传给⑤号，此时②号摆脱防守到中路接应。

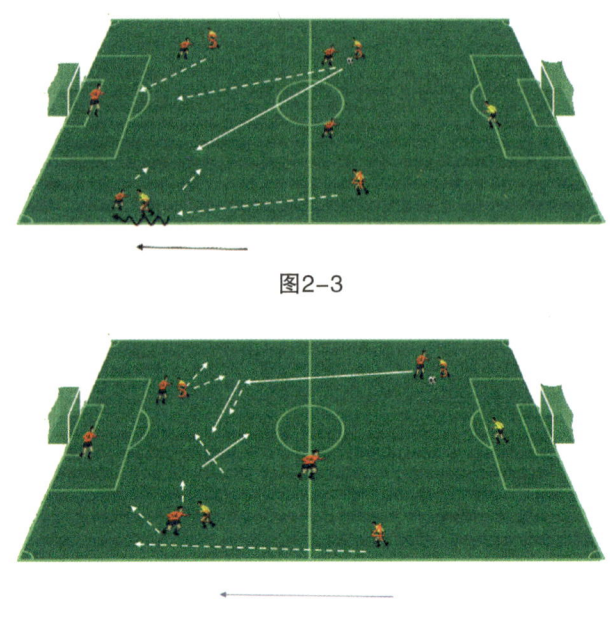

图2-3

图2-4

（三）"2-1-1"阵型

"2-1-1"阵型是在中场安排一名队员，使得整个队伍的攻防层次更加清晰，中场队员在进攻时能够接应后场队员的传球并给前锋传球，也可以在最短时间内插上接前锋的回传球，防守时又能在中场设立一道屏障。同时，当对手进行全场紧逼防守时，"2-1-1"阵型也是一个打破紧逼防守较好的阵型，前提是中场队员必须站在边路。

"2-1-1"阵型发动进攻时，如图2-5所示，如果对手实施紧逼防守，前锋⑤号和中场②号有意将防守队员带到一侧，此时对方后场的另一侧就出现大片空当，③号队员拿球进行一对一的突破，④号在③号进行突破时要注意随时进行中路的保护。

图2-5

如图2-6所示，前锋⑤号和中场②号同时向边路移动接应④号，④号将球传给前锋⑤号，同时中场②号突然反方向起动摆脱防守队员，⑤号直接将球传给②号，②号接球射门；或是④号在⑤号和②号移动的同时将球长传给快速插上的③号，突破对手的防线。

如图2-7所示，当发球门球时对方全场紧逼，守门员可以直接将球发给插上的③号或④号，也可以将球发给中场回接的②号，让②号将球传给边路插上的③号或④号，突破对手的防线。

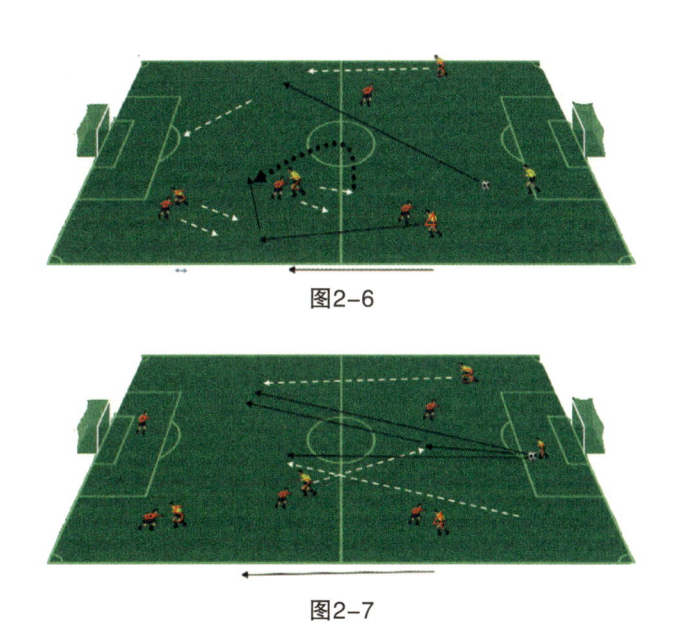

图2-6

图2-7

（四）"4-0"阵型

在过去，"4-0"阵型是在前锋队员受伤时使用。"4-0"阵型在欧洲比较流行，由于巴西人在防守时采用中场紧逼防守的战术一度让欧洲球队不适应，故欧洲球队在"4-0"阵型进攻体系上进行了认真的研究，其目的就是在防守中场的队员身前或身后再增加一个进攻点，从而打破对方的紧逼防守，如果守方在防守时对进攻的每个队员进行紧逼防守，那防守方身后就会出现较大的空当，"4-0"阵型要求队员不断穿插跑动来制造空当实现突破，是一个打破对方全场紧逼的阵型。

如图2-8所示，②号传球给⑤号后向前插将防守队员带开，然后④号再斜插至对方身后，⑤号将球传给④号。或如图2-9所示，⑤号和②号交叉跑动插向对方身后，④号将球传到防守队员身后，⑤号插上接球。

图2-8

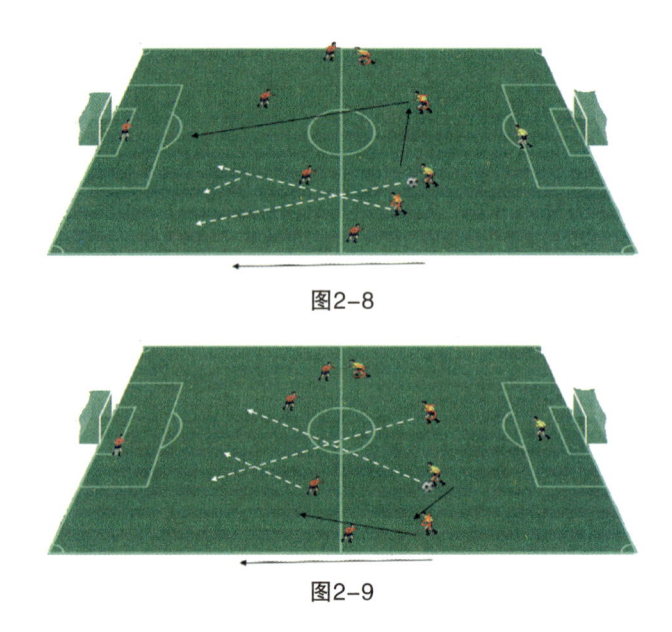

图2-9

（五）"1-2-2"阵型（五打四）

五打四的情况一般出现在一方比分落后且比赛即将结束时，比分落后一方的守门员通常会在本队进攻时参与进攻（也可以由一名进攻队员换下守门员参与进攻），形成以多打少的局面。这种打法虽然在对方的半场形成了以多打少的局面，但是在本方已经没有守门员的情况下，一旦失误就会给对手射空门的机会。五打四的站位如图2-10、图2-11所示。

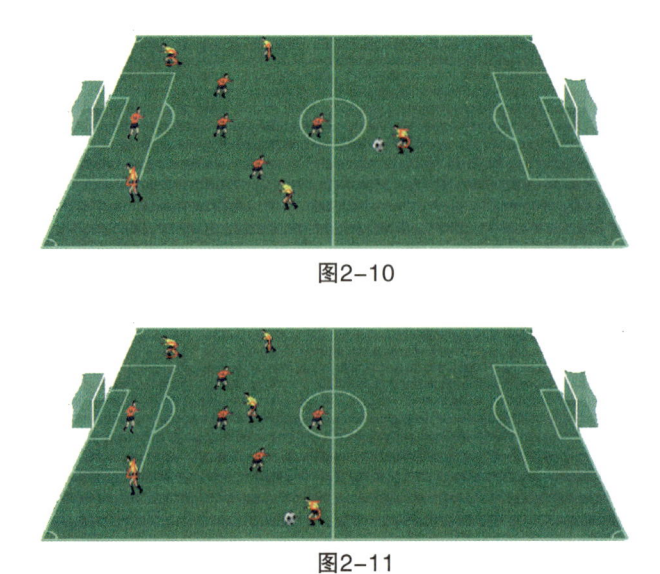

图2-10

图2-11

二、五人制比赛防守战术

室内五人制足球比赛的防守战术是由一定的防守战术体系构建而成的，其内容包括人盯人防守、区域防守和混合防守。

（一）人盯人防守

人盯人防守是指防守方的每一名球员盯防对方球队的固定球员，这种防守方式令进攻队员很难突破、接球、传球和射门，因为他们每一个人都在防守队员的盯防当中。目前世界上的一流强队几乎全都采用人盯人防守，在五人制足球比赛中，较小的场地和较少的上场队员使人盯人防守更易掌握，而且避免了区域防守中存在的问题，因此被广泛采用。人盯人防守在防守时责任较为明确，可以在不同的场区使用，但是需要每名防守队员都有较强的个人防守能力和清晰的头脑，在对方交叉换位时要提前判断对方的意图，而且要有充沛的体能作保证。室内五人制足球比赛中采用人盯人防守战术时可以有两种方案：第一种方案是赛前教练员事先决定每个队员盯防哪个对手；第二种方案是在比赛过程中防守队员自己选择离自己位置比较近的对手进行盯防。

根据不同的战术需要，可以进行全场、2/3场区、半场等不同区域的人盯人防守，在不同区域进行人盯人防守又有不同的要求（图2-12）。

图2-12

（二）区域防守

区域防守要求每个防守队员负责防守一定的区域，位于某个区域的防守队员要对任何进入本区的对方队员进行盯防，离开这个区域就不再追踪盯防，其基本注意力主要集中在球上，而不是在具体的对手上，同时在这个区域的防守队员应该根据球和队友的移动经常变换自己的位置。区域防守是比较节省体能的一种防守战术，但经常会因盯人不明确，造成在某个区域里进攻方以多打少的局面，所以在进行区域防守时要求每个队员的防守位置感好，补位和协防的意识强，不会随意跟随对手的跑动而离开自己的防守区域，而且还能随时对队友的防守区域进行支援。区域防守一般在人少防人多（四打五、三打四）和体能不足的情况下使用。

（三）混合防守

混合防守是球队在比赛中同时运用人盯人防守和区域防守的防守战术。混合防守体系趋于流行的打法是由一个或两个防守队员，对对方球队中特别有进攻威胁的队员实施人盯人防守，而对其他进攻队员则采取区域防守。根据场上的实际情况，在不同的区域里，防守队员可以由人盯人防守转变为区域防守，或者相反。混合防守体系的主要优点是既限制了对方球队的主要队员，又可以使用较小的力量完成防守任务，而且让进攻方无法轻松掌握自己的防守体系，打乱对手的进攻体系。

三、八人制比赛阵型

八人制比赛有"3-2-2"阵型、"3-3-1"阵型、"4-2-1"阵型等。

（一）"3-2-2"阵型

这是一个攻守力量较为均衡的阵型，设置了三名后卫、两名前卫、两名前锋。

前锋：前锋线队员是全队攻击的箭头，肩负着进攻对方球门、创造机会射门得分的重任。在球队进攻时，有球一侧的前锋多寻找同侧的中场、后卫打配合。无球一侧的前锋向前接应吸引对方防守，与同伴相互配合创造进攻空间，争取射门得分。当球转移到另一侧进攻时，要采取同样的方法接应、配合，吸引对方防守，创造进攻空间，争取射门得分。在中路进攻时，两前锋要协同配合、交叉换位、扯动接应，创造射门时机，争取射门得分。

球队转入防守时，双前锋一定要做到就地反抢，起到延缓、阻止对方进攻的作用，为中后场同伴落位防守争取时间，积极封堵持球人的出球线路，迫使其回传、横传、向边路传。

前卫（中场）：前卫（中场）线队员担负着组织进攻、防守的职责，赛场上要审时度势，调度场上的攻防。进攻时前卫（中场）线队员与后卫线、前锋线队员密切配合，采用边路、中路、边中结合等进攻方法攻击对方球门，力争射门得分。防守时前卫（中场）积极组织全队防守，采用紧逼盯人、区域协防、交叉补位等防守方法，阻断对方的进攻，力争夺得球权反守为攻。

前卫（中场）线队员处理球应以稳为主，切不可轻易丢球，一旦丢球会对本方防线造成很大的威胁。

后卫：在三后卫体系下，中卫与边后卫之间的肋部空当往往是对方突破的重点，因此中后场防守一定要站住这个肋部空当，防止对手打出有威胁的斜插传球、突破。后卫线要保持整体防守队形，对方从边路进攻时，同侧的边后卫要往前顶上紧逼防守，中后卫在侧后协防、保护，另一侧的边后卫和其他防守队员要站成一条直线，给对方制造"越位陷阱"。对方从中路进攻突破前卫（中场）线时，中后卫要及时坚决地顶上去进行逼抢、阻截，两边后卫要稍向内收以协防、保护中后卫，前卫（中场）线队员要迅速退守，补中后卫身后的空当。

球队转入进攻时，后卫线要适时前压，保持与前卫（中场）线的合理距离，有球一侧的边后卫要跟进向前压。中卫要接应中场的回传，再组织进攻。边后卫要起到边锋的作用，可以实施前插空当、边路突破等攻击行动，但两侧边后卫不能同时插上，另一侧要保持防守位置。一旦失去球权，后卫线要迅速退守，保持好防守队形。

（二）"3-3-1"阵型

这个阵型中后场力量较强，是偏重防守、控制中场、实施突袭的阵型。

前锋：单前锋的位置需要技术能力强、体能好、头脑清晰、灵活的队员，这个阵型需要前锋顶在前场，牵制对方中后场的防守力量。在进攻时，作为全队在前场的支点需要更多的横向移动、跑位接应，与中后场队员协同配合，采用中路渗透突破创造攻门机会或接应边路突破传中射门，当出现良好的突破时空时，坚决实施个人强行运球突破争取破门得分。转入防守时即刻实施反抢，封堵、延缓对方的进攻，要随全队的退防回到中场协助防守，中路防守出现空缺时要及时协防、补位，并随时准备反攻。

前卫（中场）：中场左、中、右三名前卫队员，都有明确的活动区域。两边路的中场队员在进攻中有十分重要的作用，要扮演边锋的角色。中路队员的位置要稍拖后，负责组织、调度全队的进攻，保持球队整体阵型不脱节。中场队员要与前锋密切协同配合，采用边路进攻、边中结合、中路渗透等战术攻击对方球门，争取得分。

转入防守时，中路三条线要保持防守位置，不能轻易后退，边路队员要对边路进攻的攻方队员实施紧逼防守、封堵、破坏。中路队员随时准备左右补防，中路空缺的位置由前锋回撤补位。中路队员面对中路进攻的攻方队员要顶上去实施紧逼防守、封堵、破坏，左右两侧的队员要随时准备协防、补位。中路三条线的积极防守能为后卫线创造有利局面，形成中后场协调、稳固的防守体系。

后卫：中后卫与左、右边后卫三名队员组成后卫线，是全队防守的最后一道屏障。后卫线与中场线、前锋线形成全队三条线的整体阵型，无论进攻还是退守都要整体移动，随时保持全队整体阵型的合理纵深，三条线要相互支援，不可脱节。防守时后卫线要盯住防守区域里的攻方队员，对于有球区域要实施紧逼防守、封堵、破坏，无球区域的后卫队员在时刻注意协防、保护的同时还要盯住自己防区的攻方队员，阻止其穿插跑位接应。

后卫线队员要相互呼应、相互保护、相互支援。

转入进攻时，后卫线要前压，给中前场队员有力的支持和援助，边后卫要起到边锋的作用，实施边路进攻、突破传中；中后卫要向前接应中前场队员，协助组织进攻。在进攻中要随时准备，一旦丢球即刻转入防守。

（三）"4-2-1"阵型

这是一个防守反击的阵型，中后场安排六名队员加强防守力量，一旦得球即发动反击。

前锋：这一位置的队员条件与"3-3-1"阵型单前锋的条件一样，任务也基本相同，只是要求活动范围更大，更多地回撤中场形成全队进攻的支点，通过跑动策应牵扯、吸引对方的防守，为同伴创造进攻空间；通过传球为同伴创造攻击对方球门的时机；通过跑位接应同伴的传球攻击对方球门或个人运控球强行突破攻击对方球门，力争射门得分。

转入防守时要积极反抢，封堵以延缓对方的进攻，回撤中场后要协助中后场防守。

前卫（中场）：两名前卫线队员是全队攻防的枢纽，在进攻中要与前锋队员相互支持、配合，还要与后卫线相互配合发动进攻，特别是与两个边后卫的边路进攻配合，当出现机会时还要冲到第一线攻击对方球门。

转入防守时两名前卫线队员要迅速与前锋组成第一道防线，实施反抢、封堵、破坏，延缓对方的进攻，为中后场队员的防守落位争取时间，在退守中要随时准备为后卫线同伴补位、协防。

前卫线队员处理球要简练、迅捷，切不可因脚下粘球贻误战机、丢失球权。

后卫：两名中后卫与左、右边后卫组成后卫线，防守力量较强，对方边路进攻时中后卫和边后卫随时可以相互补位、协防，边后卫可大胆逼抢、阻截而没有后顾之忧。对方中路进攻时两名中后卫一名突前对有球队员实施紧逼、堵抢，另一名拖后负责协防、保护。一旦获得球权，立即实施反击，边后卫承担边锋职责沿边路进攻；突前中后卫要顶上去与前锋、前卫线配合支持、援助中路进攻。反击时切不可两名边后卫同时上去参与进攻，要一名参与进攻另一名留在防守线上准备防守，两名中后卫也只能一名参与进攻另一名留在中路准备防守。

四、十一人制比赛

十一人制比赛是按足球竞赛规则进行的国际通行的比赛，与室内五人制足球赛、沙滩足球赛并称为国际足联三大赛事。

十一人制比赛阵型的设计主要依据队员的能力和特点，同时还要针对对方的实际情况。比赛阵型的设计是多种多样的，即使是同样的阵型，打法也是千变万化的，但总的宗旨是充分发挥本队实力、抑制对方实力，整体达到攻守平衡，力争获取胜利。

常用的比赛阵型有"4-3-3"阵型、"4-4-2"阵型、"3-5-2"阵型等。

（一）"4-3-3"阵型

该阵型的主要特点是攻防力量较为均衡，有利于攻防组织调度，攻防转换机动性大，可发挥进攻与防守的突然性、隐蔽性和灵活性的作用。

后卫：左、右两名中后卫与左、右两名边后卫四人组成后卫线。

边后卫重点盯防进入边路区域的进攻队员，与相邻中后卫协同防守结合区域，相互协防、补位。由守转攻时迅速压上，协助控制中场，并伺机参与边路进攻。

两名中后卫根据攻防需要前后站位，负责身前和身后中路纵深区域的防守，突前中卫盯防对方的突前中锋，扫清罚球区前沿的进攻威胁；拖后中卫专司防线纵深的保护与补位，盯抢突然插入门前危险区域的进攻队员，并组织和指挥全队的防守。由守转攻时，指挥边后卫及时压上，共同发动与组织后场进攻，支持、协助中前场同伴发起全线进攻。

前卫：一名中前卫和左、右两名边前卫组成前卫线，作为全队攻防的枢纽，防守时要成为后卫线的一道屏障，对位盯防对方的进攻前卫，阻击对方的中场进攻，重点封锁两中后卫结合部和中后卫与边后卫结合部的危险区域，及时补防后卫线的身后空当。

由守转攻时接应本方中后场的进攻，组织、调度、策应中前场的进攻，伺机与前锋线、后卫线配合，突然插上攻击对方球门，争取射门得分。

前锋：一名中锋和左、右两名前锋组成前锋线，是全队进攻的第一线。在进攻时左、右两名前锋在两边路或边中结合部区域，通过局部战术配合或运球过人突破撕开对方边路防线，完成传中或射门、包抄抢点射门。通过主动回撤或内切接应等无球跑动制造边路空当，为同伴插上创造进攻空间。向对方防守内线穿插跑动接应，与中路进攻同伴协同配合展开中路进攻，特别是要与中锋默契配合，协同攻击对方球门。由攻转守时，在边路与相邻同伴形成对进攻队员的反抢、堵截、夹击、围抢；退守中后场要坚守边路，协助、支援、接应边路同伴的防守，特别要与边后卫形成默契，在进攻与防守中协调配合，形成边路的稳固防线。

中锋在进攻时要深入对方防守腹地，在两名中后卫之间区域或中、边后卫结合部区域活动，寻找、创造进攻时机。通过中路的反复拉、插接应或左、右扯动为同伴创造进攻空间，采用传切、过人突破、头球摆渡、二过一战术配合等创造突破射门的机会。由攻转守时，实施就地反抢，延缓、干扰对手的反击速度，退守中场区域协助全队防守，并时刻准备反攻。

（二）"4-4-2" 阵型

"4-4-2" 阵型加强了中后场的力量，使防守更加稳固，攻防转换更为灵活、机动，二、三线插上进攻和快速反击更为锐利。

后卫：后卫线由左、右两名中后卫与左、右两名边后卫四人组成。

两名边后卫固守边路，并与相邻位置中后卫协同防守两者结合部区域。由守转攻时，及时向中场压上，控制中场两肋区域，积极策动、协助中场进攻，伺机快速套边或插上进攻，进入前场要起到边前卫、边锋的进攻作用。

两名中后卫的攻防职责和打法与"4-3-3"阵型中两名中后卫的主要攻防打法基本相同。攻方前锋采用频繁交叉换位、前后拉插和中路传切渗透等方法展开进攻，两名中后卫的防守要特别注意灵活运用区域与盯人相结合的混合防守，防守分工与盯防对象明确，特别在两中后卫结合部区域盯防对象的互换、交接要及时、协调，配合默契。由守转攻时指挥后卫线及时压上助攻，接应、支援、协助中前场同伴组织进攻。

前卫：前卫线由四名队员组成，加强了中场力量，多采用"1-2-1"菱形站位，即中路设突前前卫（前腰）和拖后前卫（后腰），两个边路各设一名边前卫。

拖后前卫（后腰）的主要攻防打法可参照"4-3-3"阵型中前卫的职责与打法。要注意对位盯防对方突前前卫，尤其要做好两名中后卫结合部区域的防守屏障，及时协防、补位、保护两名中后卫。由守转攻时，负责本方中后场进攻的组织，控制比赛节奏和进攻方向。

突前前卫（前腰）的主要任务是发动、组织、接应中前场的进攻，与前锋线共同组成攻击的第一梯队，通过局部配合、运球突破或向中路前插突破对方防线，创造射门得分机会。由攻转守时就地实施反抢，阻截干扰对手，延缓其进攻速度，盯防对方的前卫线队员，阻止其由中后场发动进攻。退守中后场协助同伴防守并时刻准备反攻。

左、右两名边前卫主要负责边路的攻防，与突前前卫和前锋线配合，组织、发动边路进攻；对对方防线的两肋结合部展开进攻；协调中场的转移进攻；伺机与中路的同伴进行横向配合创造射门得分机会；边路运球突破射门、包抄抢点射门。由攻转守时，要快速回防，盯防对方的边前卫，并要及时给插上助攻的边后卫协防、补位。

前锋：两名前锋队员可一前一后、一左一右或一中一边移动选位，主要在对方两中后卫之间和中后卫与边后卫之间的区域活动。

进攻时，在同伴的支援下，通过两人之间的一拉一插、一传一切和前后、左右的交叉换位与传球配合或从中路运球强行突破防线，创造射门得分机会；与边路同伴配合从边路突破对方防线，采用边路传中射门或边路直接射门。在前场主动回撤接应，与前卫线、后卫线插上进攻的同伴密切配合，创造射门得分机会。

由攻转守时，两名前锋要及时地协同配合就地反抢、阻截、干扰对方有球的进攻队员，延缓对方进攻速度，协助中后场同伴积极防守。

（三）"3-5-2"阵型

该阵型的主要特点是屯重兵于中场，有利于赢得中场攻防的主动，攻防转换快捷、机动，能较好地保持攻防的动态平衡。

前锋：两名前锋的站位及主要职责和打法与"4-4-2"阵型的双前锋大体相同。在进攻时他们深入对方防守腹地，得到同伴的全力支持。作为全队进攻的支点采用传切配合、头球摆渡或回顶为同伴做球创造进攻机会；在中路左、右穿插、扯动要球或主动回撤拿球，吸引对方防守力量，扰乱对方防线，为同伴前插进攻创造战机；敢于运用个人能力运球强行突破取得射门得分的机会。

转入防守时，两名前锋要及时反抢、阻截、干扰、破坏对方的进攻，延缓对方进攻速度，退守中场协助中后场同伴积极防守。

前卫：由五名队员组成的前卫线可采用不同的站位方法，如可采用左、右两个边前卫（边翼卫）站在边路，中间由一名中前卫拖后，另两名为左、右前卫突前，或由中前卫突前，两名左、右前卫拖后。

左、右边前卫（边翼卫）防守时迅速沿边路后撤，担负起防守边路的职责，形成"5-3-2"阵型以加强后卫线防守。由守转攻时及时向中场压上重新构成"3-5-2"阵型，争取中场进攻的优势和主动，伺机发动和展开边路进攻，起到边锋的作用。

左、右前卫如处于突前位置时，主要负责中前场进攻的发动和组织，与同侧的边前卫（边翼卫）和前锋组成边路区域进攻组合，攻击对方的边、中路防线；两名突前前卫与两名前锋组成中路区域进攻组合，通过相互间的传切配合、交叉换位、扯动接应创造进攻机会，尤其是从后面突然插上突破中路防线，创造射门得分机会。由攻转守时，沿中路快速回防形成左、右后腰，加强中后场的防守。

左、右前卫如处于拖后位置时，则主要是为加强防守，作为后卫线前的一道屏障与中后卫组成中路防线。转攻时组织中后场发动反攻，与前卫线、后卫线配合控制比赛节奏和进攻方向。

中前卫处于突前位置时，主要职责和打法与左、右前卫处于突前位置时一样，主要负责中前场进攻的发动和组织，与前卫线、前锋线、后卫线协调配合，创造攻击对方球门的机会。转入防守时是中前场防守的组织者，与前卫线、前锋线积极配合，形成中前场的防守线，为组织后方防守赢得时间、提供支持。因只有一人处于这个位置，所以活动范围更大，需要更多的跑位、接应、串连，以及更强的个人能力。

中前卫处于拖后位置时，攻守打法与"4-3-3""4-4-2"阵型的拖后前卫大体相同。但由于三后卫防线空当较大，因此拖后前卫"漏斗式"的扇形防守面积应更大，要随时准备为后卫线协防、补位，以弥补防守线的空缺。转守为攻时组织、接应中后场的进攻，控制进攻节奏和方向。与前锋线、后卫线密切配合，调度、策应、支持中前场的进攻。

后卫：由一名中后卫和左、右两名后卫组成的三人后卫线，也称为"三中卫"。三名后卫防守区域较大，要求他们积极跑动、判断准确、选位合理、补位及时、相互保护有力、出球果断。在对方进攻压过中场时，两名边前卫（边翼卫）要退守两个边路，成为左、右边后卫，组成"5-3-2"阵型，原来的后卫线三名队员形成三中后卫，盯防对方的中路进攻，其防守面覆盖整个罚球区及前沿区域并兼顾边路防守，及时为边路防守协防、补位。居中的中后卫防守控制的重点是整个罚球区和前沿区域，主要负责中路纵深和居于左、右的两名中后卫身后区域的保护、补位，及时排除门前险情，保护守门员及因其出击而留下的空门和门前空当，起着防守"清道夫"的重要作用。

由守转攻时，两名边前卫（边翼卫）要迅速前插恢复"3-5-2"阵型，成为边路进攻的主要力量。后卫线队员主要负责本方后场、中场进攻的发动、组织，掌控进攻的节奏、方向。

第三节 进攻与防守战术

比赛队形是阵型在不同比赛情况下的具体体现与灵活运用，是根据场上情势而随机变化的攻防队员位置的具体组合方式。合理的攻防队形有利于使全队整体攻防的衔接更为紧凑有序，使攻防力量的调动和攻守动态平衡的实现更加快捷和有效，对于创造和利用有利于本方攻防的时间、空间，保证攻防战术得以顺利实施具有重要的实战作用。

比赛阵型虽然各不相同，但队形却有其基本的变化规律可循。比赛队形可分为整体队形和局部队形两大类。保持合理队形的总体原则是：前后层次分明，左右策应及时，四面衔接有序。其核心在于进攻时有利于创造和利用时间、空间，防守时有利于控制和封锁时间、空间。

一、进攻队形

（一）进攻的整体队形

1. 保持整体进攻队形的基本原则

（1）随着进攻场区的前移纵向推进，逐渐增加有球或相邻场区的进攻人数，尽快形成多点接应、纵深进攻的立体队形。

（2）随着进攻场区的横向变化发展，进攻人数及整体队形向有球区域倾斜，及时形成有球局部以多打少和横向联系紧密的侧移进攻队形。

（3）双方进攻僵持时，相应投入更多的进攻人数于中场，形成有利于及时调动进攻兵力，保证攻防快速而有效转换的灵活队形。

2. 进攻整体队形变化的基本表现形式

（1）后场：［1］+1+8+1（图2-13）。（［1］为守门员，下同）
（2）中后场：［1］+1+6+3。

图2-13

（3）中场：［1］+1+5+4。
（4）中前场：［1］+1+4+5。
（5）前场：［1］+1+3+6。

（二）进攻的局部队形

1. 两人之间的基础进攻队形

在有球局部区域，两名进攻队员之间保持前、后斜线站位是最基本的进攻战术队形（图2-14）。

（1）进攻接应者应在持球人身后靠近球门一侧约45°角斜线选位接应。

（2）进攻区域离对方球门距离越近，接应距离越近。一般后场为10～30米，中场为6～15米，前场为3～5米。

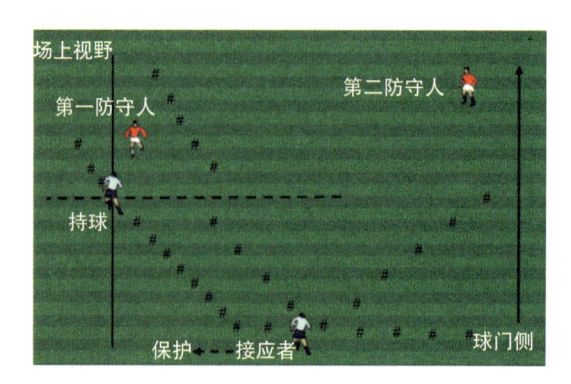

图2-14

2. 三人一组、"两前一后"的立体层次进攻队形

这种"倒三角"局部进攻队形使三人之间形成左右、前后的传球、接应，进攻配合更加有效。多个三角形进攻队形的有机组合，便构成了有球区域进行渗透进攻的立体进攻队形（图2-15）。

图2-15

二、防守队形

（一）防守的整体队形

1. 保持整体防守队形的基本原则

（1）对方的进攻离本方球门的防区越近，投入防守的兵力就越多，力求形成以多防少，分割、压缩进攻空间的紧密防守队形。

（2）力求形成快速移动防守重心、纵横衔接有序，有利于堵抢、保护或补位的立体防守队形。

2. 防守整体队形变化的基本表现形式

（1）后场：［1］+1+3+6。
（2）中后场：［1］+1+4+5。
（3）中场：［1］+1+5+4。
（4）中前场：［1］+1+6+3。
（5）前场：［1］+1+8+1。

3. 防守的局部队形

两人呈斜线、三人呈三角、四人呈菱形是有球局部经常采用的基本防守队形。

（1）两人之间的基础防守队形。①保护距离：一般以既能协助同伴盯防、有效限制对手活动的时间、空间，又能及时为盯防同伴补位的保护距离为宜。②保护角度：保护角度主要取决于前面盯防对方队员的防守意图和站位。盯防对方队员的防守距离稍远，而不能有效控制进攻队员的活动方向时，保护盯防对方队员的同伴应占据防区内线与其呈 45°角站位，以兼顾多个方向的防守保护（图2-16）。

盯防队员如果迫使有球进攻队员走边路外线，保护同伴应纵向站位进行保护，配合实现其防守意图，及时形成对有球进攻队员的围堵或夹抢。

盯防队员如果迫使进攻队员持球横向移动，保护同伴也要相应地横向站位进行保护，限制进攻队员向防守纵深运动的活动空间（图2-17）。

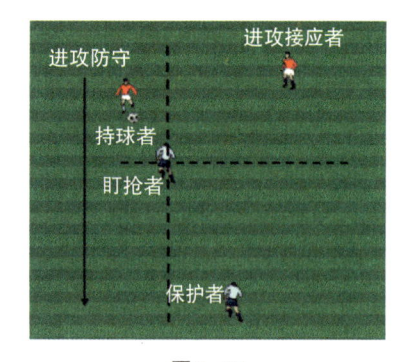

图2-16

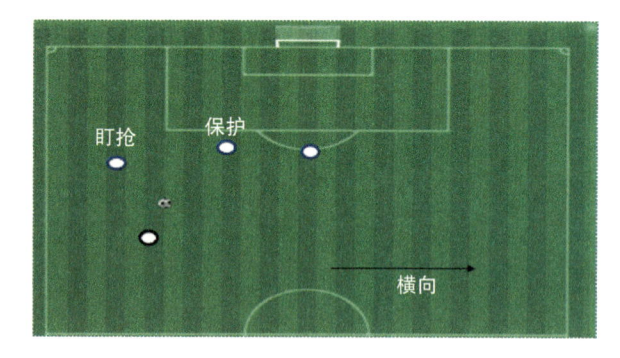

图2-17

（2）三人一组、"一前两后"的立体层次防守队形。中后场区的局部防守，通常由三人保持"正三角"的防守队形。一名防守队员上前盯防，两名防守同伴在其身后左右两侧，对防区的内线和外线的纵深区域进行防守保护。多个局部"正三角"形成防守队形的有机组合，切割了防区内可供对方利用的进攻空间，从而构成有球区域步步为营"锁链式"的立体防守队形（图2-18）。

（3）中路区域的菱形防护队形。对方在中路发动并展开进攻时，具有左、中、右灵活改变进攻方向的主动权。在对方进攻方向多变或不明朗的情况下，在中路有球区域由4人形成菱形的防护队形，能相对有效地兼顾和应对进攻方多个不同方向的进攻，使防守的左右两侧和中路纵深的防护变得更加有效（图2-19）。

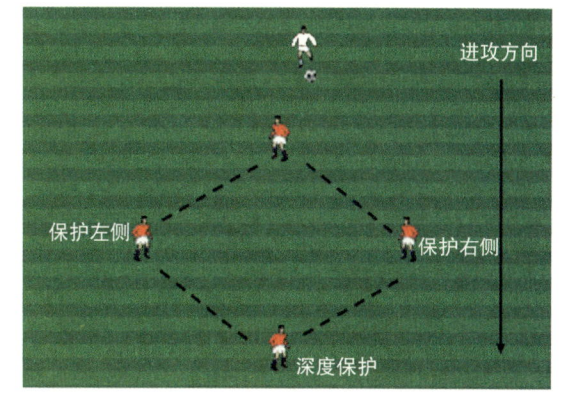

图2-18　　　　　　　　　　　图2-19

（二）队形的调整变化

足球比赛中的攻防队形只有随着球的不断移动而频频调整变化，才可能在不同的攻防瞬间保持有利于本队攻防的合理队形。为此，必须充分认识到，良好的体能是迅速调整和形成合理队形的基础保证；高度集中的注意力与敏锐的观察、预见能力是保持合理队形的战术基础；良好的战术素养和实战经验是保持合理队形的核心。

教练员在指导球员学习和执行进攻原则和防守原则的过程中需要遵守以下要求：

（1）球员在不同年龄段的训练和比赛中均遵守相同的进攻原则和防守原则。

（2）球员在不同大小场地的训练和比赛中均遵守相同的进攻原则和防守原则。

（3）球员在不同人数对抗的训练和比赛中均遵守相同的进攻原则和防守原则。

三、进攻战术

（一）个人进攻战术

个人进攻战术是指在比赛中为了战胜对手而采取的符合整体进攻目的的个人战术行动。个人进攻战术是构成局部和整体进攻战术的基本环节。个人进攻战术行动水平的高低直接影响局部和整体进攻战术的质量。

个人进攻战术包括传球配合、射门、运球突破和无球跑动摆脱、策应、跑位等。

1. 传球配合

传球配合是比赛中运用最多，也是最重要的技战术。运动员得球后，80%是将球传给同伴，20%是运球或射门。历届世界杯足球赛统计资料表明，平均每场比赛传球达1000余次。在一场比赛中，70%～80%的控球权是通过激烈争夺获得的，而控球权的转换很多时候都是因传球失误造成的。因此，传球技术水平的高低代表着一个运动员和一支球队整体比赛能力的高低，传球成功率往往是决定比赛胜负的重要因素之一。

传球在比赛中的表现形式多种多样。按传球距离可分为短传（15米以内）、中传（15～25米）和长传（25米以上）；按传球高度可分为地滚球、低球（膝部以下）、平直球（膝以上、头部以下）和高球（头部以上）；按传球方向可分为直传球、斜传球、横传球和回传球；按传球目标可分为向同伴传脚下球和传空当球；按传球的旋转可分为上旋球、下旋球、侧旋球等。

为使各种传球达到预期的效果，主要应注意以下问题。

（1）培养良好的传球意识。 首先要养成传球前抬头观察场上情势的习惯，扩大视野范围。必须清楚往哪里传最有威胁，哪种传球方法最合理，什么时候传，要传出什么性质的球。

（2）隐蔽传球意图。 暴露传球意图是造成传球失误、同伴接球困难的重要原因之一，传球的隐蔽性是达到传球战术目的的重要前提。在比赛中应多采用直接传球、变向传球、结合假动作传球和运用多种传球脚法来隐蔽传球的意图与方向。

（3）把握传球时机。 把握恰当传球时机的能力，可以反映运动员传球战术意识的高低。恰当的传球时机应是在时间和空间上有利于同伴接球摆脱和及时地处理球，同时又能避免其越位。

（4）提高传球的准确性。 比赛中，传球失误过多就意味着被动，也往往是比赛失利的重要原因之一。准确的传球是全队协同配合与进攻成败的关键。传球失去准确性，其结果必然是功亏一篑。传球的准确性主要体现为熟练、合理地运用不同的脚法，并能控制好出球方向、距离、弧度、力量和落点。

2. 射门

射门是一切进攻战术配合的最终目的和得分的唯一手段，也是进攻战术最重要、最困难、最振奋人心的环节。在现代足球比赛中，要想在对方严密防守和紧逼拼抢的情况下有效地完成射门，必须有强烈的射门欲望，善于抓住射门时机，选择合理的射门方法。

（1）**培养强烈的射门意识和进球欲望**。在足球比赛中常常可以看到许多插上、包抄和罚球区附近的射门机会被浪费，许多该射门的球却被传球或运球取代了。比赛中在有效的射门区域有射门机会时，不起脚射门是对进攻机会的极大浪费。要培养队员具有强烈的射门意识和进球欲望，捕捉一切射门的机会是进球夺取胜利的前提。

（2）**射门必须准确、突然、有力**。准确是射门的前提，也是能否破门得分的关键。在准确的基础上，要射得突然、有力，使对方守门员猝不及防，尤其是远射更应强调准确和力量。

（3）**尽量射低平球**。一般来说，守门员扑接低球与地滚球比接平球、高球难，尤其是射向球门两侧的低球更难接，因为守门员降低身体重心或倒地扑球需要更多时间。此外，射低球或地滚球不但球速快，而且球在运行过程中随时可能因触地或触碰队员等改变方向，造成守门员的失误。

（4）**选择最佳射门角度**。射门前要观察守门员所处的位置和移动情况，选择好射门角度，这会直接影响射门的效果。一般情况下，当守门员站在球门中间时，应将球射向球门的两个下角；当守门员移动时，要将球射向其移动的反方向；从侧面射门时，应尽量射远角，一旦射门不进，同伴还可以包抄补射；当守门员站位太靠前时，可采用吊射。

（5）**把握射门时机，选择合理的射门方法**。一旦出现射门机会，应果断地、快速地起脚射门，任何犹豫都可能错失射门良机，要力争抢点直接射门。在现代足球比赛中，射门时机稍纵即逝。因此，在罚球区内要力争抢在对手行动之前抢点直接射门，这不仅可以及时把握射门机会，还可以使对方守门员猝不及防。有关统计数据显示，抢点直接射门是进球率最高的射门方法。第12—14届世界杯足球赛总共进球393个，其中直接射门得分占总进球数的71.2%，在如图2-20所示射门一区所射进的265个球中，直接射门得分占79.3%。

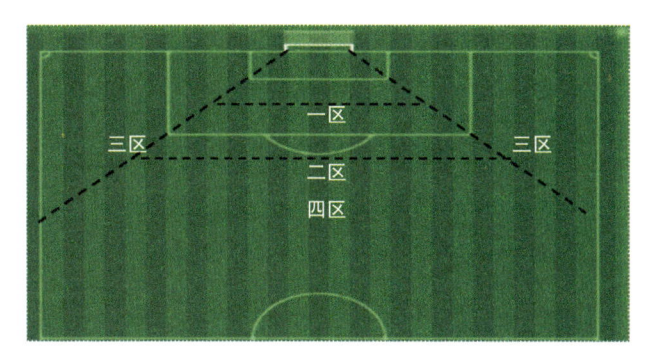

图2-20

3. 运球突破

运球突破是撕开对手防线、创造以多打少局面的锐利武器，也是更好地创造射门和传球机会的有效手段。运球突破一般在下列情况中运用。

（1）控球队员在没有射门、传球可能时，可运球突破对手，创造射门和传球的机会。

（2）在攻守转换过程中，控球队员在进攻三区内，面对最后一名防守队员，而且防守队员身后又有较大空当时，应大胆运球突破其防守。

（3）控球队员在对手贴身紧逼，失去传球和射门的角度时，应采用运球突破摆脱其逼抢，寻找更好的进攻机会。

（4）同伴处于越位位置而又没有其他更好的传球选择时，应果断运球突破，直接攻门。

（5）采用运球突破时，应注意以下几点：①控好球，护好球。②掌握好运球突破的时机、距离和方向。③运球逼近、调动、超越、摆脱对手的技术环节应衔接紧凑、一气呵成。④突破对手后应及时射门或与同伴传球配合。⑤机动灵活地运用运球突破战术。当对手紧逼防守时，应多采用假动作；当对手松动防守时，应诱使其出脚犯错误；当对手速度快时，多采用变向突破；当对手速度慢时，多采用变速突破。⑥在本方后场切不可滥用运球突破，以免贻误进攻战机或因失误造成本方被动。

4. 跑位

跑位是指比赛中队员在无球的情况下，通过有意识的跑动，为自己或同伴创造进攻机会的行动。跑位是整体进攻战术的基础，是本队获得球权的准备行动，也是拉开对方防线，获得必要进攻时间和空间的重要手段，一场90分钟的比赛，每个队员平均触球时间仅2~3分钟，而其他绝大部分时间均是无球活动。为了保证有球活动顺利、高效地完成，进攻队员必须通过积极、快速、多变的无球活动来摆脱防守，创造控制、支配球的时间和空间。

（1）敏锐的观察。当本方由守转攻时，其他同伴的首要任务是观察控球同伴所处的场区位置、控球情况、出球路线和方向。还要观察其他无球同伴的活动及对方的布防情况等。在此基础上，队员才可能根据本队的战术打法特点和自己的比赛职责进行合理跑位。

（2）明确的目的。跑位的目的是为自己或同伴创造获得球的时间和空间，跑位需要具有高度整体配合意识的多名队员协同行动。只有相互理解、默契，保持合理的进攻队形，才能取得最佳效果。正确的跑位可达到摆脱、接应、拉开、切入、插上、套边、包抄、扯动和牵制等目的。

摆脱：队员通过变速或变向跑动甩开对手的紧逼防守，获得有效的接球时间和空间。

接应：当控球队员被防守队员逼抢时，无球队员在避开防守队员封堵角度的前提下，跑向控球队员，为控球队员创造一条传球路线。接应角度一般应在持球人侧前或侧后45°方向，接应距离应根据不同场区和态势灵活掌握。

拉开：当控球队员没有对手逼抢或以多打少时，无球队员应及时拉开空当，扩大进攻面，使进攻获得更大的空间。

切入：当控球队员有传球可能时，进攻队员应快速通过防守区域的结合间隙跑向防守者的身后空当接球。由于防守队员把注意力较多地放在球上，不易观察到身后切入的跑位队员，所以后切入较前切入更具威胁。

插上：位于后方的无球队员突然跑向球前空当接球进攻或向前跑位接回传球射门。

套边：一般是在中、前场的边路，无球队员利用边路队员向内线扯动，吸引边路防守队员拉出空当，适时沿边路跑位并从边路突破防守。

包抄：一侧队员下底传中或射门，另一侧无球队员要及时包抄到位，以免使球漏过而失掉进球良机。

扯动：无球队员通过跑动或与同伴交叉换位，打乱对方的防守位置和部署，为同伴创造传接空当。

牵制：一侧进攻，另一侧的无球队员不要过早地向中间跑位，以牵制和吸引防守队员，削弱进攻一侧队员的压力，拉开中路防守空当。

当对方进攻到本方后场时，本方中锋不要过多后撤，应站在中圈附近牵制对方的中后卫，以减轻本方的防守压力。

（3）合理的时机。跑位要及时、合理。场上出现的空当往往稍纵即逝，跑早了、跑晚了都可能失去机会。合理的跑位时机，涉及跑位队员、传球队员控球的情况和传球时间、空间的情况以及防守队员的位置、行动意图等，需要传球、跑位队员具有高度的战术意识和默契的配合。

以跑位引导传球：利用传球队员在得球前的观察，主动跑位引导传球的方向和时机。

以传球引导跑位：控球队员控制球后要用眼光、声音、手势与跑位队员交流，以传球带动跑位。

按照本队既定的战术打法，掌握跑位时机。

（4）多变的行动。①传球后立即跑位：只有这样才能形成连接不断、协调一致的进攻配合。②力争向前跑位：只有向前跑位插入对方防守空当，才能更快更有效地突破对方防线，获得射门机会。向回、向侧跑位则可以制造出向前突破的空当。③隐藏跑位意图：跑位前要利用假动作和变速、变向来迷惑对手，然后突然起动，摆脱对手的紧逼，跑向预定位置。④以己之长，克彼之短：比赛中要尽快掌握对手的情况，根据对手的体能、速度、意识、经验和特点，合理跑位。⑤不停地跑位：能跑、快跑、善跑既可以防止被对方冻结，又可以创造更多更好的进攻路线和射门机会。⑥协同跑位，一动全动：跑位是高度战术意识支配下的整体战术行动。比赛中无球队员要相互配合、协同跑位，以球动而动，以近球者的行动而动，有拉有插，形成纵横交错、相互衔接、距离合理的攻击队形。

（二）局部进攻战术

局部进攻战术是指进攻中两个或几个队员之间的配合方法，是整体配合的基础。

局部进攻战术的基本配合形式有传切配合、交叉掩护配合和二过一配合。

1. 传切配合

传切配合是指控球队员将球传给切入的进攻队员的配合方法，是局部进攻战术中运用最多的方法。传切配合的形式有局部传切和长传转移传切。

（1）局部传切配合。按传切的线路可分为直传斜切、斜传直切（图2-21）。

传切成功的要素：①控球队员要把握准确的传球时机，并控制好传球的方向和力量。②跑位队员要明确切入的方位和时间，起动应隐蔽、突然、快速，并要接好球、护好球、控好球。

（2）长传转移传切配合。一侧进攻受阻，长传转移到另一侧，切入队员得球后展开进攻（图2-22）。

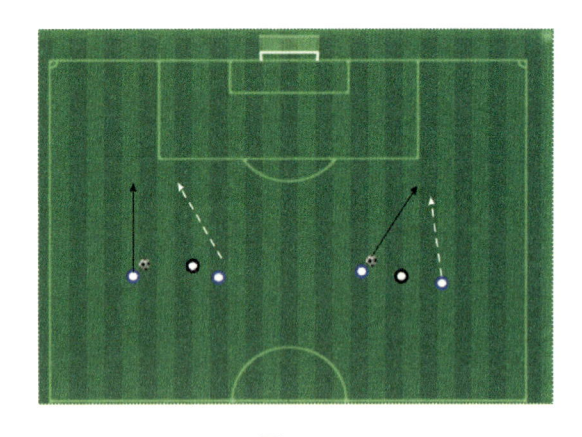

图2-21

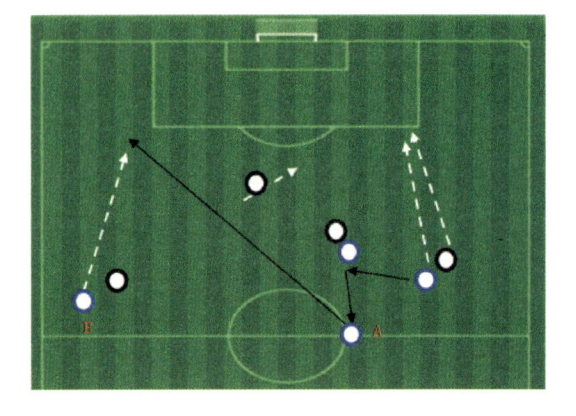

图2-22

2. 交叉掩护配合

交叉掩护配合是指在局部地区两名进攻队员在运球交叉换位时，以自己的身体掩护同伴越过防守队员的配合方法（图2-23）。

交叉掩护配合成功的要素：①运球队员必须用自己的身体护住球并挡住防守队员，将球传（让）给同伴后继续向前跑动。②接球队员必须主动迎面跑向运球同伴，交叉换位时距离贴近相互掩护，接球后快速向前运球。

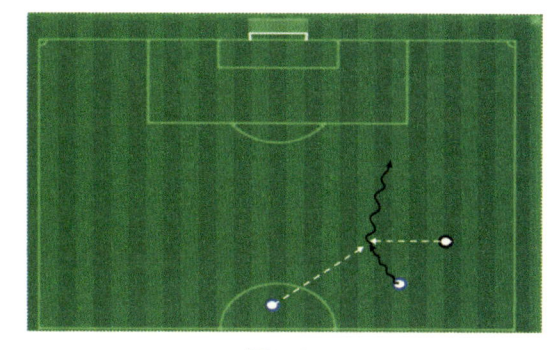

图2-23

3. 二过一配合

二过一配合是指在局部地区两名进攻队员通过两次连续传球配合，越过一名防守队员的配合方法。根据传球和跑位的路线，二过一配合的形式有斜传直插二过一、直传斜插二过一、踢墙式二过一和回传反切二过一。

（1）斜传直插二过一配合。当防守队员身后有一定空当，防守队员距插入队员较近时，采用此配合效果较好（图2-24）。

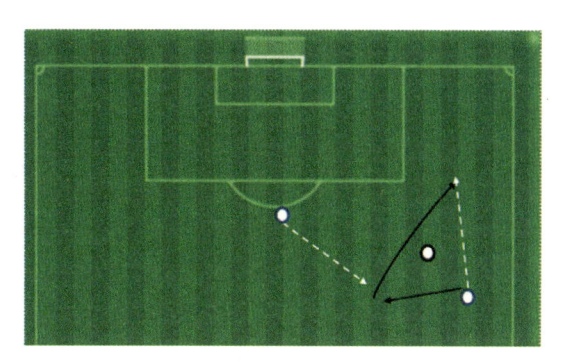

图2-24

（2）直传斜插二过一配合。当防守队员身后有较大空当或防守队员移向接应队员时，采用此配合效果较好。注意直传球力量要适当（图2-25）。

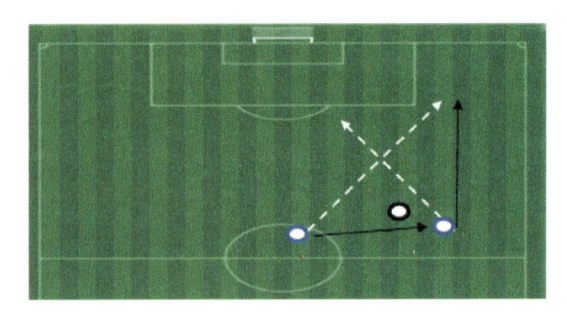

图2-25

（3）踢墙式二过一配合。当防守队员身后空当较小或采用连续二过一时，采用此配合效果较好（图2-26）。

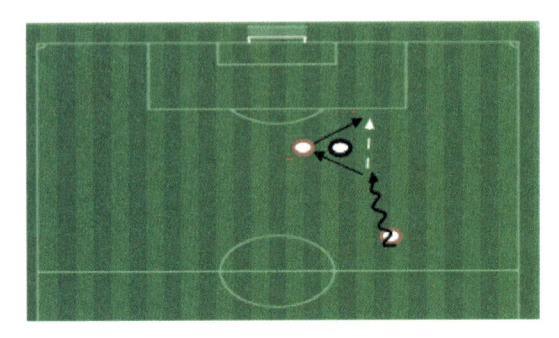

图2-26

（4）回传反切二过一配合。当控球队员受到防守队员贴身逼抢时，将球回传给接应队员迅疾转身反切前插，接应队员再将球传给他，完成回传反切二过一配合（图2-27）。

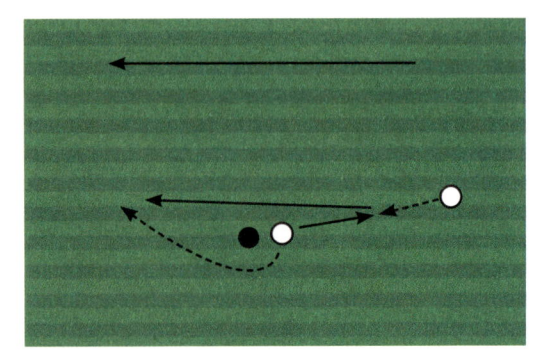

图2-27

4. 二过一配合的注意事项

（1）二过一配合的传球脚法以脚内侧居多，因为二过一配合一般都是短距离传球，脚内侧出球更准确、平稳。

（2）踢墙式二过一配合的"墙"不应是原地静止的，而应是在快速跑动中调整位置，直接传球，以达到最佳效果。

（3）二过一配合的控球队员要有运球突破的意识和行动，给防守方以压力，把防守方的注意力吸引过来，不要过早暴露二过一配合的意图，这样才能创造出二过一配合的机会，打乱对方的防守队形。

（4）二过一配合机会瞬息即逝，所以要求传球的方向、力量、旋转恰到好处。特别是踢墙式二过一配合，第一传的质量直接影响到第二传的效果。

（5）第二传的时机是二过一配合成功的关键。配合时既要考虑同伴的跑速和位置，又要考虑防守的位置和动向。

（6）二过一配合第一传后，可多人插上接应，第一传的插上接应者被保护补位的防守队员封堵后，可利用第二、第三插上接应者打二过一配合（即打第二、第三空当）。

（7）回传反切二过一配合要考虑纵深距离。传球队员和反切队员尽量不在同一纵轴线上传切，以免给传球和接球带来困难。

（三）整体进攻战术

整体进攻战术是指为了完成进攻战术任务所采用的全局性的配合方法。一次完整的整体进攻是由发动、推进和结束三个阶段组成的。发动阶段是获得球、控制球、传球的进攻阶段；推进阶段是通过整体的无球跑动和有球配合迅速展开的全面进攻阶段；结束阶段是通过传中、运球突破、传切配合等方法创造的攻击对方球门的进攻阶段。依据进攻的区域，整体进攻战术可分为边路进攻、中路进攻和转移进攻（图2-28）。依据进攻的速度，整体进攻战术可分为快速反击、层次进攻（阵地进攻）和破密集防守进攻。

图2-28 进攻区域示意图

1. 边路进攻

边路进攻一般是指进攻的最后阶段发生在前场罚球区线以外靠近边线区域的进攻。边路进攻的发起、推进通常有两种方式：一是进攻过程始终沿边路而行；二是通过中路转移至边路。

（1）边路进攻的方式。采用边路进攻打法，主要目的在于充分利用"宽度"原则，拉开防守面，削弱中路的防守力量，创造中路破门得分的有利战机。边路进攻方式有边路运球突破、边锋与中锋或前卫二过一配合、边锋与中锋交叉换位配合、前卫套边配合、后卫插上套边配合等（图2-29～图2-33）。

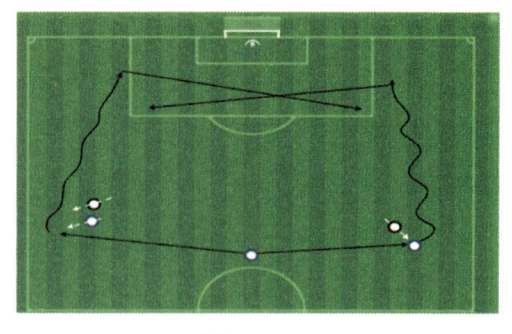

图2-29

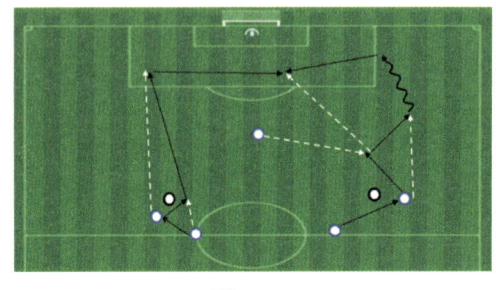

图2-30

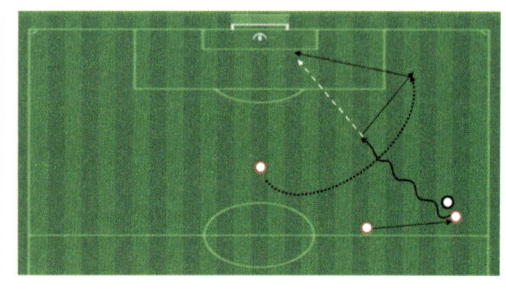

图2-31

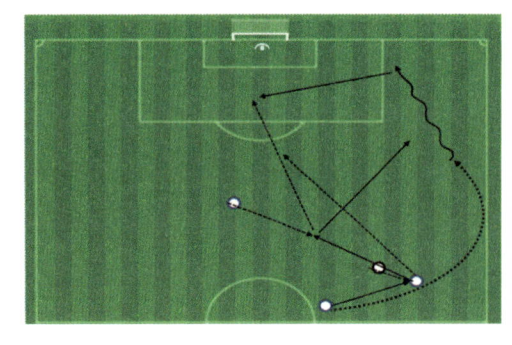

图2-32

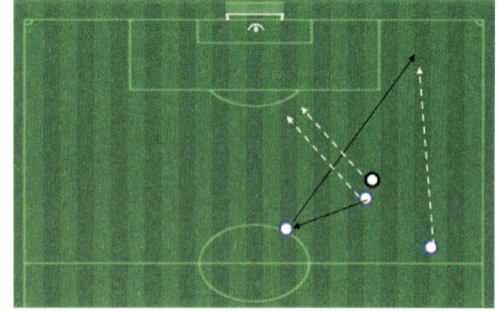

图2-33

（2）边路进攻传中的方式。边路进攻传中的方式有外围传中（45°传中）、边路传中、下底回传（倒三角回传）和两肋切进传切配合等。

①外围传中指在与球门线平行的罚球区线以外的边路进行传中（45°传中）。采用外围传中有两种情况：一是对方来不及组织防守，与攻方队员同时面向球门跑动时，应在外围及时传中，创造中路射门机会；二是边路进攻受阻，中路有头球较好的高大中锋，可在外围利用中锋头球射门或头球摆渡，制造射门机会（图2-34）。

②边路传中指在平行于边线的罚球区线外侧的边路进行传中。如对方已在罚球区前沿组织好防线，此时可以利用边路突破横向扯动对方的防线，利用边路传中制造射门机会（图2-35）。

③下底回传指边路突破后沿球门线内切进入罚球区附近，在防守方封堵之前采用回扣传中（倒三角回传），由队友在中路抢点射门（图2-36）。

④两肋切进传切配合指从罚球区前角，由边路走内线，或由中路分球到边路时，从后卫与中后卫结合部位切进去，与中锋和前卫传切配合，突破后直接射门。遇到拖后中卫封堵时，可用隐蔽性回传球，创造射门机会（图2-37）。

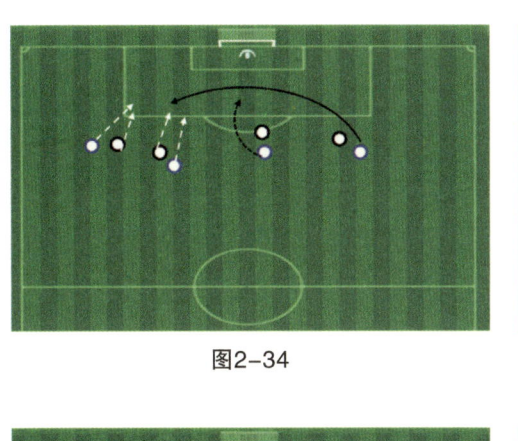

图2-34

图2-35

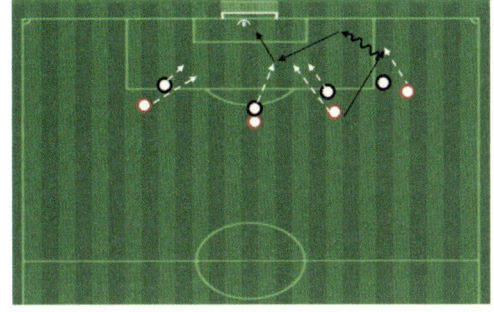

图2-36

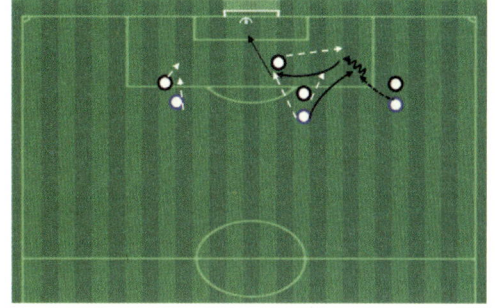

图2-37

（3）边路传中的时机和落点。传中时机至关重要，过早或过晚都达不到预期的目的，最佳时机应是：

①守方队员与攻方队员同时面向球门跑动时。

②突破边后卫的防守，补防的中后卫尚未封堵住传中路线时。

③对方后卫线与守门员之间有较大空当，本方队员有可能切入时。

④对方守门员贸然出击，选位不当时。

⑤本方队员已插上或包抄到位时。

传中球的落点也很重要。研究资料显示，传中落点最好在距球门区线4米、距罚球区前沿8米、宽20米的区域内（图2-38）。另外，传球的弧度和旋转也很重要。传前点球应低平有力，传后点球应有恰当的高度、弧度和速度。传中球还应加侧旋，一方面诱使守门员判断错误，另一方面有利于包抄射门。

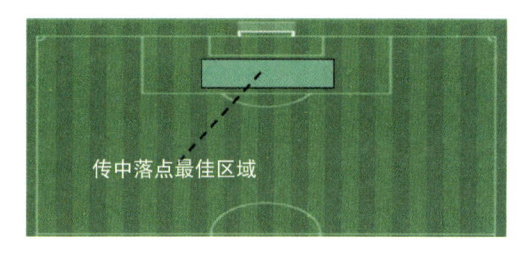

图2-38

2. 中路进攻

中路进攻通常是指进攻最后阶段发生在前场中间区域的配合。中路进攻一般来自中路向前直接推进和边中转移两种形式。中路进攻一般说来比边路进攻更具有威胁。由于中路防守人员密集，所以进攻的难度大，而一旦成功，威胁很大。中路进攻的结束方式多种多样，要求队员必须掌握以下几种常见形式。

（1）运球突破后中远距离施射，或利用个人娴熟控运技术突破后冷静射门。

（2）中场突破空间小、时间短，在对方人缝中利用二过一配合或传切配合突破防守并射门。

（3）中锋与前卫或边锋利用斜向运球交叉换位，掩护同伴突破防守并射门。

（4）中锋回撤将对方中卫拉出来再反切接球突破射门。

（5）横向扯动插上配合：由中锋跑位扯动，拉开防守队员，制造出第二空当，前卫队员突然插上接球射门（图2-39）。

（6）头球摆渡配合：当地面配合难以突破对方防守时，可运用外线吊球，利用中路攻击队员的身高和头球优势，争顶摆渡，边锋或前卫插上射门（图2-40）。

（7）任意球战术配合：前场中路距门30米以内的任意球战术配合进攻。

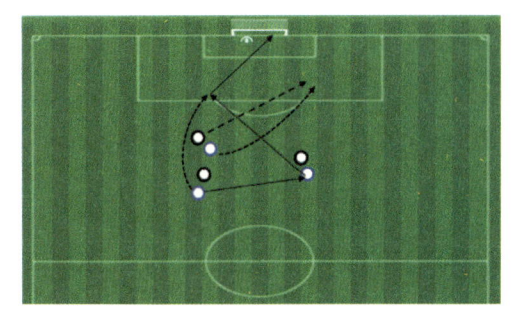

图2-39

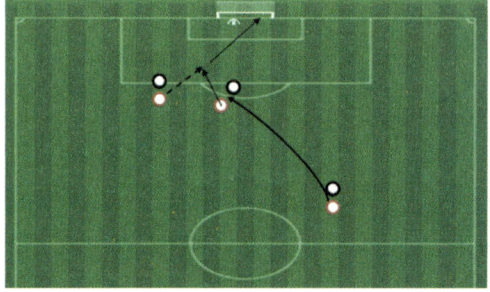

图2-40

3. 转移进攻

转移进攻是指由一个区域转向另一个区域的进攻配合，一般有中路进攻受阻时转移到边路组织进攻（图2-41），或边路进攻受阻时转移到中路组织进攻，或一侧边路进攻受阻转移到另一侧边路组织进攻（图2-42）三种。

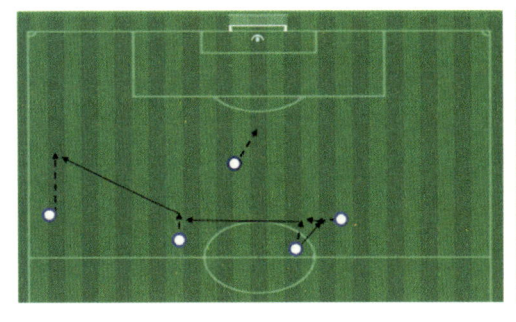

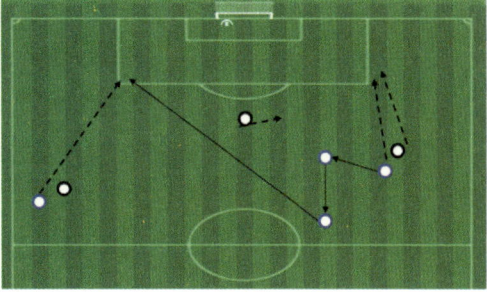

图2-41　　　　　　　　　　　图2-42

转移进攻的特点是充分利用场地的空间和足球比赛进攻没有时间和传球次数限制的规则，及时转移攻击点，迫使对方防线横向扯动，出现空当，从而成功地突破防线。

转移进攻应做到以下几点。

（1）判断进攻受阻的明显标志是防守局部人数明显超过进攻局部人数，且防守布局严密、防守能力强，此时应及时转移进攻方向。

（2）队员的视野要宽广，转移进攻的战术意识、场上情势观察分析能力、审时度势灵活应变的能力要强，这样才能准确、及时地把握转移的时机和方向。

（3）转移进攻最好有组织者和信号，组织者一般应是突前前卫（前腰）或拖后前卫（后腰）。进攻受阻时应及时回传给他（这就是转移信号），并由他及时转移进攻点。

（4）转移进攻时，全队思想要统一，行动要积极。特别是一侧边路进攻转移到另一侧边路进攻时，前卫、边后卫应及时插上接应，转移进攻才会收到好的效果。

4. 快速反击

快速反击是指防守方在获得球权后，乘对方立足未稳，尚未形成稳固防守布局时，发动快速反击，攻击对方薄弱环节，力争创造射门机会取得进球得分的战术配合。

（1）快速反击的发动时机：①抢截到对方的传球，取得球权后立即发动。②抢到对方脚下控制的球，取得球权后立即发动。③对方进攻中犯规而被判罚任意球时。

上述机会是否能被充分利用，最为关键的因素在于能否合理运用"快"和"准"。统计资料显示，每个队每场比赛快速反击的次数虽然仅占总进攻次数的15%左右，但快速反击进球数却占总进球数的50%左右。因此，快速反击越来越受到重视。

（2）快速反击的注意事项：①全队思想统一、行动一致。要有训练有素的快速突击队员和较固定的快速反击配合路线，还要具备灵活应变的反击能力。②快速反击要求快传球，多采用中、长传球和向前传球，时间短和传球次数少是成功的关键。③在前场抢断球后要敢于快速运球突破，直接创造射门得分的机会。

5. 层次进攻（阵地进攻）

层次进攻是指在对方已组织好防守的情况下，有组织、有步骤、层层推进的一种进攻方式，也称为"阵地进攻"。

层次进攻是一种比快速反击更慎重的进攻打法，如果速度和冒险是快速反击的特点，那么，准确和稳妥则是层次进攻的特征。层次进攻对进攻方运用场地宽度、渗透的原则和控制比赛节奏的意识与能力以及跑位和传球配合要求较高。

6. 破密集防守进攻

破密集防守进攻是指针对对方全队收缩在后场、防守人员密集的情况的进攻配合。破密集防守进攻的方法有以下几种。

（1）拉开进攻的宽度：横向扯动拉开对方的防线，使中路出现空当，然后传中创造射门机会。

（2）传切配合：进攻队员要连续地进行无球穿插跑位。防守队员有时只注意到看球，容易暴露出防守漏洞，这时进攻队员要不失时机地从防守队员身后切入，并及时向切入同伴的跑动路线上传球，创造射门机会。

（3）运球突破：要敢于运球突破对方防线，果断射门或突破后为同伴创造射门机会。

（4）二过一配合：进行小范围内连续、快速、多变的二过一配合。

（5）外围吊中：在场上配合受阻的情况下，采用外围高球吊中，利用内线队员交叉跑位和高大队员头球直接射门或头球摆渡创造射门机会。

（6）插上远射：外线队员利用内线队员拉出的空当及时插上直接远射，内线队员多点包抄或补射。

（7）任意球配合射门：制造罚球区附近的直接任意球机会。组织简捷、有实效的任意球配合已成为破密集防守的重要手段。

四、防守战术

（一）个人防守战术

个人防守战术是指为了阻止、控制对手的进攻所采取的个人防守战术行动。个人防守战术体现出整体防守战术的意图，是整体防守战术的基础。它包括选位与盯人、断球和抢球等。

1. 选位与盯人

选位是指防守队员根据位置职责和临场情况，选择适当的防守位置。盯人是指在正确选位的基础上，对防守的对手实施盯防、紧逼。选位与盯人的要素如下。

（1）及时：选位要先于进攻队员，及时对位（图2-43）。

（2）位置：选位的基本原则是进攻队员、防守队员和本方球门中心三点成一线，并保持适当距离。

（3）兼顾：选位以盯人为主，同时兼顾球和空间情势的变化。

（4）队形：选位要组成纵横交错的三角形或菱形网络队形。

（5）灵活：以多防少或以少防多时，要根据具体情况和任务、目的灵活地选位。

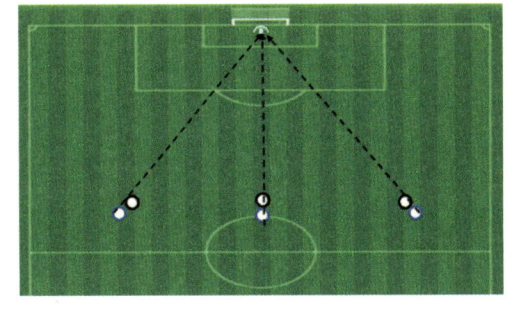

图2-43

（6）盯人：在正确选位的基础上，根据不同的场区和任务，对进攻队员实施紧逼盯人或松动盯人（图2-44）。

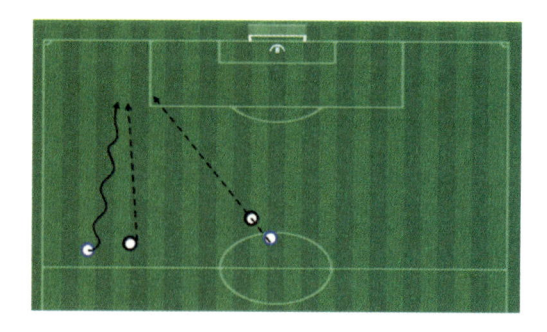

图2-44

2. 断球

断球是指将对方的传球从途中截下来或破坏掉的战术行为。断球是转守为攻最主动、最有效的战术行动，能在对方来不及反抢的状态下发动快速反击。

（1）断球的要素：①正确的判断。要正确判断持球队员与接应队员的意图，预判传球的时间和路线。②合理的位置。在正确选位的基础上，偏向有球一侧移动，并"松动"防守。③恰当的时机。对方传出球的一刹那，先于接球队员快速插向传球路线，将球截断下来。

（2）断球的注意事项：①隐蔽断球意图。不要紧逼盯防接球队员，这样既可防止对方传切自己身后空当，又可诱使对方向自己身前的对手传球，使对手陷入自己断球的圈套。②顾全防守全局。断球前要分析攻防全局的态势，以少防多时，断球一定要慎重，一旦失误，将造成全局的被动。③断球后反击。断球后要抓住时机，发动快速反击。

3. 抢球

抢球是指将对方控运的球抢过来或破坏掉的战术行动。抢球是重要的个人防守战术，是个人防守能力的重要标志。

（1）抢球的要素：①正确的站位。抢球首先要选择在持球对手与本方球门之间站位，这是对方运球突破的必由之路。②合理的距离。通过移动，与持球对手保持最适宜抢球的距离。③准确的时机。在对手接控球未稳或控、运球两个触球动作之间，将球抢下来或破坏掉。

（2）抢球的注意事项：①抢球时首先要站稳，不要被对方假动作迷惑，也不要轻易地盲目出脚，以免被对方突破。②抢球时可主动采用向一侧假抢，诱使对方向另一侧运球而实施真抢的方法。③抢球动作要勇猛，既抢球又卡位。④抢球后衔接动作要快，及时控球发动进攻。⑤如果抢球不成功，要快速及时换位回防。

（二）局部防守战术

局部防守战术是指两名或两名以上防守队员之间配合防守的方法，它是整体防守战术的基础。局部防守战术的基本配合形式有保护、补位和围抢。

1. 保护

保护是指给逼抢对方持球队员的同伴心理和行动上的支持，使其无后顾之忧，全力以赴逼抢对手。一旦被对方持球队员突破，保护队员可及时补防，堵住进攻线路或夺回控球权。如果逼抢队员夺得控球权，保护队员可以及时接应发动反击进攻。进行保护时应注意以下几点。

（1）保护队员与逼抢队员的距离是动态变化的，根据不同场区应有所不同：后场3～5米，中前场4～8米。根据对方持球队员的不同特点也应有所变化：对技术型队员距离应近些，对速度型队员距离应稍远些。

（2）保护队员选位要根据临场具体情况随时调整角度。如果同伴堵内放外，保护队员选位角度应偏向外侧；如果同伴堵外放内，保护队员选位角度应偏向内侧，配合同伴形成夹击之势。

（3）保护队员选位时还应考虑双方人数。二防一时，全力保护、夹击；二防二时，既要保护同伴以防被突破，又要兼顾自己应盯防的对方接应队员；二防三时，主要是延缓对方的进攻速度，为其他同伴争取回防的时间。

（4）保护队员还要通过语言指挥同伴抢截和选位，同时让同伴知道自己的保护位置，使防守配合更加协调、有效。

2. 补位

补位是指防守队员为弥补同伴在防守中出现的漏洞而采取的相互协助的战术配合。在比赛中，通过同伴间的相互补位，可以有效地遏制和破坏对方的进攻行动，变被动为主动。

（1）实施补位的情势：①当前卫或后卫队员插上进攻造成退守不及时，临近的队员应暂时弥补其空位，以防对方利用这一空当进行快速反击。②当同伴被突破后，保护队员要及时补位防守，将球夺回来或阻断其进攻路线。被突破的队员应立即后撤回防，选择适当位置转化为保护队员。③守门员出击时，后卫队员要及时回撤到球门线附近，补守门员的位置，防止守门员出击失误对方射空门。

（2）补位的注意事项：①防守队员能追上自己的对手时，一般不要交换防守和进行补位。②需要补位时，最好是邻近位置的两名队员之间进行相互补位，尽量避免牵动更多的防守队员交换位置，以免打乱防守队形。③要保证罚球区及附近的危险区域不出现空当。

3. 围抢

围抢是指两名以上的防守队员从多方位夹击对方的控球队员，把球抢夺回来或破坏掉的战术配合。

（1）围抢的要求：①在围抢的局部地点，守方人数要占有优势，而且距离近，思想统一。②在对方持球队员尚未控制好球，其附近又没有接应队员或传球路线时，应及时发动围抢。③在边、角场区，对方观察角度较差时，在守方门前对方接、运、控球或射门时，应坚决展开围抢、封堵。

（2）围抢的注意事项：①务求围抢成功，不可失误，避免被突破而造成防守被动。②围抢时应贴身逼抢，但切不可犯规，特别是在罚球区内，一旦犯规被判罚球点球将造成不可挽回的损失。

（三）整体防守战术

整体防守战术是指全队所采取的防守配合方法。整体防守战术按形式分为人盯人防守、区域盯人防守和混合防守。

1. 常用的防守类型

（1）人盯人防守是一种除自由人外，其他每个队员都有固定盯防对象的防守形式。这种打法突出的特点是在全场攻守的每一个时间和空间，两两对垒的情况使每一个进攻队员始终处于防守压力之中。人盯人防守应做到下列几点：①要求每一个队员必须具有较强的个人防守作战能力。②要求同伴之间相互协作。当同伴盯人失误时，邻近队员要根据场上情况，进行迅速、灵活补位，以保全整体人盯人防守的严密性。③要求每一名防守队员必须有较好的体能。因为在全场范围内，防守队员需始终不停地奔跑和逼抢。

（2）区域盯人防守指每一名防守队员占据一定的活动区域，当进攻者进入该防区时，区域防守队员实施严密盯人，以控制进攻者在此区域的一切有效行动。区域盯人防守规定了每一名防守者的明确任务，但同伴之间仍需必要的协作，当某一区域盯人防守失败时，邻近队员应及时补位，被突破防守队员应及时地与邻近队员换位防守，以求整体防守的有效性。区域盯人防守要特别注意各区域交界处的防守，因为这些交界处常常由于防守职责不明确而给进攻者带来可乘之机。

（3）混合防守是人盯人防守和区域盯人防守相互交织组合的防守方法。其最大的特点是能根据对手情况，灵活地将人盯人防守和区域盯人防守的优点充分运用，以提高全队整体防守的效率。混合防守通常是选择体力好、个人作战能力强的队员以人盯人防守的方法盯住对方的核心队员，其他队员采用区域盯人防守的方法。例如，对对方中场组织者和前场得分手实施人盯人防守，对其他队员采取区域盯人防守。

2. 常用的防守打法

（1）压迫式打法指丢失控球权后，不回撤消极防守，而是立即对球、对空间进行压迫，降低对方的进攻速度，迫使对手犯错误，将球破坏或夺回来。此时是对方防守思想最麻痹、防守行动最迟缓的时刻，采用压迫式打法及时将球夺回来组织二次进攻，反击的成功率也更高。

压迫式打法要求：①由攻转守时，即使在中、前场队员体能消耗很大的情况下，也要立即就地逼抢，必须具备全攻全守的战略意识。②本队进攻时，前卫、后卫及时压上保持紧密队形，这是压迫式打法的基础。只有这样，丢球后才能立即形成有效的压迫式防守队形。③具备良好的体能和顽强的意志。尤其是速度和耐力更为重要，只有具备了良好的速度和耐力素质，才能在快速、频繁的攻守转换中全身心地投入攻守活动的全过程。

（2）层次回撤式打法既不同于消极回撤防守，又不同于压迫式打法，而是分层次、有步骤、有组织的防守打法。第一层次是在丢球后，离球最近的队员立即逼抢，附近队员堵截传球路线，延缓对方进攻，争取回防时间；第二层次是其他队员迅速回位，既要选位盯人，又要以球为中心，按场区分主次，组成相互支持与保护的纵深防守队形和体系；第三层次是在稳固防守的基础上，变被动防守为主动争夺球权，力争获取球权转为进攻。

（3）密集防守是一种缩小防守区域、集中防守主要力量于门前危险地带，仅留1～2名队员在中场附近牵制对方的防守打法。主要特点是防守人数多，可利用空隙小，渗透性进攻配合较难，因此进攻方破门的难度也相对较大。此种防守方法可能会影响由守转攻时的反击速度，所以被更多地用于对付实力明显强于自己的对手，一旦转守为攻，尽量采用长传反击，减少横传和回传。

密集防守打法要求：①由攻转守时，实施密集防守的队员必须迅速回撤，站好各自的位置。②由守转攻时，拿球队员应尽可能通过长传为前场队员传球，力求形成出其不意、攻其不备、以快制胜的战术效果。

第四节 定位球战术

一、定位球的攻防战术原则

定位球是指当比赛停止成死球后（即在球出界或裁判员鸣哨后），重新开始比赛的方法，包括界外球、角球、任意球、中圈开球等。

（一）界外球和角球的攻防战术原则

1. 进攻原则

（1）观察：观察场上情势，以决定把球发给谁及怎样发。
（2）发球：发球队员应注意遵守竞赛规则，不要犯规，要利用规则获得利益。
（3）摆脱盯人：接球队员要积极跑动摆脱防守，给发球队员提供良好的发球机会。
（4）发球时机和准确传球：界外球和角球都是进攻的良好机会，要把握好发球时机准确地传球，以收到良好的进攻效果。
（5）动作不要太明显，不要暴露自己的意图。
（6）发球队员在发球后要迅速进入场地，接应队员的回传球或与其他同伴进行配合。

2. 防守原则

（1）尽快地组织积极防守，避免被进攻方突然袭击。
（2）盯人时要呼喊、沟通，以防漏人。
（3）防守角球可布置人墙（由守门员指挥布置）。
（4）门前危险区域要采取紧逼人盯人防守，特别要紧盯对方危险队员的头球威胁。
（5）要预判球的运动方向和进攻队员的跑动方向，依据双方的攻防情势迅速布防。

（二）任意球的攻防战术原则

1. 进攻原则

（1）时机：抓住时机，快速发球。
（2）进攻站位：所有队员都要给发球队员提供一个发（传）球的机会。在靠近对方球门发任意球时，进攻队员要靠近球门的近端和远端的球门柱，最好呈四方形。
（3）准确传球：准确的传球通常应躲过人墙进行进攻。
（4）直接射门：在适当位置上的直接或间接任意球都可以选择射门，重要的是好的脚法踢出能够打进球门的球。

2. 防守原则

（1）由守门员指挥排好人墙，封堵射门角度和传球路线。
（2）组织好防守线，对方逾越即陷入越位。
（3）危险区域采用紧逼盯人防守，阻止、堵截、破坏对方的攻击行动。
（4）对重点危险队员要采取人盯人逼迫防守，解除其进攻威胁。
（5）大声呼应、沟通，相互提醒，避免出现漏洞。

（三）中圈开球

1. 进攻

全队按阵型站位，由一名（或两名）队员在中圈开球，向后踢给另一名队员，由该队员组织发起进攻。

2. 防守

全队按阵型站位，组织防守。

二、任意球攻防战术

（一）任意球进攻战术

在罚球区附近的任意球进攻威胁最大，若能把握好常能获得进球。在比赛中，罚球弧两侧和罚球区两侧的任意球较多，应充分利用。

对于任意球，教练员和运动员应牢记：能直接射门就不打配合，即使配合也应简练，越简练的配合，成功的可能性越大。

（1）罚球弧区域的任意球进攻：在此区域获得直接或间接任意球时，守方必排"人墙"封住射门角度，罚任意球的进攻方法有直接射门、一拨一射等。①直接射门：由一名脚法好的队员直接射门，或由2～3名队员站在球前准备罚任意球，其中一名为主罚队员，其他为掩护队员。掩护队员先跑动佯装罚球以干扰对方的防守，主罚队员乘机直接射门。②一拨一射：攻方可采用一拨一射的方法避开对方人墙封挡的射门角度。如一名队员将球向一侧轻拨，闪开人墙封挡的射门角度，主罚队员直接射门。

（2）罚球区角及两侧区域的任意球进攻：①直接射门：在罚球区角获得任意球时，多数的进攻目标是近门柱。用绕过人墙的弧线球或越过人墙后下落的弧线球射向守门员近门柱一侧的空当，这种球成功的可能性较大（图2-45）。实践证明，射向近门柱的得分率远高于射向远门柱的得分率。②传球配合射门：除直接射门外，也可采用长传门前，由同伴头顶射门或配合射门。主罚者应将球传至防守者身后而守门员又难以出击的空区（图2-46）。攻门者插上要及时，摆脱要突然，相互应掩护。

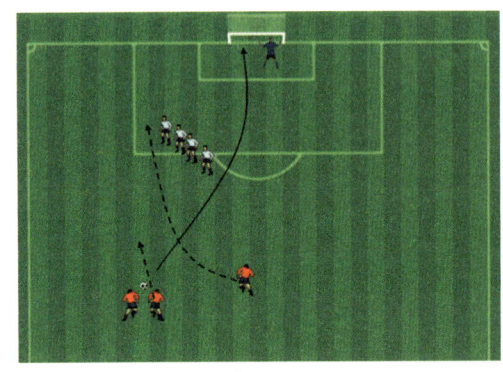

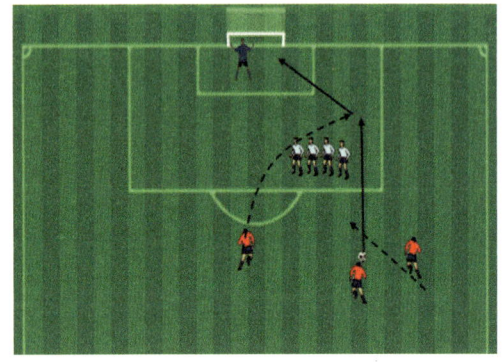

图2-45　　　　　　　　　　　图2-46

（3）罚球区内的间接任意球进攻战术：攻方在罚球区内获得罚间接任意球的机会很少，但要做好充分准备，一旦出现机会就要抓住，以实现破门得分。届时守方11名队员会退到罚球区全力防守，若罚球点在球门区附近距离球门线不足9.15米时，守方所有队员会在球门线上排人墙，球射出的刹那，守方会全部向前封堵。因此，罚球时要做到：①如果射门角度好，第一人轻触球，第二人快速直接射球门上角。②第一次触球的人可向侧后方轻传，增大同伴的射门角度。③观察守门员的站位，一拨一射连接要紧凑，将球射向离守门员远的球门上角。

（二）任意球防守战术

罚球区附近设置人墙时要注意以下几点。

（1）干扰对手罚球，争取时间，守门员迅速指挥组织排人墙。

（2）根据罚球地点、角度确定排墙的人数，一般为2～5人。人墙一般封球门近角，守门员应选择最佳位置，既能看清球和罚球者的动作，又能兼顾整个球门的防守（图2-47）。

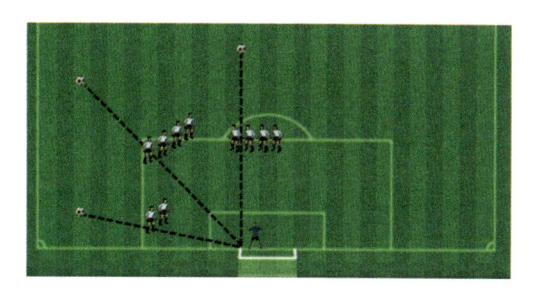

图2-47

（3）离罚球地点9.15米左右处排墙（按裁判员划定的人墙线排人墙），不宜再近，否则当裁判员要求人墙后退至规定距离时，会影响封堵的角度而造成危险。

（4）由守门员指挥，在人墙最外侧第二位队员离球9.15米并与近门柱、球成一条直线，以防从外侧绕过人墙的弧线球。

（5）排人墙时，最高的队员排在外侧，依次向内。队员间要紧靠，双手交叉于裆部。

（6）切忌过早散开人墙。在球罚出后，人墙应迅速压上，有效地封堵和缩小射门角度。

三、角球攻防战术

（一）角球进攻战术

角球是破门得分的重要手段之一。角球进攻有短传配合和长传配合两种。多数角球采用弧线球将球传至门前危险区域，由攻方队员实施攻门。

1. 短传角球（战术角球）

短传角球也称为战术角球，优点是从角球区开始进行战术配合发起边路进攻，在角球弧与罚球区线之间区域能形成人数优势，缩短传中距离，增大传球角度，提高传球的准确性，形成灵活多变攻击球门的战术打法。

2. 长传角球

多数长传角球是将球传至门前危险区域，由同伴头球攻门、抢点射门或配合射门。

一般落点有前点、中间、后点三个区域。

（1）**传前点区域**：将球传至近门柱周围的前点区，攻方队员抢点射门或头球向后蹭传，异侧队员包抄抢点攻门成配合射门。

（2）**传中间区域**：将球传至球门区线与罚球点周围之间的区域，攻方队员头球攻门、抢点射门、配合射门。

（3）**传后点区域**：将球传至后门柱周围与罚球区线之间的区域，攻方队员头球攻门、抢点射门、配合射门。

（二）角球防守战术

1. 防守角球时的站位

防守角球应抢占、控制的六个重要位置如下。

（1）一名队员位于离角球区9.15米处，一方面干扰传至近门柱球的低平球，另一方面干扰对方罚短传配合的战术角球。

（2）两个边后卫分别防近、远门柱区域的射门和高球，守门员出击时，这两个边后卫应准备补门。

（3）守门员选位时应选球门中后部，斜向站立，既能看到罚球者，又能看到罚球区内的攻方队员，做到保护球门及控制球门区。

（4）在球门区线附近，防守前、中、后三个危险点和控制球门区外至罚球点间的区域。

（5）控制罚球点周围至罚球区之间的区域。

（6）在罚球区线附近，控制罚球区前沿区域以防再次进攻和远射，并做好伺机反击的准备。

2. 防守角球注意事项

（1）所有队员的注意力应高度集中，分工明确，各司其职，人球兼顾，切忌盯人不看球或看球不盯人。

（2）防守者应抢占有利位置，始终处在球、对手和球门内侧之间的区域。

（3）球门区线周围的防守队员要有高度，头球好，如果对方有头球好、个子高的队员参加进攻，守方应作相应的布置并重点盯防。

（4）在解围或危急时，须抢先触球，踢远、踢高、向两边踢，坚决贯彻安全原则。球一旦踢出，应全线快速压上，压缩对方的进攻时间和空间，把攻方队员甩在身后造成对方越位陷阱。

四、界外球攻防战术

在足球比赛中很多时候会出现界外球，要予以重视并充分加以利用。

利用直接接得界外球没有越位限制的规则，可以取得进攻优势；在罚球区两侧适当位置采用大力远距离掷界外球，其效果堪比角球。

界外球一般由两人以上配合进行，近距离掷球多在5～10米。在适当的位置采用大力远距离掷界外球，掷球距离在20米以上。

快速、简练、有效，避免犯规是掷界外球的基本要求。

（一）近距离掷界外球进攻战术

由于在中前场进攻时守方通常采用紧逼盯人的方式，两人配合较难成功，需要3人或更多队员的配合，这时可用一拉一接、一接一插等配合方法拉出空当（图2-48）。

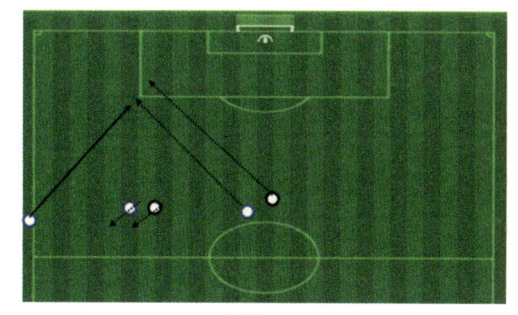

图2-48

（二）大力远距离掷界外球进攻战术

由能掷出20米以上界外球的队员大力远距离掷球给跑动到位的同伴，由同伴射门或与其他同伴配合进攻、射门（图2-49）。

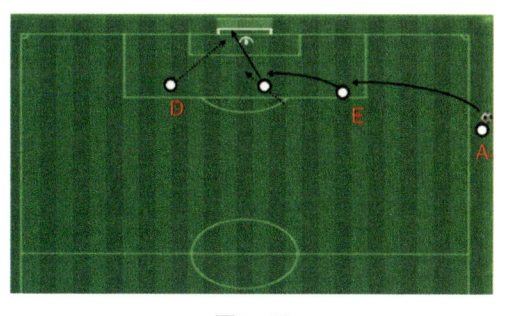

图2-49

（三）利用直接接得界外球没有越位限制的规则进行战术配合

在准备接应掷球队员的界外球时，由一名队员隐蔽跑到有利的越位位置，掷球队员立即将球掷给他，由他组织进攻。

（四）掷界外球注意事项

（1）掷球要快，掷给无人盯防者。
（2）掷球要准，以利于接球、控球和直接处理球。
（3）接球者的摆脱要突然、及时，亦可用假动作诱骗对手。
（4）接球者不能离球太近，否则容易造成掷球违例。
（5）掷球者掷出球后应立即进场接应，以便形成人数优势。

（五）掷界外球防守战术

（1）当对方掷界外球时，全队要注意力集中，对可能接球的队员要紧逼盯人。
（2）要相互呼应、保护，防止对方切入空当，特别要严防对方插入有利的越位位置接球。
（3）对大力掷向球门前的远距离界外球，全队要及时回防到位严密防守，干扰、阻止、破坏对方的进攻行动。

第五节　比赛战术运用

一、比赛分析的内容

对足球比赛进行分析，能够帮助教练员清楚地了解比赛中双方球队的优势和劣势。

教练员分析比赛的内容主要包括：比赛中双方所表现出来的整体打法特点以及局部、个人、进攻和防守特点、定位球攻防特点等。通过对这些内容的分析，可以反映出球队整体战术指导思想以及运动员擅长运用的技术和战术。在分析比赛的基础上，可以帮助教练员更好地制订训练计划和指挥球队的比赛。

（一）整体打法的特点分析

足球比赛需要场上队员相互联系与协调配合。球队本身具有自己的特性，而球队的特性是由运动员的特性组成的。在比赛中，只有将运动员的技术水平、战术素养、身体素质和心理品质等方面充分整合、调动、发挥出来，球队的整体实力才会提高。

教练员在组建一支球队时,会根据球队目前的状况、球队的传统和特性以及运动员的能力来制订球队的打法风格。球队的打法风格与比赛的排兵布阵有着密切的联系,它是一个球队所具有的、独特的、能够展现球队特点与优势、区别于其他球队的技术与战术体系。目前,世界足坛最具代表性的打法风格主要有欧洲式打法(以英格兰、德国为代表)、南美式打法(以巴西、阿根廷为代表)和欧洲拉丁式打法(以西班牙、葡萄牙为代表)。这三种打法风格各具特点,在技战术、身体和心理方面又各有优势。

比赛阵型是比赛场上重要的战术组成部分,是队员在场上的位置排列队形,是球队攻守力量搭配和职责分工的基本形式,它对球队攻守战术有序地展开起着重要作用。足球比赛的阵型承载着球队战术变化的每一个细节,是形成比赛格局的重要环节。当前,世界高水平足球队在顶级比赛中主要采用"4-4-2""4-5-1""4-3-3""3-5-2"等阵型。而阵型排列不是固定的模式,即使同一阵型,根据队员技术特点的不同,其阵型的战术意识也有所不同。

教练员在分析球队整体打法特点时,要对各种打法风格的特点有充分的了解和认识,对本队和对手的打法风格要有正确的定位,并在此基础上对阵型以及人员安排进行细致的分析,找出比赛中队员对战术指导思想执行成功和失败的地方,为更加完善球队的整体打法提供指导,同时也能掌握对手的战术指导思想以及执行中的优缺点,从而有针对性地制订比赛战术。

(二)进攻情况分析

1. 整体进攻

球队的整体进攻体现了整个球队协调一致行动的能力,体现了球队的进攻实力和配合能力。球队的整体机动性决定着球队实力的强弱,也是决定比赛胜负的关键。现代足球进攻战术打法更加突出整体性、多样性与实用性,进攻的战术方式也多种多样。现代足球的进攻方式有阵地进攻和快速进攻,而在比赛中常用的整体进攻战术有边路进攻、中路进攻、转移进攻、层次进攻(阵地进攻)和破密集防守进攻等。教练员通过对对方球队整体进攻特点的观察,记录对方球队运用各种进攻形式的次数与效果,可以判断出该球队在进攻上的侧重点和擅长使用的进攻战术。例如,对方球队有10次进攻机会,一半以上从边路发起并形成威胁,这表明该球队进攻的指导思想是以边路为主。这就要求教练员分析出该队在边路进攻战术的运用中,是通过哪种方式形成威胁的,是突破还是传中，进而对防守提出具体的要求。教练员还要对该球队擅长的进攻战术中的主要活动区域、配合方式、突破方式、助攻的区域、助攻方式、射门区域、射门方式、关键队员的特点等方面进行具体分析，以便对防守提出具体的要求。

2. 局部进攻

在现代足球比赛中，局部配合战术越来越受到重视。具有良好的局部配合战术是一支优秀的技术型球队应具有的特征。局部进攻是指进攻中两个或几个队员之间的配合进攻，主要包括传切配合、交叉掩护配合和二过一配合。对局部进攻的分析可以从采用的配合方式和实施的区域两方面进行。对局部进攻配合传切速度快、运用形式多样、给对手的防守压力大、突破防守成功率较高的球队，教练员在制订防守策略时，要针对对方局部进攻的战术，合理地安排整体的防守和局部的保护与补位。

3. 个人进攻

个人进攻是指在比赛中，为了战胜对手采取的符合整体进攻目的的个人进攻行动。个人进攻是构成局部进攻战术和整体进攻战术的重要环节。个人进攻分析主要针对一名队员在具体位置上的技术运用以及竞技水平发挥的情况，通过传球、射门、运球突破和摆脱跑位这些技术发生次数、质量的统计分析，反映出队员的个人能力（对不了解的队员可通过此办法掌握其特点）。还可以通过某一具体的进攻技术的统计分析，来掌握某一队员在进攻时运用技术的方式和起到的作用，例如，通过统计此队员在比赛中运用的直接传球和间接传球，短传、中传和长传球，直传球、斜传球、横传球和回传球、向同伴脚下传球和向空当传球等数据，分析其有威胁的传球区域和成功率，在他经常传出威胁球的区域加强盯防，并阻止、干扰，使其传球技术难以发挥。

（三）防守情况分析

1. 整体防守

成功的防守是球队获得最后胜利或不输球的根本保证。比赛中，在争取主动进攻的同时，还要全力保证不失球，这样才有可能获胜或不输球。比赛中对于防守的观察与分析，往往与对方的进攻是相呼应的，整体的防守战术安排也应根据对手的情况有针对性地制订。整体防守是指全队采取的防守战术和防守思想，常用的防守战术主要有区域盯人防守、人盯人防守、混合盯人防守、向前压迫式防守、层次回撤式防守、快速密集防守等。教练员和全队队员必须确定在某一情况下如何进行整体防守。

2. 局部防守

局部防守是在整体防守战术的基础上，在局部区域对球队整体防守战术的实施，是根据场上的变化与防守位置的需要进行的局部范围的防守配合，主要包括保护、补位和围抢。局部防守情况分析要按照比赛场地的位置与区域进行，通过对区域内相邻位置队员之间防守配合情况进行分析，避开对方防守密集区域，找到适宜实施进攻的区域。

3. 个人防守

个人防守是个人为控制对手所采用的防守行动，个人防守是整体防守的基础，是实现整体防守成功的保证。个人防守主要包括盯人、断球、抢球、封堵、头球破坏、铲球和解围球等。教练员可以通过对以上各种指标数据进行分析统计，评估球员个人防守能力的优势与劣势，从而有效地指导队员选择个人的防守战术。

（四）定位球情况分析

在现代足球比赛中，大约有三分之一的进球都来自定位球。定位球进攻战术运用得好坏，已成为影响比赛成败的重要因素之一。定位球主要包括比赛开球、任意球、角球、掷界外球、球门球和点球。定位球情况分析主要包括定位球进攻和定位球防守。高水平的球队都有自己善于得分的定位球进攻战术，因此，对定位球进攻战术进行分析，可以帮助教练员有针对性地布置防守策略。与此同时，分析对手定位球的防守，可以发现并利用对手的弱点，取得进球。

1. 定位球进攻

对任意球和角球进行分析，对定位球的进攻与防守布置有很强的实战意义。任意球从进攻区域来分，可划分为罚球弧区域任意球、罚球区角及两侧区域任意球、罚球区内任意球；从战术配合来分，可划分为直接射门、一拨一射、传球配合射门等。角球从位置上来分，可划分为左侧角球和右侧角球；从战术配合来分，可划分为战术角球和长传角球。任意球、角球的进攻首先要对对方有一定的了解，观察、分析对方所采用的防守策略（人盯人防守、区域防守，还是两者结合）、守门员的特点、参与盯人或者保护的队员的个人能力等情况，合理安排主罚球员及相关战术配合，发现并利用对手的弱点实施进攻。

2. 定位球防守

定位球的防守首先要对对方任意球、角球的进攻进行观察、分析，要关注对手经常采用的、具有威胁的战术配合和关键队员，让队员了解对手在不同区域可能使用的战术配合和关键队员，以便在防守中进行应对并组织好防守。

二、比赛分析的方式

教练员对于比赛的分析应通过有针对性、有侧重点的观察与阅读，收集各种信息并对其进行细致、深入的分析，进而将分析结果合理地运用到训练与比赛当中。为了在动态变化的比赛中达到有效的控制，应高度重视训练和比赛信息的采集。比赛分析的方式主要有临场观察分析法、录像分析观察法和软件分析法。

（一）临场观察分析法

临场观察是通过现场观察比赛来获取对双方球队、队员的认识。教练员可以对现场观察的比赛进行即刻的记录和标记，从而在赛中、赛后及时依据记录发现问题并进行分析、讲解，进而提出解决的方法。临场分析法的时效性比较强，记录的内容简捷、清晰，教练员可将出现的问题及时传达给场上的队员。

（二）录像分析观察法

录像分析观察法是教练员在赛前和赛后分析比赛时常用的方法。录像分析可以多次重复观察比赛画面，细致研究对手和自身出现的问题，制订相应的训练计划或针对对手的攻防战术。

（三）软件分析法

软件分析法是运用各种软件分析足球比赛，可以获得比赛中双方的控球时间、射门、任意球、角球、越位、红黄牌、犯规等各种数据，还可以分析队员或对手的情况，例如，在比赛中每名球员突入禁区的次数，从两侧进攻的次数，每名球员的体能状况，比赛中奔跑距离、冲刺距离与次数，控球跑动多少米，无球跑动多少米等数据，从而更好地在比赛中合理使用队员，在训练中采用提高队员个人能力的方法。

三、教练员对比赛的指导

（一）教练员在赛前的决策过程

现代足球比赛是球队综合实力的竞争和较量。随着信息技术的快速发展，足球比赛对抗程度日趋激烈。赛前的准备工作不仅要求教练员将运动员调整到最佳的竞技状态，在比赛中发挥优异的运动水平，还要求教练员对球队的技术、战术及整体状态有良好的把握。知己知彼，百战不殆。只有"知己"才能做到好钢用在刀刃上，合理地安排出场阵容，明确每名运动员的位置与职责。此外，只有把对手的身体状况、竞技状态、技术特点和战术能力等方面进行全面分析，才能做到心中有数，从而克服心理上的担忧与紧张。

赛前准备工作主要分为信息情报的收集，研究对手、制订比赛方案，赛前准备会三部分。

1. 信息情报的收集

（1）**对手信息和情报的收集**。教练员在比赛前应全面了解对手的情况，做好赛前对手信息和情报的收集工作，对其特点及技战术方面的优、劣势进行认真分析，这是从战略战术上争取比赛主动权和竞赛优势的关键。为此，教练员应该力争获得对手更多的比赛信息。

①通过观看对手的比赛录像、训练、练习比赛、刺探军情、现场比赛和运动员反馈等方法，可以了解对手近期比赛的信息、打法特点、核心队员的个性特征、技战术特点和身体状况，对方的攻击点和得分点在何处，掌握对手可能出现的漏洞、弱点以及定位球的攻守特点等方面的情况。②过去比赛经验：教练员凭借自己对比赛对手的认识和思维定势，在分析比赛对手时，可用以往如何与这种类型的球队进行比赛的经验来分析目前的对手，进而在这种分析的基础上制订出比赛策略和方法。③助理教练员的意见：教练员应重视助理教练员的意见。每个人思维的方式都有其特点，在这些特点中，对事物的分析方式和分析的顺序是不一样的，最后得出的结果也不尽相同。这些不同的结果对主教练来说是非常重要的。

（2）**本队的现状**。在比赛前，教练员要对球队目前的状况有清醒的认识，包括对球队实力的评估、目前的排名情况、球队的战术打法风格、运动员的能力和状态、球队的优势和面临的困难（如伤病号和队员停赛）等。教练员在制订比赛目标和选择运动员参加比赛时，应综合考虑以上几个因素，根据运动员的能力和状态确定球队的打法。

（3）比赛环境和客观情况。客观环境因素是通过影响队员的竞技能力而间接作用于比赛成绩的。纵然教练员有卓越的指挥才能，运动员的竞技能力及比赛状态调整得非常好，但倘若运动员对比赛环境不适应，同样会影响球队的竞技能力，直接影响比赛成绩。因此，教练员在赛前要做好调查工作，充分了解比赛环境和客观情况，做好相应的准备工作。

2. 研究对手，制订比赛方案

赛前，教练员应根据对方的实际情况进行充分的研究、分析，在充分了解掌握对方情况的前提下，结合自身球队的特点确定应敌战术，就可以避免盲目性，从而获得比赛的主动权，以达到克敌制胜的目的。

（1）确定比赛指导思想。足球比赛的最终目的是获取胜利，即尽可能多地把球攻入对方球门，同时力求少失球。最简单、最直接的办法就是让比赛尽可能多地在对方半场进行，把球推进到对方半场靠近对方球门，多射门得分；同时要使球远离本方球门，阻止对方射门得分。

比赛指导思想需要教练员根据赛程、赛场、对手和本队的情况等多方面的实际情况而定。赛前准备工作是合理制订比赛指导思想的主要依据。如果对手相对较弱，可以采用"向前的思想"积极进攻，但在思想上和战术上不能轻视对手，从比赛开始到结束应始终保持认真的态度，每个环节都不能放松，不给对手任何机会，并在气势与实力上完全压制对手，尽早获取战果以求全胜；如与本队水平相当的球队比赛，可以采用"控制球"的指导思想，要敢于控球，此时双方谁能争取更多的控球时间谁就更主动，要力争在控球占优的态势下通过有效的战术配合取得胜果；如与实力明显高于自己的对手比赛，则要采用"稳固防守、快速反击"的比赛指导思想，积极实施稳固防守战术，争取不失球，在防守中获得控球权即迅疾发起快速反击，按设计好的反击路线打对手一个措手不及，力争获得战果，创造"以弱胜强"的战绩。

（2）确定出场阵容。在足球比赛中，能否合理地安排首发出场的阵容是整场比赛能否打好的关键。安排哪些队员首发和场上的位置，要根据本队的实际情况、在进攻和防守中队员的职责、与同伴的合作效果、队员的身体状况、队员的红黄牌情况等方面来考虑。另外，教练员还应考虑对手的情况，根据对手的比赛阵型和战术打法来选择最合适的首发队员。正确的排兵布阵可以调动队员的积极性，充分发挥他们的技战术水平。

（3）制订比赛方案。比赛进攻和防守方案的制订要根据对手的情况，并且结合本队的特点，在尽可能地发挥队员特长的同时，又能很好地遏制对手。在球队备战中，教练员需要对比赛进攻和防守方案的实施下很大功夫，通过对备战训练和热身赛的考察，选择最适合本队的比赛方案并确保全队都能充分理解、实施比赛方案，让每名队员都清楚自己要为球队作出什么贡献。

（4）**制订比赛目标**。在分析对手情况的基础上，根据本队情况，教练员要制订一个合理的比赛目标。一个好的目标应该既有一定的难度，又是可实现的。目标的设置可以给予运动员一定压力，使其具有紧迫感、责任感，让他们提前感受到比赛的紧张环境，将注意力集中到比赛当中。在制订目标时，切忌盲目制订高出本队能力很多无法实现的目标，这样不仅起不到刺激作用，反而会给队员心理造成很大的压力，从而影响比赛时技战术水平的发挥。

（5）**做好应对各种情况的预案**。在比赛中，往往会出现一些突发事情，如过早地失球、开局不久就被罚下一人、核心队员意外受伤、裁判员的错判漏判、天气的突然变化等情况，教练员要做好预案，提示队员做好充分的思想准备，要有决心和信心去面对任何困难，去实现球队的比赛目标。对必须决定胜负的淘汰赛，要提前做好加时赛和点球决胜的准备。

3. 赛前准备会

（1）**准备会前的预备会**。①领队、教练组预备会。教练组成员之间的相互合作是球队成功的基本要素。预备会应以赛前准备工作为基础，主教练应该与其他教练员共同研究分析赛前准备工作中收集的资料，对对手的情况以及自己球队的整体情况进行分析讨论，在确定比赛的指导思想、战术打法和出场阵容等方面教练组要达成一致。②核心队员预备会。球队中的核心队员是教练员和运动员之间沟通的桥梁，在球队中起到建立队员间相互联系、团结协作、创造球队精神、肩负比赛中实施战术和赛场瞬间决断的作用。在预备会中，教练员应该与核心队员认真讨论他们应该做什么、不应该做什么以及所处位置的职责，了解核心队员对比赛的态度与想法，并通过核心队员间接了解各队员的思想情况，要使核心队员明确他们在比赛中的作用和任务，使其在比赛中能够充分发挥出自己的水平，起到核心队员的作用，完成自己的任务。③预备会的其他形式。由于足球比赛的特殊性，场上队员既要合理配合又要各司其职。每个人所要承担的任务都不尽相同，所以在赛前备战时，还应考虑各个位置的队员。

（2）**比赛准备会**。①比赛准备会主要内容。准备会一般只能由队内人员参加，一方面是激励、鼓励队员，增强队员自信心，另一方面是技战术方面的指导，如个人、小组、整体怎样准备，角球、定位球怎样组织攻防。教练员要运用简单、清楚的语言宣布本场比赛的指导思想、首发阵容、进攻和防守方案，明确任务和要求，估计会遇到的困难，并且要鼓励队员提出和讨论不清楚的问题，让他们理解自己在球队中的作用和在比赛中担负的责任。②准备会的要求及注意事项。准备会最好在赛前2小时举行，此时运动员的接受能力最好。但会议时间不宜过长，最好不要超过40分钟。如时间过长，运动员很难保持注意力的高度集中，有时还可能会产生烦躁情绪。教练员要分析预先收集的对方整体实力、主力队员的技战术特点、攻守战术打法特点等，使队员做到心中有数、从容应对。教练员可以采用直观教具来表达自己的信息和观点。

（二）比赛中的心理指导

运动员在进入比赛场地后，身心处于高度紧张状态中，一切心理过程都进行得异常迅速、激烈、活跃。运动员临场出现的紧张情绪，是机体对于新的环境和竞赛气氛而产生的内部反应。在一定程度内的紧张是符合身心活动规律的，有利于集中注意力，增强肌肉力量和提高反应能力，但如果出现过度紧张，就会导致恐惧、兴奋抑制、情绪低落，甚至丧失斗志。因此，比赛中如何使队员保持最佳的心理状态，发挥出最佳的竞技水平，是每个教练员都必须重视的问题。

足球比赛中，良好的心理指导可以使运动员做出积极的行为，而不良的心理指导与暗示则会产生消极的效果。因此，教练员必须抓住每个队员在比赛中心理状态的变化规律，从比赛实际出发，合理运用各种方法和手段，对队员进行适时的心理指导。

1. 比赛的情绪调节

在足球比赛中，运动员心理状态的稳定性往往直接关系比赛的结果，即使一些微小的因素，有时也会引起运动员情绪的大起大落，从而打乱比赛的节奏，扭转比赛的局势。因此，情绪控制就成为比赛中运动员心理控制的核心。

（1）表情调节，指通过有意识地改变自己的面部表情和身体的姿态以控制情绪的方法。情绪状态与外部表情有着密切的联系，可以通过改变外部表情的方法相应地改变情绪状态。如运动员感到紧张焦虑时，可以有意识地放松面部肌肉，不要咬牙，或者用手轻搓面部使面部肌肉有一种放松感。当比分落后时，运动员往往心情沉重、情绪低落，这时教练员可以有意识地露出微笑，让队员丢下包袱、放松心情沉着应战。

（2）呼吸调节，指通过调整呼吸的频率、深度和方式以控制情绪的方法。当比赛紧张或运动员到达极限时，常有吸不上来气的感觉，这时可让运动员进行缓慢的呼气和吸气练习，这有利于降低情绪兴奋性；当运动员情绪低沉时，可采用长吸气与有力的呼气的方式，这有助于提高情绪的兴奋性。

（3）暗示调节，是通过言语暗示控制情绪和行为的方法，也可以用手势、表情或其他暗号来进行暗示。在比赛中，教练员应尽量用积极的语言分析对手情况、制订战术，帮助队员树立信心。在给队员传达指令时，教练员应避免使用消极词语，如用"镇定"代替"别着急"，用积极鼓励的言语代替批评谩骂等。教练员的言语、手势、姿态、表情和眼神等都是传递暗示信息的媒介，可能会给队员心理带来重要影响。

2. 控制焦虑、消除紧张的方法

（1）**明确焦虑产生的原因**。体育竞赛是面对面的竞争，运动员往往要承受高心理负荷和高生理负荷。比赛的不确定性、比赛的想赢怕输心理、比赛中害怕受伤、球场观众带来的压力等都会使运动员产生焦虑和紧张情绪。教练员要想很好地控制队员的紧张与焦虑，首先要做的就是找到其产生的原因。

（2）**鼓励队员的自信心**。在足球比赛中，教练员多用积极的言语与行为提升队员的信心。特别是在比分落后时，队员缺乏信心，进攻或防守时积极性和主动性降低，实施技战术的成功率不高，不能很好地掌握比赛节奏和得分良机。在这种情况下，首先要让队员把注意力集中到比赛中去，采用符合比赛实际情况所需要的技战术。教练员可以采用换人的方法向场上队员传递信息，指出对方的弱点和不足，增加全队对夺取比赛胜利的信心。

（3）**排除外界干扰**。足球比赛会有众多的观众，这也使比赛成为一种当众竞技表演。这对心理素质好的队员来说可以满足其表现的欲望，从而提高其兴奋性、增强其斗志，但对心理素质不好的队员来说，则会表现出怯场、不安和恐惧，进而影响临场发挥。比赛中，教练员要根据队员的不同情况有针对性地进行指导与暗示，有意识地让队员把注意力集中到比赛中，充分发挥自己的竞技水平。

（4）**谈话诱导减轻压力**。教练员积极正面的谈话会对队员的心理产生影响，从而影响队员的行为。教练员同队员交谈场上情况时，必须保持清醒的头脑和积极的态度，除了要指出队员产生错误的原因，更要告诉队员改正的方法。这样会使运动员在比赛中更主动，也更有助于他们技术水平的发挥。

3. 赛前兴奋的唤起

应激刺激引起的生理反应会使个体的兴奋度提高，而兴奋度的变化与运动员的比赛表现密切相关。教练员在平时的训练、比赛中要注意把握每个队员的个性，在比赛前针对不同的人进行调节开导（应激刺激），使其达到比赛所需要的兴奋唤起水平，从而让队员获得最佳的运动竞技状态。

4. 中场指挥的策略

中场休息时，运动员的心理活动是随着上半场比赛情况而发生变化的，如果比分领先，多数队员会产生一种良好的自信状态，情绪比较稳定。在这种情况下，教练员应告诫队员不能放松大意、盲目自信，要集中精力认真打好下半场比赛，确保胜果在握。如果比分落后，部分队员会情绪低落，甚至垂头丧气，对下半场比赛没有信心。这时，教练员的外部情感表现、自身情绪变化、语言表述的状态等都会对队员有很大的影响。此时，教练员要努力控制好自己的情绪，不要过分指责队员的不足，多说热情鼓励的话。布置下半时的比赛任务要恰如其分地分析原因，简明扼要地提出对策，使队员准确理解、领会教练员的意图，下半场积极作战，争取追回比分、反败为胜。

5. 指导比赛的注意事项

在比赛过程中教练员的一举一动都会对队员的心理和行为造成很大的影响，因此，教练员在比赛中针对自己的言行与指导方式要经过慎重的考虑与部署。

（1）**不要过分地干预运动员**：在比赛过程中，教练员过于频繁地对某一个队员发出指令，告诉他向前跑、向后跑、传球、过人、射门等，会使其不知道自己该做什么，怎么做。感觉自己做的都是错的，从而产生紧张焦虑的情绪，对教练员的指令产生依赖性，自己不会比赛了。

（2）**及时指出改正队员所犯错误的方法**：队员场上出现错误时，教练员不应反复指责，而应该及时告诉队员改正错误的方法。例如，某个队员连续被对手突破，此时教练员不要指责队员说"你怎么这么笨，总让他突破你！"之类的话语，而应根据对手情况向队员指出防守时应注意的问题，例如，"你给对手留的空当太大，要紧紧贴住他，不要被他的假动作欺骗，阻止他带球转身"等。

（3）**避免教练员的过激行为**：教练员有时会因为赛场上一些不利于本队的因素而做出过激的行为，而这样的过激情绪会通过教练员的言行举止传达给队员，进而引起队员的心理变化。在比赛中，教练员应学会控制自己的情绪，运用合理且队员容易接受的方式传达自己的信息。比赛中如出现对裁判员的不满、对手意外进球等情况，教练员应表现得沉着镇定，寻找弥补的方法，而不是从行为和言语上表示不满与气愤，这样不仅解决不了问题，还会影响到队员，导致更严重的后果。

（4）**不要在临赛前布置战术**：教练员在赛前准备会上的重点是布置战术打法，在临赛前的候场时间要用明确、简练、富有激情的语言鼓励队员，激发其斗志。有的教练员在比赛上场前的最后时刻还在向队员布置战术打法，而此时运动员不可能冷静地领会教练员的意图，这是教练员焦虑的一种表现。在这种情况下，教练员只会把自己的焦虑情绪带给已经非常紧张的队员，从而影响其技术水平的发挥。

6. 教练员的角色作用

教练员在球队中起着十分重要的作用，扮演着多种角色，既是传授知识、技巧的教师，又是激励、鼓舞队员激情比赛的鼓动者，既是比赛战术的设计者，又是赛场得与失的判定者，既是训练、比赛的操控者，又是提升竞技水平的指导者。不仅要与媒体及各方进行沟通、交流，更要作为队员的朋友，与队员并肩战斗。

（三）教练员在比赛中的决策过程和临场指挥

一场足球比赛的胜负是由多种因素决定的，包括队员的身体条件、技战术水平、心理、作风等主观因素，除主观因素外，还有客观因素，而即使所有因素都强于对手，也不一定会取得比赛的胜利。足球比赛绝不是简单的，它不仅是队员与队员之间的比赛，也是双方教练员智慧的比拼。国内外重大比赛中，以弱胜强的例子有很多，这足以体现出教练员临场指挥的重要性。

1. 临场观察和收集赛场信息

在一场对抗激烈、旗鼓相当的足球比赛中，教练员能否根据比赛进程适时调整战术及打法，反映了教练员的智慧与技战术实践能力，而从容自如地驾驭比赛，也是足球教练员展现其专业智慧和专业能力的过程。在比赛中，教练员要善于发现、分析和解决问题，观察比赛双方的情况，发现问题的实质，及时采取应变对策，下达各项比赛命令，引导比赛向有利于本方的方向发展。

比赛中，教练员要着眼于全局，根据战局的不断变化，合理制订应对策略，把握队员的思想状况和技战术发挥情况。比赛中，经常出现的问题是当比赛领先时，特别是当对手比本方实力弱时，队员会产生轻敌麻痹、行动散漫、态度不认真的现象；当比赛不顺利、比分落后时，队员可能会出现互相埋怨、急躁蛮干和消极泄气的情绪，甚至有不服从裁判、与对方发生肢体冲突等行为；当比赛处于关键时刻时，队员又容易出现思想紧张或急于求成等问题。比赛中，教练员应及时发现队员的思想变化，及时予以提示，避免队员产生不良情绪而影响比赛。同时，也要观察对手的思想和情绪变化，发现其破绽并予以利用，全力争取比赛的胜果。

教练员除了要观察双方队员的思想和情绪变化外，更要时刻关注双方战术打法的变化和队员的技战术水平发挥情况。例如，对手的临场情况是否与准备会的介绍、布置相吻合，如果不同，其变化在哪里，其目的是什么？本队在赛前布置的攻防战术是否奏效？整体攻守的位置、距离保持是否合理，尤其作为攻防枢纽的中场是否得力？当对方换人时，其战术打法的变化在哪里？被换上队员的技术特点是什么？发现有队员受伤或体能下降时，是决定让他继续坚持比赛还是换人？个别队员频频失误，发挥大失水准是否应准备换人？在比赛中，教练员要及时发现问题，作出判断，并将信息和指示及时传达给场上队员，统一思想，打好比赛。

2. 赛前临场指导

充分做好赛前准备活动是打好比赛开局、力争掌握比赛主动权的关键环节。教练员要特别重视准备活动，要求队员在赛前45~60分钟到达场地，先做一般身体活动，再做专项身体活动。要充分利用赛前20分钟的时间，采用平时较为熟悉的练习内容，使队员逐步调整自己的身体机能，尽快达到最佳竞技状态。

队员在做准备活动的同时，教练员还要注意观察对方队员的情况，观看对方队员有无变化，与自己预计的有无差异，在开赛前对本队队员再做简明的布置。

赛前，教练员千万不要对运动员喋喋不休地谈比赛该怎么打，这只会使队员产生紧张的情绪，教练员在队员面前应始终保持乐观积极的心态。如果在准备活动期间发现问题，教练员可以向场上队长迅速而平静地交代几句关键要点，让队长转达给首发队员。出场前教练员要带领全队以某种语言或动作表示对取得胜利的信心，以鼓舞全队士气。

3. 比赛临场指挥

比赛中教练员要集中注意力观察对方的战术打法和本队队员执行作战方案的情况，如发现有不妥之处，要及时采取措施予以纠正，要用队员熟悉的术语明确、清晰地将正确讯息传递给队员。教练员还可以使用预先约定好的暗号向队员提示将要采用的打法。

临场指挥时教练员应主要强调战术打法、比赛组织和队员的职责，还要通过观察场上情势预测比赛可能出现的各种可能性，提前做好预案。

（1）本方占据优势时，按原定比赛方案进行，坚持前段时间成功的进攻战术和防守战术，不宜调整阵容。当对方改变战术时，要当机立断，提示本队场上队员。为了避免思想放松，教练员要提醒队员提高注意力、认真比赛。如要传达意图，教练员可以与临近队员交流，再由他将讯息传达给场上队员，或以暗号提示。

（2）本方处于劣势时，首先要鼓舞士气，顽强奋战，增强由被动转为主动的自信心。其次要找出战术失误的主要原因，改变战术，采取有效的对策，加强薄弱环节，减少失误，尽力发挥个人和全队的特长，要求队长或核心队员起带头作用，保持旺盛的斗志。可通过变换场上队员的位置或者换人来调整阵容，稳住阵脚，重新组织力量，以新的对策扭转被动局面。

（3）双方势均力敌时，如出现持续的拉锯战，说明双方水平接近。此时，教练员应主动调整进攻策略，转移主攻方向，采取灵活机动的措施，抓住战机攻击对方薄弱环节，防止急于求胜而造成失误。教练员发出的指令必须清晰、准确、简洁、快速，明确告诉队员该做什么、怎么做。

4. 中场指导

中场休息是教练员进行指导的重要时刻。教练员的讲话内容主要针对上半时的比赛情况，进行简单总结，包括战术指导和鼓舞士气，不要批评队员的个人表现，而应指出全队的表现如何。教练员不应过多分析上半场的情况，而应对全队下半场的打法进行指导。当上半时占据优势时，教练员要提醒队员注意对方可能做出的人员调整和战术改变，使全队有充分的思想准备，同时提出相应的要求；当球队处于劣势时，教练员应适时地安抚队员，激发其斗志，找出劣势原因，果断调整打法。

中场休息时教练员还可以与队长或关键队员简短谈话进行个别指导，以使他们能够发挥核心骨干作用，带动全队打好下半时比赛。

5. 比赛最后阶段的临场指挥

比赛的最后阶段，即最后15~20分钟时间，往往是决定比赛结果的关键时刻。教练员要根据场上的局势和比分情况，作出相应的决策和调整。

（1）比分领先时，应着重考虑稳固防守，不能给对手进攻的可乘之机，而应积极争取控球权，控制比赛节奏，并伺机扩大战果取得胜利。

（2）比分落后时，应考虑全力以赴积极进攻，此时，教练员应针对对手的防守漏洞，提出行之有效的战术安排，通过变阵或换人来传达自己的决策和调整，同时要避免场上队员产生盲目和急躁情绪，这是争取扳平或逆转取胜的最好方法。

（3）比赛成平局时，教练员应根据场上的形势变化作出部署，具体的指导思想是稳固防守、伺机反击、争取胜利。确保不失球、保平争胜。

如是淘汰赛出现平局，则有加时赛，可能有点球决胜；或是比赛规程规定比赛成平局直接点球决胜，教练员应考虑作战方案。把体力好、善于罚点球的队员、善于扑点球的守门员换上场。

四、不同比赛环境条件下的战术运用

足球比赛的胜负受诸多因素影响。比赛双方球员的竞技实力是制胜的重要因素，但并不是全部。那些构成整体比赛要素的、与实际比赛密不可分的比赛因

素，如气候变化、场地条件、战术运用变化等，对比赛结果也会直接产生重大影响。因此，在足球实战中，教练员应尽可能多地考虑到有可能影响比赛结果的因素，善于充分利用有利因素，使其服务于比赛，同时最大限度地减少不利因素给比赛带来的负面影响。

（一）天气因素

1. 大风天比赛应考虑的因素

（1）进攻时应考虑的因素：顺风进攻时，应少直传，多斜传，多远射，注意控制传球力量。逆风进攻时，应少传高空球，多传地滚球、低平球和短传球。

（2）防守时应考虑的因素：顺风防守时，应考虑整体向前逼压，注意抢断地面和空中来球，要近身逼抢对方的第一传，尽量不让对手转身控球。逆风防守时，退守要快，严防对方打身后球，拖后中卫位置可适当落后，注意及时补位，防区适当扩大，封堵对方远射。守门员应随时做好扑接对方远射的准备，掌握好出击时机，防止对方顺风吊门。

2. 下雨天比赛应考虑的因素

（1）选用长钉鞋，比赛中保持较低的身体重心，以利于维持身体平衡和快速起动、急停、转身。

（2）尽量把球踢到对方半场，到对方身后去打。进攻中可多采用中长传，在前场可积极采用长传冲吊和跟进补射冲击对方球门的战术。

（3）对方守门员在雨天容易"脱手"或漏球，可在罚球区附近加强射门并积极组织跟进补射、捡漏。

（4）在雨天草皮或泥泞球场上，球落地后的方向与速度变化无常，因此，应尽量抢在空中或球的第一落点处理球。

（5）雨天球在草皮上，尤其是人工草皮球场上运行的速度很快，因此地面传球时应对人传，传脚下球。向对手身后传球的力量应适当，不宜过重。在泥泞的场地上比赛时，不宜传地面球。

3. 严寒条件下比赛应考虑的因素

（1）充分做好赛前热身活动，使身心尽快进入比赛状态，防止受伤。

（2）比赛间歇或暂停时，队员应继续进行适当的活动，以保持肌肉良好的活动能力。

（3）比赛时，队员穿长袖比赛服、铲球裤，并戴手套。守门员可穿绒衣绒裤，以利保暖。本队进攻时，守门员也要保持一定的活动，以利身手灵活。

（4）中场休息和比赛结束后，应注意保暖，防止感冒。

4. 酷暑条件下比赛应考虑的因素

（1）适当缩短热身活动时间，避免过多地消耗体能与体内水分。

（2）注意控制好攻防节奏和速度，注重跑动的预见性与合理性，防止无谓的体能消耗。进攻时，应考虑多打控制球，多传球，少运球，不宜盲目长传冲吊，而要追求进攻的成功率。防守时，应以区域盯人为主，不盲目拼抢，适当收缩防区。

（3）赛中补水时间或中场休息时应有控制地饮水，适当补充水分，切忌狂饮。

（二）场地因素

1. 天然草皮场地比赛应考虑的问题

（1）适应场地时首先观察、体验草皮的密度、厚度、平整度、松软度、弹性等情况，选择适宜的足球钉鞋。

（2）要实际掌握场地对运控球、传球、接球、射门的影响。

（3）体会场地对无球跑动、急起、急停、变向、转身等行动的影响，做好充分心理准备。

2. 人造草皮场地比赛应考虑的问题

人造草皮的特点是场地弹性大，地面平整、柔滑，人易滑倒。应注意以下几点：①比赛宜穿多胶钉足球鞋，防止打滑。②比赛中起动、急停、急转时，要注意降低身体重心，避免摔倒。③接球时力争拿第一落点，来不及拿第一落点时要设法争抢第二落点，注意防止球反弹过高而冒顶。④人造草皮适合于完成主动倒地的攻防技战术动作，且效果较好。

（三）高原因素

（1）高原上气压低，空气中含氧量少，运动员从平原到高原地带时，身体一时不能适应，剧烈运动后会出现气喘、头晕、两腿乏力等反应。因此，高原比赛前，必须进行适应性训练，到与比赛地点相同海拔及各种条件相似的地区进行训练，以克服高原反应带来的不良后果。

（2）给队员讲明高原反应的特点、克服高原反应的手段，增强队员克服高原反应的自觉性与信心。

（3）加强队员训练和比赛后的营养，督促队员严格遵守作息制度，保证睡眠，为第二天的训练与比赛创造有利条件。

（4）提前到达比赛地，在适应性训练过程中安排一次较大运动量的训练。如果条件允许，应进行一次实战比赛练习，以使队员的机体适应比赛的强度，逐步克服高原反应。

（5）赛前准备活动的时间要适当，防止过多消耗体力与水分。比赛中，要特别注意掌握攻防节奏，提高传接球配合的质量，不要盲目地冲击和轻易丢球，以减少无谓的体力消耗。中场休息时，要适当补充水分，切忌狂饮。

第六节　足球战术教学与训练

足球战术教学与训练步骤的确定，总体上应遵循从个人到局部、从局部到整体、从非对抗到对抗的循序渐进原则。

一、足球战术教学与训练采用的步骤

（一）讲解与示范

可先用简洁、准确的讲解来说明战术练习的具体方法和主要要求，也可以先以有利于队员观察的练习速度进行战术演示，使队员头脑中形成粗略的战术表象，并在此基础上简要说明练习方法、提出练习要点，然后组织队员进行战术演练。若能用图像、视频演示，则效果更好。

（二）手持球或无球状态下的战术配合练习

手持球或无球状态下的战术演练有利于队员熟悉战术配合的基本跑动与传球路线。一般在队员技战术基础较差或战术练习较复杂的情况下采用。

（三）非对抗状态下的战术配合练习

在战术练习中不设攻防对手和任何限制性障碍，一般只有速度、传跑路线及

方向、战术配合的流畅性等方面的要求。这有利于队员在结合球的情况下进一步熟悉战术练习的配合方式，初步体验较流畅地完成攻防技战术动作的感受，以及对于速度、传球力量和传跑时机的把握等。

（四）对抗状态下的战术配合练习

在有对抗的状态下进行的战术配合练习，其对抗程度应由小到大，即先施加压力与干扰，再到弱对抗，最后进行强对抗；相互对抗的人数应由少到多，对抗难度也应由易到难，对抗区域则应由有限的小局部至大局部，最后到全场对抗。

（五）比赛状态下的战术配合练习

教学比赛是有效地发展和提高战术能力的重要途径。可以采用五人制、八人制、十一人制的教学比赛。比赛中的战术要求也应由易到难，先重点提出个人攻防战术要求、2~3人的攻防战术配合要求，再过渡到局部攻防战术要求，最后提出整体攻防战术要求。

（六）进攻与防守战术的同步教学训练

在战术教学训练中，应尽可能使进攻与防守战术的教学训练同步进行。这不仅有利于取得较大的战术练习的综合效果，使队员攻防战术能力同步协调地发展与提高，也有利于他们在不断地克服各种"战术障碍"的练习中加深对特定战术内涵的认识与理解，从而正确地掌握与运用足球战术。

二、足球战术教学与训练的基本方法

（一）个人战术的基本训练方法

1. 传球与接应的基本训练方法范例

（1）范例1：10米×10米方块场地，两人传球跑空位接应练习，不限触球次数（图2-50）。

练习重点：传球准确性与连续跑位接应。

练习变化及深入：①提高传球、跑位接应的速度。②限制触球次数，直到一脚出球。

（2）范例2：40米×40米或1/2标准足球场地，同时进行多人、多球的传球与接应练习（图2-51）。

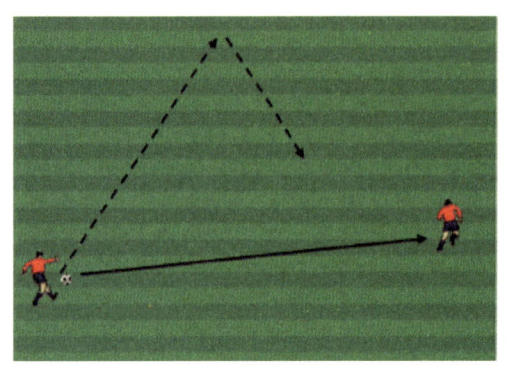

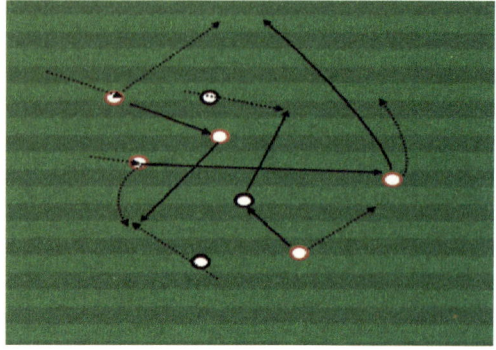

图2-50

图2-51

练习重点：选择传球目标；观察、呼应与跑动接应。

练习变化及深入：①增加练习用球数量。②限制触球次数。

（3）范例3：练习场地40米×20米，平分成两个区域。6名进攻队员分为两组，每组3人，两个组分别占据一个区域。两名防守队员，一名防守队员在有球区域内防守三名进攻队员，另一名防守队员在中线处。进攻队员在至少3次以上传球后，寻找机会长传球给另一区域的进攻队员。中线处的防守队员迅速进入有球区域进行防守，无球区域防守队员跟进中线处（图2-52）。

练习重点：局部短距离传球与接应；长距离转移传球与接应。

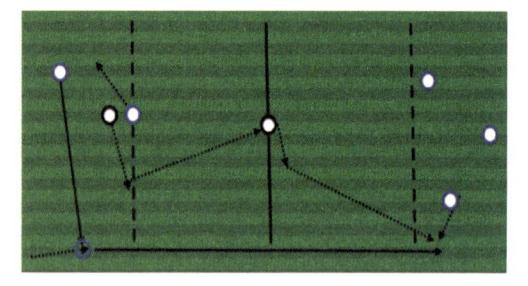

图2-52

练习变化及深入：①由防守干扰到积极防守。②无球区域进攻队员可进入有球区域内参与防守。

2. 选位、盯人与保护的基本训练方法

选位与盯人的训练方法范例如下。

（1）范例1：练习场地20米×10米，中间划一条目标线。1V1攻防练习，进攻队员力争运球从正面中路越过目标线，防守队员阻止其越过中路目标线。

练习变化及深入：练习方法同上，进攻队员力争运球从侧面边路越过目标线，防守队员阻止其越过边路目标线；进攻方逐步过渡到积极进攻；防守方逐步过渡到紧逼防守。

（2）范例2：练习场地20米×10米，一对一攻防练习。在两条10米线的中间划出一段4米线，各设一名目标队员在此段线上活动。进攻队员通过运控球、过人、传球等技术动作将球传给对面的目标队员，防守队员通过抢截、封堵、破坏等防守动作阻止其达到目的。

练习变化及深入：第一，练习方法同上，另在两条20米线上各均等划出两段4米线，每段线设一名目标队员。进攻队员设法将球传给目标队员，防守队员阻止其达到目的。第二，练习方法同上，进行一防二练习，进攻队员只能通过地面传球配合突破防守后传球给目标队员，有越位限制。

（3）范例3：练习场地20米×10米，设多个2米宽的小球门。进行一对一攻防练习。攻方要运球通过小球门线，守方阻止其达到目的（图2-53）。

以上三个范例的练习重点：选择与调整盯防位置的合理性和及时性，逼迫对手处于不利的进攻局面。

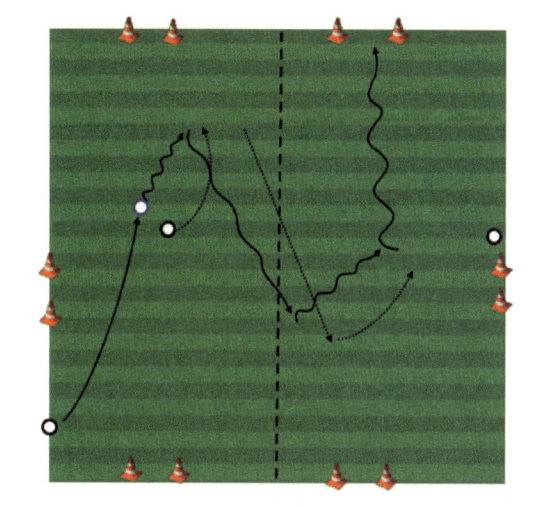

图2-53

3. 防守保护的训练方法范例

（1）范例1：练习场地20米×10米。两名进攻队员一名在10米线外负责传球，另一名在场地内接球进攻，要把球运过另一端10米线。三名防守队员，一名在场地内负责盯防进攻队员，阻止其运球通过中线，在两个20米线外各站一名防守队员，任务是协防、保护场地内的防守队员，一旦防守队员被突破立即进入场地进行协防、保护，阻止进攻队员运球通过对面的端线（不能两名协防队员同时进入场地）。负责传球的队员可以接场地内进攻队员的回传球，再给他传球继续进攻（不能进入场地）。

练习重点：合理的协防、保护距离、角度、时间，相互呼应。

练习变化及深入：①在两侧20米线外各设一名进攻接应队员，接应场地内同伴的传球，但不能进入场地内。②不允许防守队员采用破坏性防守手段，要从进攻队员脚下把球抢下来、控制住。

（2）范例2：练习场地30米×20米，设一个小球门，2V2攻防。两名进攻队员配合进攻、射门。两名防守队员积极盯防、拼抢、协防、保护，阻止进攻队员配合进攻、射门。

练习重点： 协防、保护的正确跑位、时机、路线与位置。

练习变化及深入： ①扩大练习空间，如采用40米×20米或标准足球场1/2场地。②增加攻防人数，如2V3、3V4、5V5等攻防练习。③增设一个小球门，双方各攻一个球门。

（二）局部战术的基本训练方法

1. 二过一战术配合的基本训练方法

传切二过一配合的训练方法范例。

（1）范例1： 连续斜传直插二过一练习（图2-54）。

练习重点： 基本配合形式及路线。

练习变化及深入： 增设固定障碍物，要求传球配合穿过障碍物，不能触碰障碍物。

（2）范例2： 三人斜传直插二过一配合的组合练习（图2-55）。

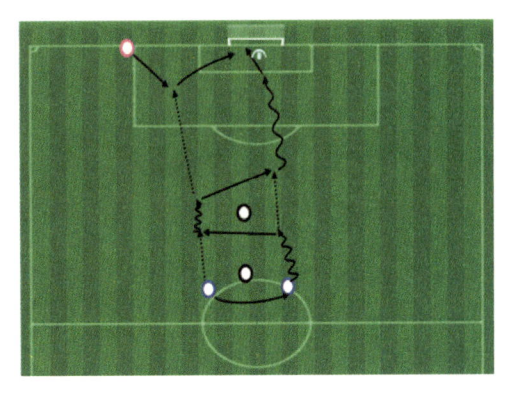

图2-54

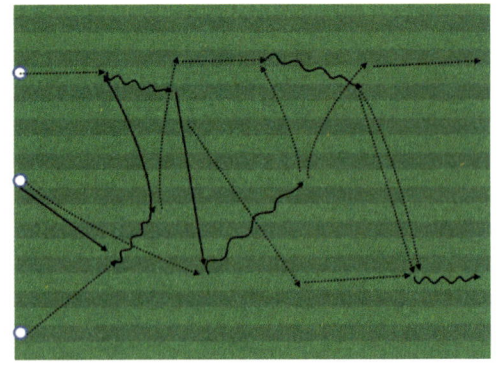

图2-55

2. 二过一战术配合结合射门的训练方法范例

（1）范例1： 各种长、斜传直插射门练习（图2-56）。

练习重点： 传、跑时机与传球速度、落点，以及射门脚法。

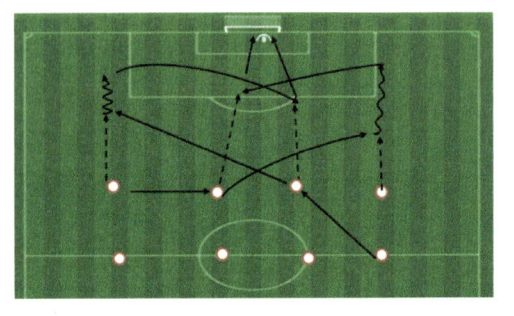

图2-56

练习变化及深入：①增设固定防守障碍物。②增设防守人，由消极防守逐渐过渡到积极防守。

（2）范例2：连续直传斜插二过一射门练习（图2-57）。

练习重点：基本跑位配合形式及路线。

练习变化及深入：增设固定防守障碍物。

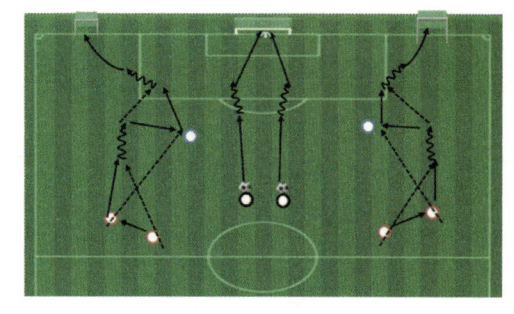

图2-57

3. 三人直传斜插配合的训练方法范例（图2-58）

4. 踢墙式二过一配合的训练方法范例

（1）范例1：各种无固定配合线路的踢墙式二过一练习（图2-59）。

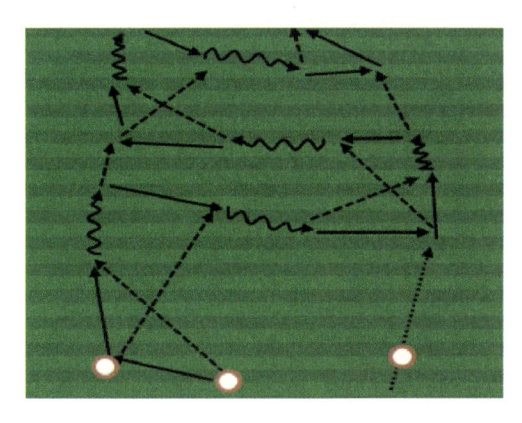

图2-58

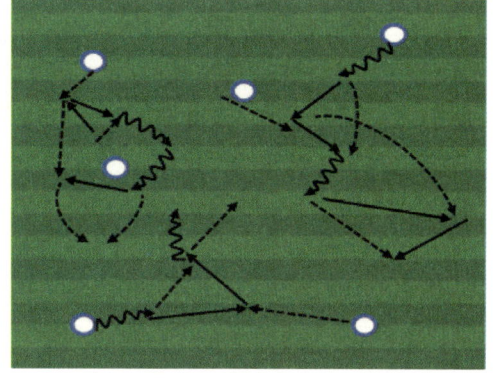

图2-59

练习重点：两人之间的传球与跑位方向及路线的一致性（呼应与身体语言）。

练习变化及深入：①规定练习空间。②增设固定练习障碍。

（2）范例2：各种固定配合路线的踢墙式二过一练习（图2-60、图2-61）。

练习重点：传跑时机（避免越位）、传球力量和跑动速度的变化。

练习变化及深入：①过渡到有防守障碍练习。②设防守人干扰。

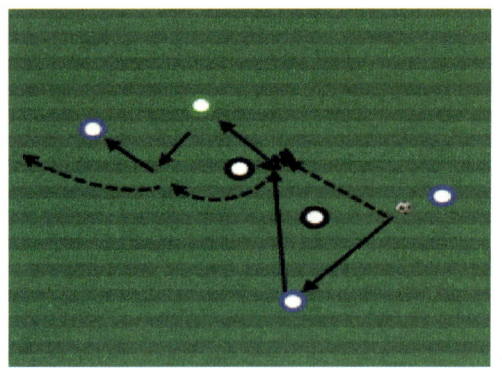

图2-60 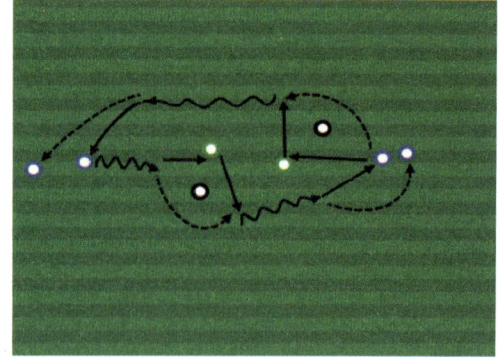　　　　　　　　　　　　　图2-61

（3）范例3：各种配合路线的踢墙式二过一射门练习（图2-62）。

练习重点：配合距离与角度；摆脱跑动与后续衔接动作；射进球门。

练习变化及深入：①设一名队员对控球队员进行干扰防守。②在积极对抗条件下进行练习。

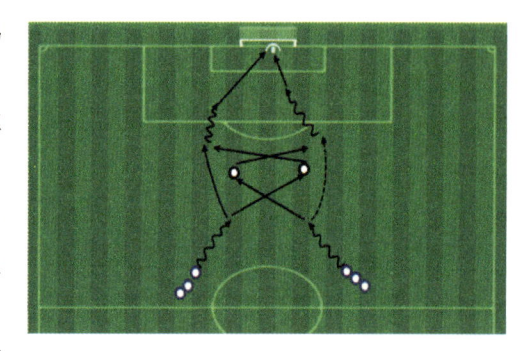

（4）范例4：踢墙式二过一传抢练习。

图2-62

练习场地20米×20米。进行二对二或三对三传抢练习。限定过渡性传球2～3次以后须有一次踢墙式二过一配合，否则交换球权。

练习变化及深入：①扩大练习场区。②增加攻防人数如四对四或五对五传抢练习，分别累计双方进行踢墙式二过一配合的成功次数，次数多者获胜。

5. 回传反切二过一配合的训练方法范例

（1）范例1：行进间连续回传反切二过一练习。

练习重点：基本配合形式及路线。

（2）范例2：练习场地10米×20米。场地中间设一个标志桶。

A队员和B队员位于两端线处，C队员站在标志桶处，A、B轮流向C传地面球，C队员接球回传给A或B，迅速转身绕过标志桶做反切，接A或B的直传球，完成回传反切二过一练习。定时交换三人位置。

练习重点：基本配合形式及路线。

（3）范例3：各种回传反切二过一射门练习。

练习重点：摆脱回接与反切要突然、快速；传球时机、力量与方向变化的把握；射进球门。

练习变化及深入：①在设防守障碍或防守人的条件下进行练习。②在积极防守对抗的条件下进行练习。

6. 交叉掩护二过一配合的训练方法范例

各种交叉掩护二过一基本配合套路练习（图2-63）。

练习重点：基本配合形式及路线。

练习变化及深入：①限制交叉掩护与交接球区域（在设置的固定防守障碍物处完成配合）。②由消极的"跟随防守"过渡到积极防守的条件下练习。

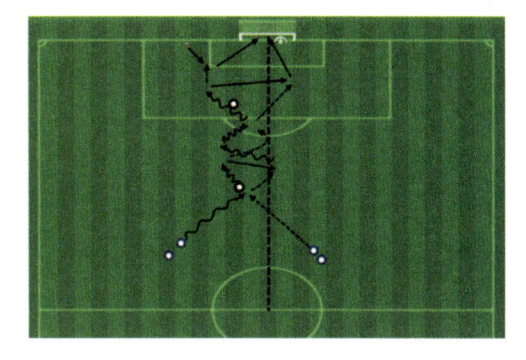

图2-63

（三）局部多人之间的攻守战术配合练习方法

1. 二对二攻防的练习方法范例

（1）范例1：二对二攻防，另设一名参与进攻不参与防守的"自由人"。攻方队员跑动摆脱防守后接"自由人"的传球，寻求与同伴二过一或采用运球突破，创造射门机会（也可将球回传给"自由人"寻机另做配合）。

练习重点：摆脱接控球与二过一配合；两人之间的盯人、保护与补位。

练习变化及深入：①要求两名防守队员进行盯人防守或区域防守。②限制进攻队员将球回传"自由人"。

（2）范例2：二对二攻防，另在场地两端线处各设一名只接球不参与进攻和防守的"接球人"。控球进攻方将球传给位于对面端线处的"接球人"得一分，累计全场得分多的一方获胜。

练习重点：两人之间的局部进攻配合；选位、盯人、逼抢与保护。

练习变化及深入：①限制控球进攻方队员的触球次数。②取消"接球人"，设置小球门，计进球数。

2. 三对二或四对三攻防的练习

3. 四对四攻防练习方法范例

练习场地40米×40米设两个七人制小球门，不设守门员。四对四比赛，计进球数（图2-64）。

练习重点：配合意识；射门能力（射门意识与技术）；盯人、逼抢与封堵射门。

练习变化及深入：①设守门员防守。②限制触球次数，如限制两次或三次触球就要完成传球或射门。③传中球头球射门得分加倍。

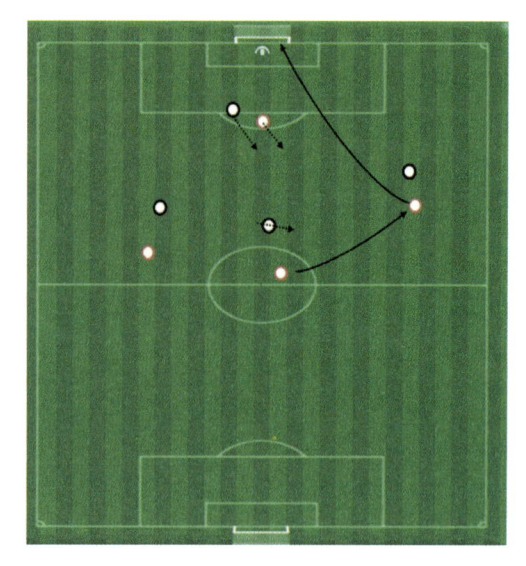

图2-64

（四）整体攻守战术的基本练习方法

1. 诱导性攻防练习方法

（1）范例1。诱导性防守练习：1/2场地，十一人制球门。防守队员7～10名，3名进攻队员采用边路或中路进攻的方法相互传球接应，所有防守队员按球的移动路线进行移动，保持合理的整体防守队形。

练习重点：保持整体的合理防守队形（选位与相互间的保护）。

练习变化及深入：①加快进攻3人之间的传球速度，多打转移进攻调动防守队形。②增加进攻人数。③练习场区由1/2场、2/3场逐渐扩大到全场。

（2）范例2。诱导性进攻练习：1/2场地，十一人制球门。进攻队员7～10名，防守队员4～6名进行攻防练习。练习场地外左、中、右各设一名发球队员。开始练习时按教练员的指令由一名发球队员为进攻队员发球，全体进攻队员迅速按进攻队形展开进攻，完成一次进攻后，再按教练员的指令由一名发球队员为进攻队员发球，全体进攻队员迅速按进攻队形展开下一次进攻行动。如此反复练习。

练习重点：进攻重心的及时转移和保持合理进攻队形；各场区战术配合套路的熟悉与演练。

练习变化及深入：①加快变换不同发球点的频率。②逐渐增加防守队员人数直至攻防人数对等。③逐步扩大练习场区直至全场。

2. 特定条件限制的攻防练习方法

（1）范例1：全场五对五、八对八整体攻防练习。

练习规定：进攻队员必须全部到达对方半场，本方进球才有效。

练习重点：整体攻防重心的推进与后撤的快速、及时性。

（2）范例2：全场五对五、八对八、十一对十一逼迫式攻防练习。

练习规定：除一名防守队员外，防守方其他队员必须在前2/3场进行防守。

练习重点：前场逼迫式防守与快速反击。

（3）范例3：半场攻守。五对五、八对八攻防练习。

练习规定：防守方获得球权后迅速将球传给中圈内的教练员，进攻方阻挠其向教练员传球，如能截获球则继续进攻。若防守方成功将球传给了教练员则立即接教练员的传球转入进攻，原攻方立即转为防守。如此反复练习。

练习重点：攻防转换意识及转换的快速性。

练习变化及深入：①练习场区扩大到2/3场地。②教练员不参与。防守队员在罚球区外获得球即可进攻射门，若在罚球区内获得球则要传或运球出罚球区才能进攻射门。

（4）范例4：十一人制全场攻防练习。

练习规定：按竞赛规则进行。

练习重点：进攻的宽度与纵深；进攻推进速度；整体攻防战术组合。

练习变化及深入：①限制进攻方攻入对方半场后的触球次数（如个人只能两次或三次触球）。②限制进攻方攻入对方半场后完成进攻（完成射门）的时间。③限制一次进攻中的触球次数或完成进攻（完成射门）的时间。

第三章　体能

足球是一项高强度、对抗激烈的运动，不仅需要全面的技术能力，而且需要全面的身体素质，包括速度、弹跳、灵敏、柔韧、力量、耐力等，这些基础身体素质就是体能，是全面提高技术、战术水平的重要保证。

体能训练是足球训练的重要组成部分，要足够的重视。

第一节　速度

速度是足球运动的生命线，速度优势可以帮助球队在进攻、防守和攻守转换中取得主动、获得先机。

从身体基础训练开始，就要把速度作为主要的运动素质来发展。

一、速度的涵义

速度主要包括反应速度、跑动速度、动作速度和爆发力（速度＋力量）。

（一）反应速度

反应速度是对外界信号刺激（声觉、视觉、触觉等）反应的快慢程度。影响反应速度的因素有如下几个。

（1）**神经感应器的敏感程度**。神经感应器越敏感，反应速度越快。

（2）**运动中枢神经系统的兴奋性**。运动中枢神经系统的兴奋性高，反应速度就快；兴奋性低，反应速度则慢。

（3）**肌肉纤维的兴奋性**。肌肉纤维的兴奋性高，反应速度就快；兴奋性低，反应速度则慢。

（二）跑动速度

跑动速度是单位时间内身体位置移动的快慢程度。

跑动速度取决于步频和步幅两个变量。步频快、步幅大，跑动速度就快；步频慢、步幅小则跑动速度慢。

（1）**影响步频的因素**：①大脑皮质运动中枢兴奋与抑制的转换速度和各中枢之间的运动协调能力影响步频。兴奋与抑制转换速度快、各中枢之间协调能力强，则步频快，反之则步频慢。②肌肉组织中快肌纤维所占比例及其粗细影响步频，快肌纤维所占比例大而且粗，则步频快，反之则慢。

（2）**影响步幅的因素**：①肌肉力量特别是腿部力量、踝关节力量、髋关节力量和腰腹肌力量强，跑的步幅就大。②关节的柔韧性特别是髋关节、膝关节、踝关节的柔韧性好，跑的步幅就大。③下肢的长度长，跑的步幅就大。

在足球运动中跑动速度、运动方向和身体姿势等随时都在变化，特别是足球技术要求跑动时重心低、步频快、步幅小，因此提高步频是足球运动发展跑动速度的主要方向。

（三）动作速度

动作速度亦称作速率，即完成一个（套）动作的快慢程度。

影响动作速度的基本因素：①肌肉纤维的组成：在肌肉组织中快肌纤维所占比例大、纤维粗，动作速度快。②肌肉力量：肌肉力量越大，克服内外阻力的能力越强，动作速度越快。③肌肉纤维的兴奋性：肌肉纤维的兴奋性高时动作速度快；肌肉纤维疲劳时兴奋性降低，动作速度则变慢。④体温：热身充分，体温适度升高，动作速度就会加快。⑤条件反射：运动技术越熟练，建立的条件反射越纯熟，动作速度就越快。

综上所述，影响速度的基本因素受大脑皮质运动中枢控制，是先天的素质，后天的训练就是要通过各种方法的刺激，使其得到科学、有效、全面、充分的开发，从而获得提高。在选材时要特别注意先天素质的优劣，及时发现好的苗子。

二、速度训练原则

运动强度：每次练习达到90%。
持续时间：每次练习持续3~5秒（20~30米）。
间歇时间：基本完全恢复（脉搏恢复到80~90次/分）再进行下一次练习。
每组练习次数：4~5次。
练习组数：3~4组。各组之间要有充分恢复。

三、速度训练注意事项

（1）速度训练要在身体状态好、兴奋性高的情况下进行，应安排在课的准备部分的后半段，充分热身、牵拉后进行训练，或在基本部分的开始阶段进行。

（2）足球运动要求跑动重心低、步频快、步幅小，以便完成各种无球或有球的技术动作，如变向、转身、急起、急停、起跳、假动作、过人、带球突破、传球、射门等。

（3）速度训练要注意结合球。

四、推荐训练方法

（一）跑的练习

1. 起动跑练习

以不同的姿势起动，如站立、下蹲、背向、俯卧、仰卧、侧卧、原地小步跑、原地跳跃等，或听哨音、口令及看手势、旗示等，快速起动跑5～15米。

2. 上坡、下坡跑练习

顺着上坡、下坡做跑的练习。
以不同的姿势听哨音、口令或看手势、旗示后，突然起动加速跑30米。

3. 顶风、顺风跑练习

顶着大风跑或顺着大风跑的练习。以不同的姿势听哨音、口令或看手势、旗示后，突然起动加速跑30米。

4. 加速跑练习

（1）30米×5次，在训练课准备部分热身之后进行，每次间歇30秒，要求用全速跑。

（2）30米×5次×2组，在训练课准备部分热身之后进行，每次间歇30秒，要求用全速跑。两组间隔两分钟。

（3）行进间加速跑。听教练员发令起动慢跑10米，听教练员鸣哨立即加速跑30米，然后放松跑30米为一次。每次做完后休息30秒再做下一次，做5次为

1组。做2～3组，每组间隔2分钟。要求加速跑用全速。

（4）分段加速跑。如图3-1所示，利用足球场的边线划出30米、50米、100米三个跑段，进行分段加速跑。

要求：全体队员连续进行。第一名跑完30米后第二名起跑，最后一名队员跑完30米后第一名队员起跑50米，最后一名队员跑完50米后第一名队员起跑100米，直至全体队员跑完。

要求：跑完30米、50米加速跑段后，放松回到起点，准备跑下一个100米跑段。

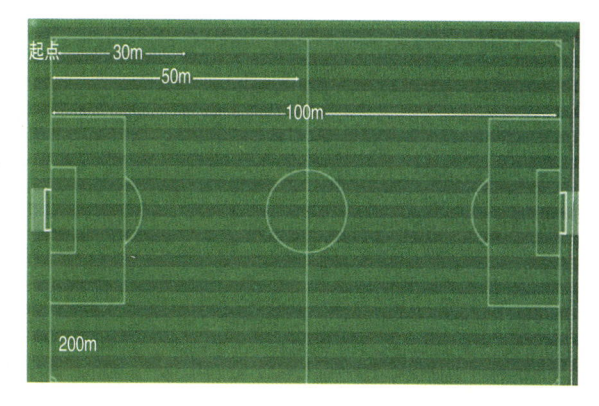

图3-1

5. 变速跑练习

（1）30米放松跑＋20米加速跑＋30米放松跑＋20米加速跑，要求加速跑用全速。

（2）（30米放松跑＋20米加速跑＋30米放松跑＋20米加速跑）×3组，要求加速跑用全速。每组间隔2分钟。

（3）如图3-2所示，场地长60米、宽30米。四角摆放标志，每个标志后面安排一组队员。

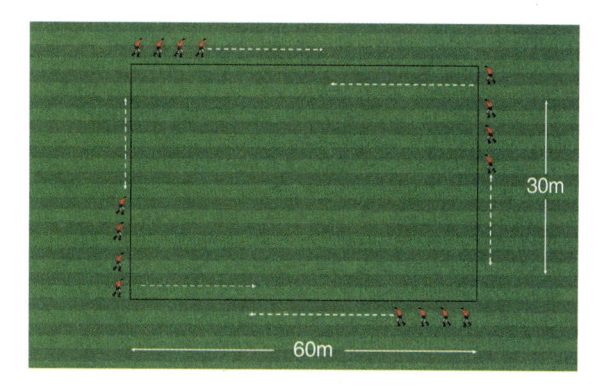

图3-2

练习方法：①顺时针跑：60米快速跑—30米慢速跑—60米快速跑—30米慢速跑，要求跑3～5圈，跑2～4次，每次中间休息2分钟。②逆时针跑：60米慢速跑—30米快速跑—60米慢速跑—30米快速跑，要求跑3～5圈，跑2～4次，每次中间休息2分钟。

要求：4组队员同时进行，统一计时，统一休息。

顺时针跑跑完间隔3分钟再进行逆时针跑。教练员根据实际情况决定跑的圈数和跑的次数。

6. 斜坡变速跑

场地：如图3-3所示，场地设在约30°的斜坡上，场地为边长为30米的正方形。四个角各设一个标志，每个标志后面安排一组队员。

练习方法：①顺时针跑：上、下坡慢速跑，平坡快速跑，每次跑3~5分钟，共跑两次，中间休息2分钟。②逆时针跑：上、下坡快速跑，平坡慢速跑，每次跑3~5分钟，共跑两次，中间休息2分钟。

要求：四组队员同时进行，统一计时，统一休息。

顺时针跑跑完间隔3分钟再进行逆时针跑。教练员根据实际情况决定跑的圈数和跑的次数。

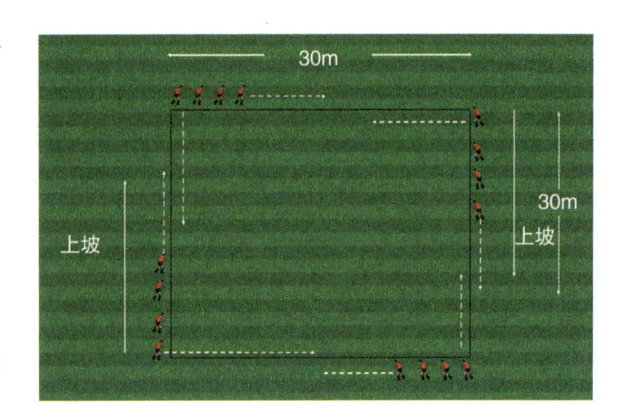

图3-3

7. 折返跑练习

（1）10米折返跑。

起跑点至折返点距离：10米；发令：听口令或哨声；听发令快速起动加速跑至折返点再由折返点加速跑返回起点为一次。每组折返跑次数：5次；每次休息：30秒；折返组数：3~5组；每组间休息2分钟。

（2）5—25米折返跑：如图3-4所示，折返线25米，从起点起每隔5米摆放一个标志，直至25米处，共摆放6个标志。

从第一个标志起跑到第二个标志（5米）折返回起点，从起点跑到第三个标志（10米）折返跑回起点，从起点跑到第四标志（15米）折返跑回起点，如此折返跑直至从第六标志（25米）折返跑回起点止。

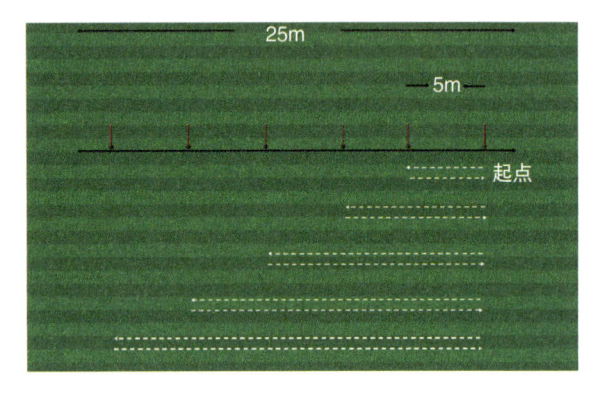

图3-4

全部完成5—25米折返跑为一次，共做3次，每次间隔2分钟。

8. 追逐跑比赛

A、B两组相距2~3米，每组5~6人，相对站立。A组先追逐B组，教练员发令后，B1突然转身快速跑，A1同时快速追逐B1，在30米内追上（手触到身体）

即为追逐成功，得一分，没追上不得分。A2再追逐B2，如此连续进行，直至全部完成后累计得分。然后两组交换位置，按同样的方法进行，两组都完成后累计得分多的组获胜。

9. 冲刺跑练习

每组5~10人站成一排，教练员发令做全速冲刺跑20米，放松走回来，间歇30秒再跑第二次，同样间隔30秒再跑第三次，如此连续跑5~6次。休息2分钟，再跑5~6次，每次间隔30秒。

10. 接力跑练习

（1）如图3-5所示，在长80米、宽40米的场地上设A、B、C、D、E、F6个起跑点，每一点安排一组队员，各组人数相等。教练员鸣哨，各组第一人同时起跑，按逆时针方向跑一圈后击第二人手掌，第二人起跑，如此连续进行，组内最后一人最先回到起点的组获胜。

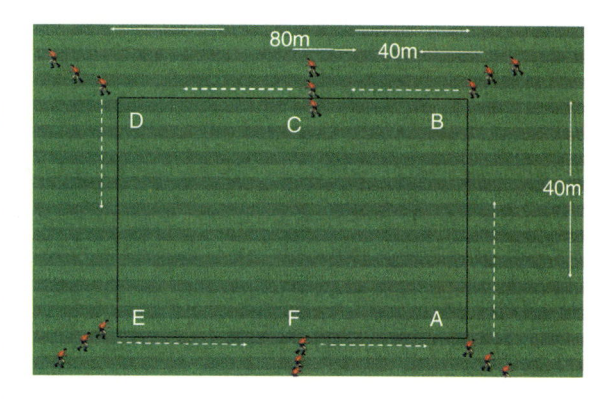

图3-5

（2）如图3-6所示，在正方形的场地上用8个标志摆放出相互对称距离为30米的4个跑段，每个跑段的起点处安排一组队员，各组人数相等。教练员鸣哨，各组第一人同时起跑，在跑段内快速往返一次（要绕过标志），击第二人的手掌后第二人起跑，如此连续进行，组内最后一人最先回到起点的组获胜。

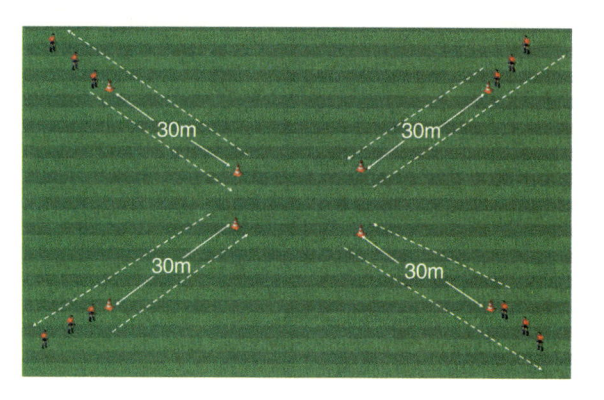

图3-6

（3）如图3-7所示，用7个标志设置两个相同的场地。第一排距离60米，4个标志间间隔20米，第二排三个标志与第一排每个标志的斜向距离均为15米，每个场地第一排的两端标志分别为第一起点和第二起点。安排人数相等的A、B两队，每队平均分成两组，分别站在各自的两个起点上。教练员鸣哨，A、B两组第一起点的第一人同时起跑，在7个标志间做折线跑（绕过标志），跑到对面第二起点与该点的第一人击掌（然后跑到队尾），该队员以同样的折线跑跑到第一起点与该点的第二人击掌（然后跑到队尾），该队员以同样方式跑到对面第二起点与该点的第二人击掌（然后跑到队尾）……，如此连续进行，队内最后一名队员最先跑回第一起点的队获胜。

（4）往返接力比赛：如图3-8所示，放置两组标志，各组两个标志间距10米，两组标志间相距5米，A、B两组分别站在一组标志后面（作为起点）。教练员发令，A1、B1快速起动各自跑到本组的另一个标志绕回来与A2、B2击掌，A2、B2再各自跑到本组另一个标志绕回来与下一人击掌，如此连续进行，直至全部完成，比哪组最后一人先返回起点。

（5）迎面接力比赛：如图3-9所示，设置A、B两组，每组6~10人，各组人数相等，相对30米站立。A1、B1手执接力棒，听教练员发令，快速跑向迎面同伴，将接力棒交给同伴，同伴接棒后快速跑向迎面同伴，将接力棒交给同伴，如此连续进行。组内最后一人先到达的组获胜。

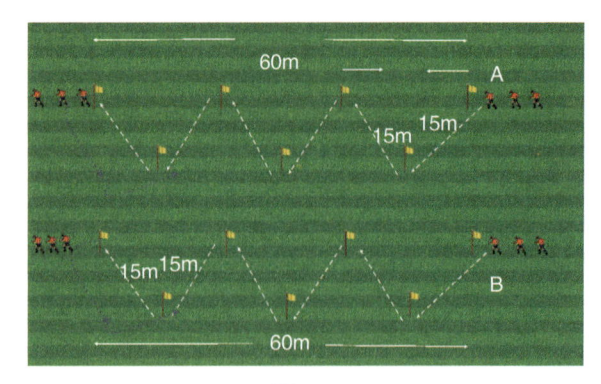

图3-7

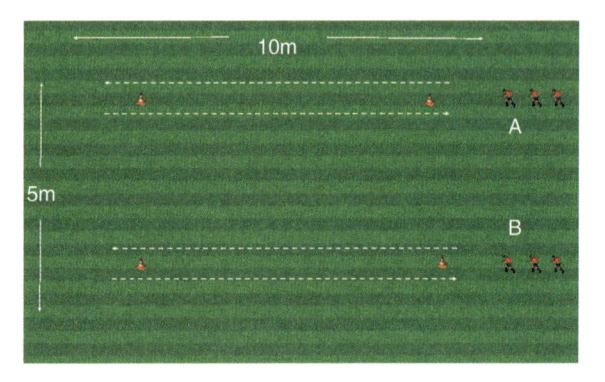

图3-8

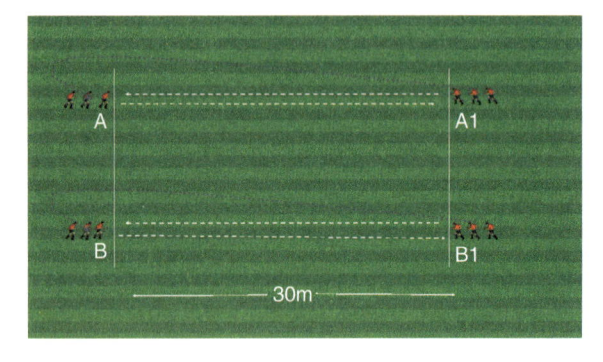

图3-9

（二）结合球的速度练习

（1）划出两条线，相距10~15米。一条线后站5~6人，与另一条线上摆放的5～6个球相对。教练员发令，每个人都快速起动跑到另一条线上，把与自己对应的球运回来，踩在起动线上，比谁先完成。要求必须踩定在线上，没踩定在线上无效。

（2）如图3-10所示，放置两组标志，每组两个标志，相距15米，两组标志间相距10米，设置A、B两组，每组5～6人，分别站在一组标志后面，每组一个球。教练员发令，A1、B1快速运球到另一个标志绕回来，把球踩在标志后，A2、B2再快速运球到另一个标志绕回来，如此连续进行直至全部完成，比哪组最后一人先到达。

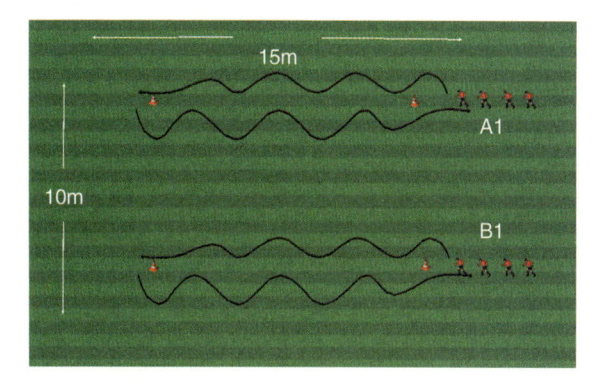

图3-10

要求：两人交接时必须把球踩定（球不滚动）在标志后，没踩定无效，要重新踩定下一人才能再次运球。

（3）如图3-11所示，设置A、B两组，每组5～6人，两组相距5米，面向球门，站在距球门20米处，教练员站在两组中间，发令后向前传球（踢或抛），A1、B1快速起动争抢球，先触球的队员争取控球、射门，另一人防守，阻止其射门。踢进球门得一分，没进球门或球被破坏不得分，射门后把球捡回，各自回到队尾。A2、B2进行同样的练习，全部完成后比哪队得分多。

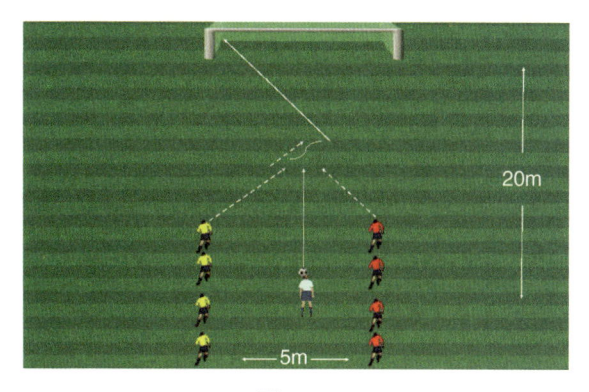

图3-11

（4）如图3-12所示，设置A、B两组，每组5～6人，A组站在前排每人间距5米，B组站在后排每人间距5米，两组前后两两相对，前后两排相距3米。A组每人一球。在距前排15米处划一条与前排平行的线。教练员发令，

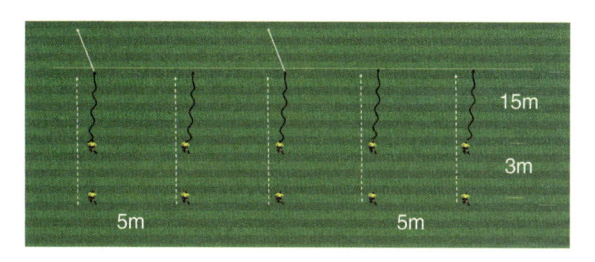

图3-12

151

前排的队员快速运球15米并将球踩定在平行线上，后排的队员快速追赶力争在球踩定之前将球破坏掉。将球踩定在线上得一分，没踩定在线上或球被破坏不得分。做完一次，两组交换位置继续做，两组各做一次为一轮，完成三轮后比哪组得分多。

（5）在距球门10米处摆放第一个标志，距球门20米处摆放第二个标志，一组5～6人练习。第一人从第二个标志开始快速运球通过第一个标志后射门，捡球回到队尾。第一人完成射门第二人即开始做，至全部完成。

（6）方法同上。教练员在球门侧面计时，从队员起动开表，到队员射门的球越过球门线停表，记录每名队员的用时，全部完成后比谁用时最少或比哪个组累计用时最少。

（7）如图3-13所示，起点线距放球处10米，放球处距标志10米。队员听口令，以最快速度从起点跑到球的位置，再以最快的速度运球到标志处，把球踩定在标志处。然后快速跑回与第二人击掌，第二人以最快速度跑到标志处，将球快速运回踩定在放球处，再快速跑回与第三人击掌，第三人以最快速度完成与第一人同样的行动，第四人以最快速度完成与第二人同样的行动，直至队员全部完成。

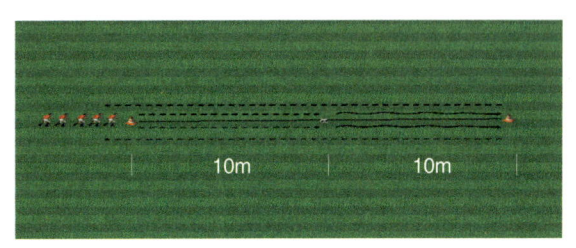

图3-13

此练习可以分成若干组，每组人数相等，同时在几个场地进行比赛，最先完成的组获胜。

（8）如图3-14所示，起点线距球门30米，球摆放在距起点线10米处，在球前面2米处摆放第一标志，在第一标志前面2米处摆放第二标志。队员听口令后以最快速度从起点跑到放球处，再以最快速度运球绕过两个标志后射门，然后捡球回到队尾。

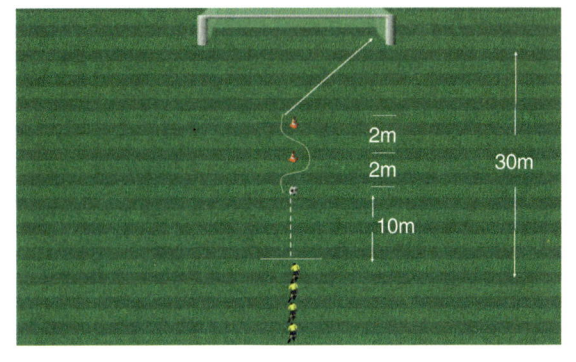

图3-14

此练习可以分成若干组，每组人数相等，同时在几个场地进行比赛，最先完成的组获胜。

（三）弹跳力训练

弹跳力表现为弹跳的纵向高度和水平远度，是爆发力（速度＋力量）的表现形式之一，在足球运动中弹跳力是争夺空中球优势的重要条件。

发展弹跳力要增强腿部力量、腰腹力量和身体协调性。推荐训练方法如下。

（1）**纵跳摸高**：借助摸高架、墙、篮球柱、排球柱、足球门柱、门梁等器材练习纵跳摸高。

（2）**原地双脚起跳摸高**：记录成绩比谁摸得最高。

（3）**助跑单脚起跳摸高**：记录成绩比谁摸得最高。

（4）**跨越式跳高**：借助跳高架、沙坑，做助跑跨越式跳高。记录成绩比谁跳得最高。

（5）**立定跳远**：借助沙坑练习立定跳远。记录成绩比谁跳得最远。

（6）**立定三级跳远**：借助沙坑练习立定三级跳远。记录成绩比谁跳得最远。

第二节　灵敏

灵敏素质是灵活、快速、协调、自如地完成动作的能力。

足球运动是激烈对抗的运动，面对瞬息万变的赛场情势，灵敏素质有着特殊的意义。

从身体基础训练开始，就要重视发展灵敏素质。

一、发展灵敏素质的基本因素

（一）提高神经系统的转化能力

赛场上激烈的时空争夺所需要的动作、体位、速度等的选择与变化，取决于大脑皮层运动中枢神经系统的转化能力，灵敏素质是这种转化能力的外在表现。提高神经系统的转化能力需要从小抓起，与技术训练相结合，科学地进行灵敏素质训练。

（二）提高观察和反应能力

观察和反应能力是影响灵敏素质的重要因素，赛场上观察是意识的基础，反应是动作的前提。培养观察与反应的能力，特别是提高在赛场上观察、预判的能力和及时、果断的反应能力，对提高灵敏素质有重要作用。

（三）提高运动技能

灵敏性动作是由若干个动作技能在无序的、无规律情况下的即兴组合。储备的运动技能越多、越熟练，就越能提高大脑皮层运动中枢神经系统转化的灵活性，也就越能提高即兴组合的能力，即提高灵敏素质。

（四）提高综合运动素质

灵敏素质与速度、柔韧和力量等素质密切关联，只有综合运动素质不断提高，灵敏素质才能得到更好地发展和提高。因此，必须重视科学、全面地发展综合运动素质，以促进灵敏素质的提高。

上述影响灵敏素质的因素主要受大脑皮质运动中枢控制，是先天素质，后天训练就是唤醒、开发、提升灵敏素质，使其得以充分发挥，因此，在选苗时要特别注意这一素质的优劣，及时发现好苗子。

二、灵敏训练原则

运动强度：每次练习达到50%以上（中等或稍偏上）。
持续时间：每次练习持续5~8秒。
间歇时间：基本完全恢复（脉搏恢复到80~90次/分）再进行下一次练习。
每组练习次数：4~6次。
练习组数：3组。

三、灵敏训练注意事项

（1）灵敏训练要与速度、柔韧等素质训练结合进行。
（2）灵敏训练要在身体状态好、兴奋性高的情况下进行，要安排在课程的准备部分，充分热身、牵拉后进行。
（3）训练方法多样化，富有趣味性、游戏性、竞争性。
（4）无球训练与有球训练相结合。

四、推荐训练方法

（一）游戏

1. 贴人游戏

全队在中圈围站成人数相等的两圈，前后两人为一对，面向中点。教练员指定两人，一人跑，一人抓，开始后被抓者可以跑到任何一对的前面站住，即贴人，这时抓人者只能去抓后面的人，此人要立即躲避被抓，可以采用相同的贴人方法。抓人者只要触碰到被抓者身体的任何部分即为抓人成功，此时被抓者即刻转为抓人者，抓人者立即转为被抓者躲避，可以采用贴人方法。

2. 拍背游戏

中圈内6~10人，教练员发令，开始互相拍对方的后背，被拍到后背的人即刻离开中圈，其他人继续做，直至最后没有离开中圈的一人为胜利者。

3. 拉网游戏

中圈内6~10人，教练员指定一人为拉网人，教练员发令开始拉网，拉网人触碰到其他人的身体即为拉网成功，被触碰的人与拉网人手拉手共同拉网去触碰其他人，凡被触碰的人即刻加入拉网队伍，直至场上只剩下一个未被触碰的人即为胜利者。

4. 侧向移动游戏

如图3-15所示，设置两组标志，每组两个，相距3米，两组标志相距5米，A、B两组各占一组标志，每组5~6人。A1、B1站在两个标志的中间位置，教练员发令立即做左右方向移动，触碰到标志即可向反向移动，计时20秒，触碰标志次数多者得一分，少者不得分。A2、B2再进行同样练习，直至全部完成，比哪组得分多。

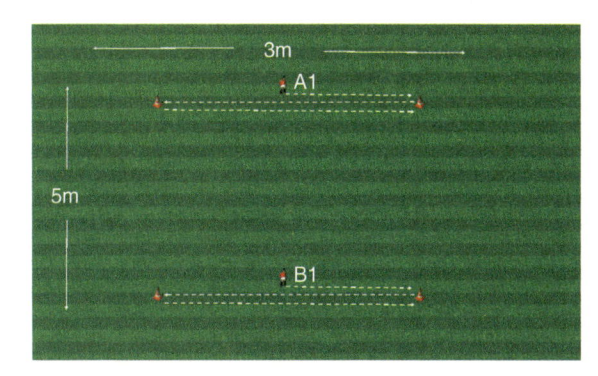

图3-15

（二）各种跑的练习

（1）快速小步跑；快速小步高抬腿跑；快速小步后踢腿跑、前踢腿跑。

（2）侧向滑步跑；侧向交叉步跑；左右侧滑步折线前进跑。

（3）向后转身跑；行进间转体360°跑；后退转体180°跑；原地起跳落地转体180°、360°跑。

（4）跨步跑；跑跳步；后退跑；后退左右滑步折线跑。

（5）各种绕标跑的练习。

①曲线绕标跑：如图3-16所示，在10米距离内设置10个标志，队员做快速曲线绕标跑。

②前进、后退绕标跑：如图3-17所示，在20米距离内设置5个标志，间距5米。要求队员做快速前进、后退跑，前进跑10米（绕过标志）后退跑5米（绕过标志），再前进跑10米（绕过标志）后退跑5米（绕过标志）再前进跑10米……，直至跑完全程。

③绕标变向跑：如图3-18所示，在10米距离内设置两排标志，每排5个标志，间距2米，起点距第一个标志2米，两排标志相距5米。队员先从第一排的第一个标志起跑，快速跑到第二个标志向右转往回跑到第一个标志，向右转向前跑到第三个标志，向右转往回跑到第二个标志，向右转向前跑到第四个标志……，如此反复绕标变向跑，直至跑完第一排

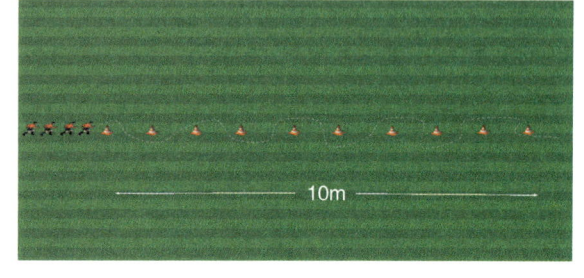

图3-16

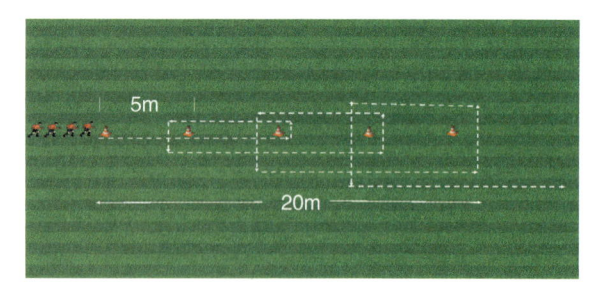

图3-17

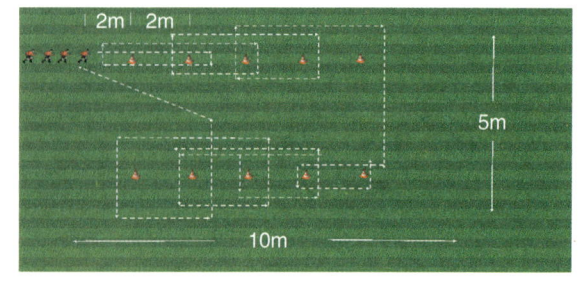

图3-18

标志后跑到第二排标志，按第一排标志的跑法反方向绕标（左转往回跑、左转向前跑）变向跑。

④折线绕标跑：如图3-19所示，在25米距离内摆放两排标志，第一排摆放6个标志，间距5米，第二排摆放5个标志，间距5米，第二排的每个标志都对准第一排两个标志的中间点，两排标志距离5米。队员从第一排第一个标志跑到第二排第一个标志绕标后，折线跑向第一排第二个标志绕标，再折线跑向第二排第二个标志绕标，折线跑向第一排第三个标志……如此连续进行，直至跑完全部标志。

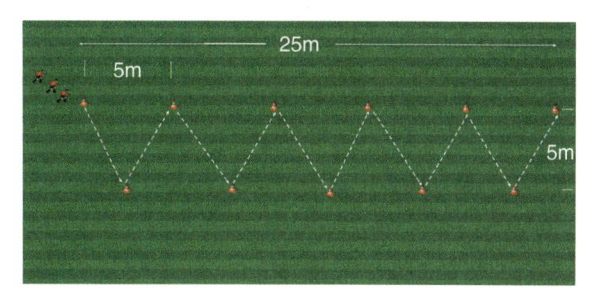

图3-19

⑤各种姿势起跑：两个标志相距15～20米，在一个标志处一组人采用各种姿势跑，如面向、背向、俯卧、仰卧在地上，面向、背向蹲在地上，面向、背向坐在地上，原地小步跑、原地跳动等，听教练员鸣哨立即起跑冲过另一个标志。

⑥追逐跑：如图3-20所示，划出相距2米的两条线，A、B两组每组5～6人，各站在一条线上，在A组站的线前面10米处划出一条限制线。教练员发令后A1快速向限制线冲刺，B1快速追赶在限制线前触碰到A1的身体得一分，A1不得分。A1冲过限制线B1没有触碰到A1，A1得一分，B1不得分。全部完成后两组交换位置，再继续做一次同样的练习，完成两次后比哪组得分多。

⑦往返跑：如图3-21所示，设置两组标志，标志间隔5米，两组标志相距5米。设置A、B两组，每组5～6人，各站在一组标志后。教练员发令，A1、B1快速起动，全速围绕两个标志桶做往返跑，往返三次（绕过标志），先返回者得一分，后返回者不得分。教练员再发令，A2、B2继续

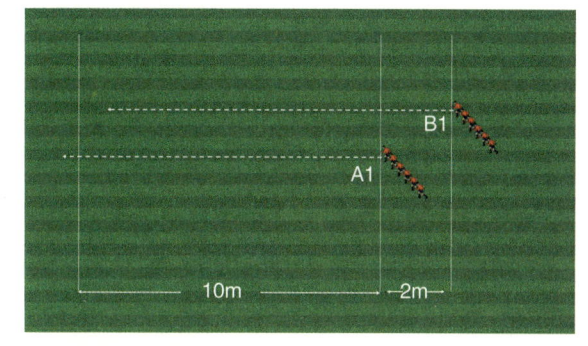

图3-20

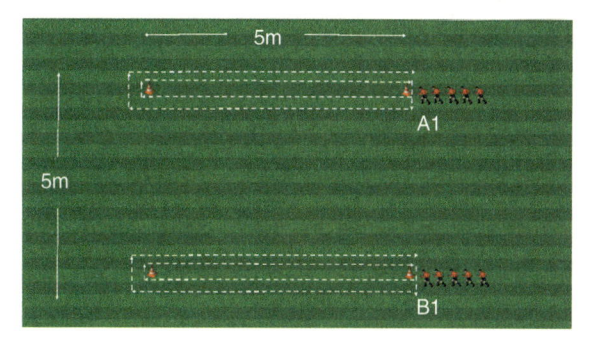

图3-21

做同样练习，全部完成后比哪组得分多。

⑧折线接力跑：如图3-22所示，设置两组标志，每组6个，摆放方法如下，第一排三个标志，第一个距起点5米，第二个距第一个5米，第三个距第二个5米。在距第一排标志5米处再摆第二排标志，第一个距起点2.5米，第二个距第一个5米，第三个距第二个5米。两组标志相距5米。A、B两组，每组5～6人。教练员发令，两组进行折线接力跑，跑动路线如图示（必须绕过每个标志）。跑回来的人以击下一人的手为交接，连续进行，直至全部完成，先返回起点的组获胜。

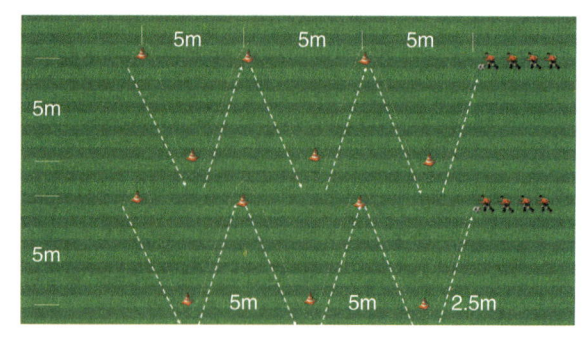

图3-22

⑨蛇形绕标接力跑：如图3-23所示，设置两组标志，每组6个，每个标志相距2米，两组标志相距5米。A、B两组，每组5～6人，各站在一组标志后。教练员发令，两组进行蛇形绕标接力跑，跑回来的人以击下一人的手为交接，连续进行，直至全部完成，先返回的组获胜。

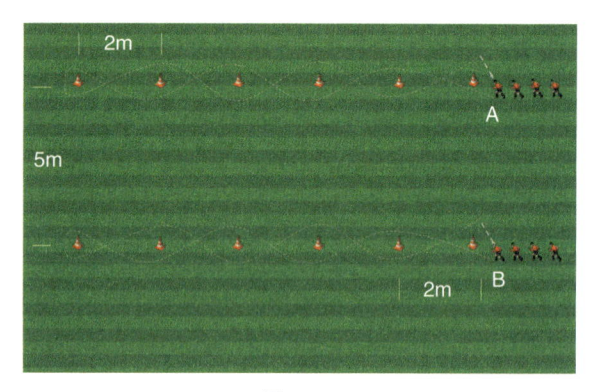

图3-23

⑩"8"字绕标接力跑：如图3-24所示，设置两组标志，每组两个，每个标志相距5米，两组标志相距5米。A、B两组，每组5～6人，各站在一组标志后。教练员发令，两组进行"8"字绕标接力跑，跑回来的人以击下一个人的手为交接，连续进行，直至全部完成，先完成的组得一分。进行三次，得分多的组获胜。

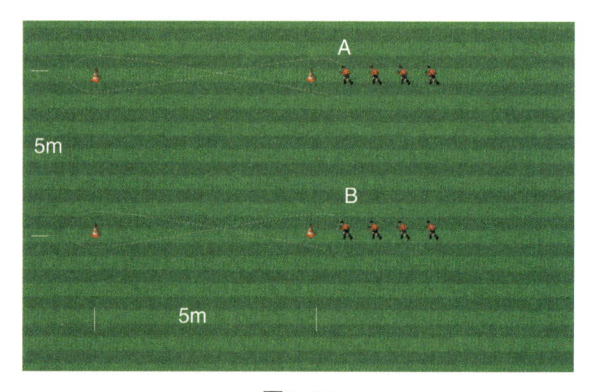

图3-24

⑪三角绕标接力跑：如图3-25所示，设置两组标志，每组三个摆成边长为10米的等边三角形，两组标志相距5米。A、B两组，每组5～6人，各站在一组标志后。教练员发令，两组进行顺时针三角绕标接力跑，跑回来的人以击下一个人的手为交接，连续进行，直至全部完成，先完成的组得一分。第二次做逆时针三角绕标接力跑。顺时针、逆时针各进行两次后，累计得分多的组获胜。

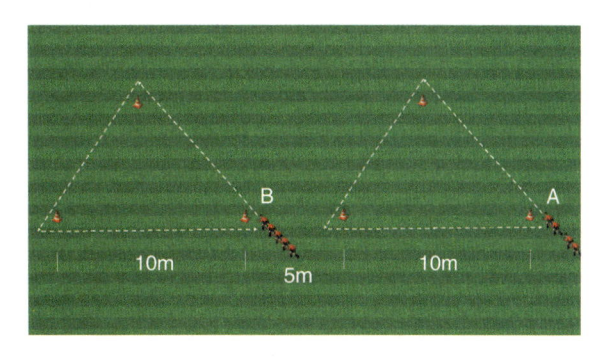

图3-25

⑫变向接力跑：如图3-26所示，用四个标志摆成边长为15米的正方形，在中点处摆放一个标志。两组人站在相邻的两个角上，每组5～6人。教练员鸣哨后，两组的第一人快速跑向中点标志，用手触及标志后跑向同侧对面角上的标志，绕过标志返回击第二人的手，第二人立即起跑，如此连续进行，直至全部完成，最先返的组获胜。

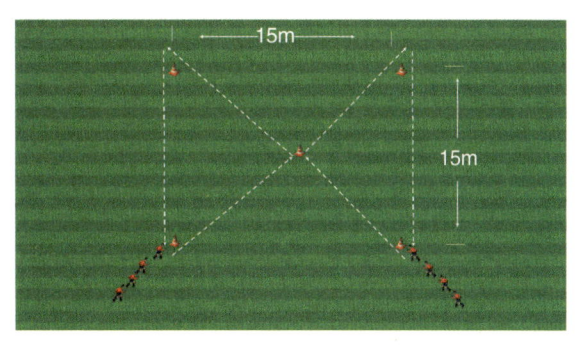

图3-26

（三）跳、钻、跨、摸高等练习

1.跨栏架接力跑

如图3-27所示，设置两组栏架，每组两个栏架，第一个栏架距起跑线5米，第二个栏架距第一个栏架10米。栏架立柱用皮筋相连，距地面约50厘米。两组栏架相距5米。

A、B两组站在起跑线上，各自面对一组栏架。教练

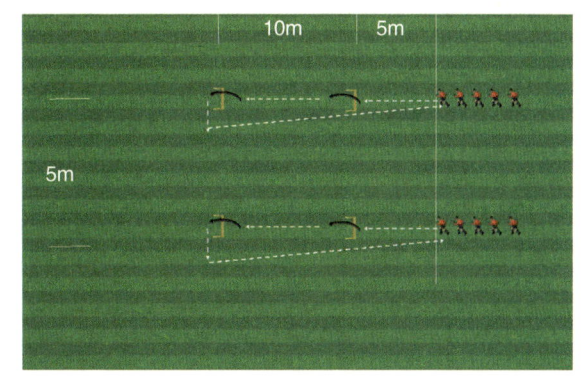

图3-27

员发令，两组进行跨栏架接力跑，跨过两个栏架跑回来的人以击下一个人的手为交接，连续进行直至全部完成，先完成的组获胜。

2. 钻栏架→跳栏架接力跑

摆放两个栏架，相距5米，栏架立柱用皮筋相连，距地面约50～60厘米。按此方法再摆放一组栏架，两组栏架相距5米。A、B两组各站在一组栏架后，教练员发令，两组第一名队员从第一个栏架下面钻过去，跑到第二个栏架跳过去，然后快速跑回来击下一个人的手作为交接，连续进行直至各组最后一人返回，先返回者得一分。连续做三次，得分多的组获胜。

3. 钻过栏架→跳起摸球门横梁

起跑线距球门10米，距起跑线2.5米、5米处各摆放一个栏架，栏架立柱用皮筋相连，距地面约50～60厘米。队员快速钻过第一个栏架，跳过第二个栏架，跑到球门前单脚起跳用手摸球门横梁。

（四）结合球的灵敏练习

1. 蛇形运球绕标

摆放10个标志，间距2米。队员蛇形运球绕过标志，往返进行。返回时将球踩定在起点处为结束。教练员计时，用时少者获胜。

2. 三角运球绕标

把三个标志摆放成边长为6米的等边三角形。队员快速运球绕过三个标志。教练员计时，用时少者获胜。

要求：连续按顺时针、逆时针方向各做一次，结束时将球踩定在起点处。

3. 折返运球

划出两条相距6米的线，队员从第一条线开始快速运球越过第二条线，转身折返运球越过第一条线，再转身折返运球到第二条线，越过第二条线再转身折返运球回到第一条线，把球踩定在第一条线上结束。教练员计时，用时少者获胜。

要求：三个折返用三种不同的控球转身方法。

4. "8"字运球

设置两个标志，相距5米，队员做快速绕"8"字运球，连续做三次将球踩定在起点处结束。教练员计时，用时最少者获胜。

要求：球或人不得触碰标志，否则重新再绕一次这个标志。

5. 变向运球

如图3-28所示，在起跑线前摆放A、B两排标志，每排5个标志。

摆放方法：A1距起跑线3米，A1至A5每个间隔3米。B1距起跑线1.5米，B1至B5每个间隔3米。两排标志相距5米。

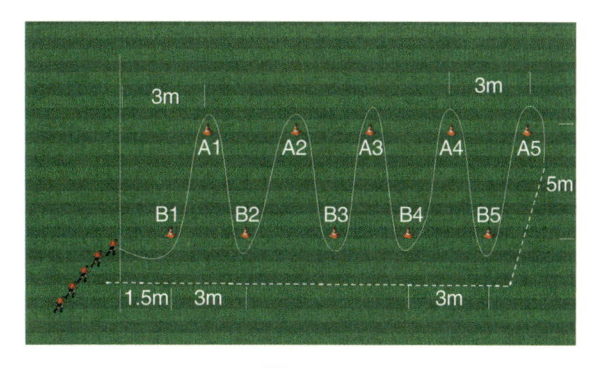

图3-28

练习方法：一组队员练习。第一人从起跑线开始按B1—A1—B2—A2—B3—A3—B4—A4—B5—A5变向运球绕过标志，然后带球跑回队尾。第二人接着按第一人的路线做变向运球，如此连续进行。

如图3-29所示，在中圈线上标出相对的A、B两个点，在中圈内任意设置5个标志，在A

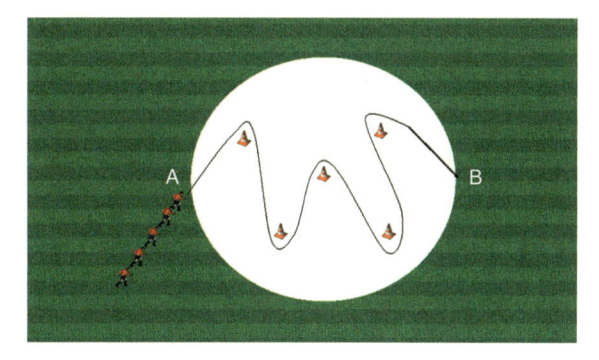

图3-29

点站立一组人，每人一球，要求第一人开始用各种变向运球动作绕过5个标志，把球运到B点并将球踩定在B点上，第二人再开始做同样的练习，直至全部做完。

6. 颠耍球

以各种方法颠耍球，提倡自创的颠耍球动作，逐步达到随心所欲、别出心裁地颠耍球。

7. 高难动作射门

①自己抛球凌空球射门、跳起倒勾球（双飞）射门。②两人互相抛球凌空射门、跳起倒勾球（双飞）射门。③两人互相抛球做跳起头顶球射门。④两人互相抛球做鱼跃头顶球射门。

第三节　柔韧

柔韧素质是指肌肉、韧带的伸展长度和关节的活动幅度。

肌肉、关节、韧带灵活而富有弹性，是加大动作幅度、提高动作难度、掌握运动技术尤其是高难技术的基础素质。

踝关节、髋关节的活动幅度和灵活性，以及下肢和腰腹肌肉、韧带、关节的伸展度、弹性等对足球运动尤为重要。

提高柔韧素质对提高技术水平、避免运动损伤、发展其他运动素质有着重要作用。

一、柔韧训练原则

运动强度：以中等强度为宜（50%），可达到60%。
持续时间：每次练习持续10～20秒。
间歇时间：基本完全恢复（脉搏恢复到80～90次/分）再进行下一次练习。间歇时要做放松活动。
每组练习次数：5～6次。
练习组数：3～4组。

二、柔韧训练注意事项

（1）要在身体状态好、无伤病的情况下进行训练，做好准备活动，防止拉伤。

（2）要安排在训练课的准备部分，在做好充分的热身、牵拉之后进行，训练课结束部分还要进行。

（3）柔韧训练较易见效，又易消退，要常年坚持柔韧训练不松懈。

（4）训练要动静结合、快慢结合、紧张与放松结合。

三、推荐训练方法

1. 徒手操、行进操练习

单人练习、双人练习。

2. 垫上练习

在体操垫上做劈叉（横叉、竖叉）、跪撑后仰（后背着垫）、坐位体前屈、肩肘倒立、前后滚翻等练习。

3. 拉伸练习

单人或两人一组的拉韧带、踢腿（前踢、后踢、侧踢）、下腰（向后弯腰手触地）、甩腰（大幅度的腰绕环）、压腿（正压、侧压）等。

4. 器械练习

用实心球、肋木、低单杠等器械做上下肢、肩、髋、腰部肌肉、关节、韧带的牵拉、伸展运动。

5. 髋关节练习

（1）身体侧对肋木或低单杠站立，一只手握住肋木或低单杠作为支撑，做单腿向前的高踢腿，膝关节绷直，两腿交换做，一次左一次右，连续各踢10次。

（2）面对肋木或低单杠站立，双手握住肋木或低单杠作为支撑，做单腿向左、右方向的侧踢腿，膝关节绷直，两腿交换做，一次左一次右，连续各踢10次。

（3）面对肋木或低单杠站立，双手握住肋木或低单杠作为支撑，做单腿向后的高踢腿，两腿交换做，一次左一次右，连续各踢10次。

（4）面对肋木或低单杠站立，双手握住肋木或低单杠作为支撑，一条腿屈膝抬起，大小腿呈90°，做外展、内收动作（动作幅度不小于90°），左、右腿各连续做10次。

（5）坐在地上，双手体后支撑，两腿抬起，向前伸直绷脚面，向左右做大幅度的分开再合并的动作，连续做10次。

6. 膝关节练习

（1）两腿并拢双手扶膝盖做下蹲、起立动作，连续做10次。

（2）两腿并拢双手扶膝盖做膝关节绕环动作，连续向左绕环10次、向右绕环10次。

（3）坐在地上，双手体后支撑，两腿向前伸直，做膝关节伸屈动作，连续做10次。

7. 踝关节练习

（1）身体直立，双手叉腰，一条腿的脚尖点地，做踝关节内外绕环各10次。

两腿交换做。

（2）身体直立，双手叉腰，以一条腿的脚后跟为轴外展90°，再收回，连续做10次。两腿交换做。

（3）坐在地上，双手体后支撑，两腿向前抬起，双脚以踝关节为轴做内、外绕环10次。

8. 结合球的柔韧训练

（1）练习运控球技术动作，以及接球与运、控、过人各种技术的连接等。

（2）练习各种过人假动作，达到熟练掌握。

（3）练习高难技术动作：踢凌空球、跳起倒勾球（双飞）、铲球、跳起争顶空中球、鱼跃头顶球、鱼跃扑接球等。

第四节　耐力

耐力是指人体进行运动的持久能力。

耐力分为一般耐力、速度耐力、力量耐力和静力性耐力，其中速度耐力是足球运动员所需的重要素质，是比赛中能长时间保持高速度、高质量竞技状态的基础。

研究表明，足球比赛中身体供能的主要形式是有氧供能和非乳酸无氧供能，足球运动需要高水平的有氧供能能力。

无氧供能是指在运动中身体供氧不足的情况下，能较长时间对肌肉运动供能的能力，如足球比赛中所需的短时间内反复高速奔跑、门前连续攻守、双方连续拼抢等。

一、有氧供能

1. 有氧氧化系统供能的途径

空气中的氧→通过呼吸进入肺（肺泡）→通过弥散作用进入血液→与血液中的血红蛋白结合→在心脏的作用下进入毛细血管网→通过弥散作用进入肌肉组织→参与有氧代谢活动。

有氧氧化系统供能的供能时间长、供能量大，是足球运动所需耐力的主要供能系统，通过有氧耐力训练提高有氧供能能力是提高耐力素质的重要方法。

2. 影响有氧供能能力的主要因素

（1）提高肺活量，加大肺的通气机能，肺的通气量越大，通过呼吸吸入的氧气越多。

（2）提高心输出量，在单位时间内加大血液循环，使肌细胞的供氧量和有氧代谢得到改善和提高。

（3）提高肌组织中氧化酶的活性，增加肌组织中线粒体的数量，使肌肉组织中的氧利用率得到改善和提高。

（4）提高肌肉组织中肌糖元的储备量，以供应机体长时间运动的消耗。

上述各因素需要通过有氧耐力训练得到强化和提高。

二、无氧供能

1. 非乳酸无氧供能（磷酸能系统供能）

非乳酸无氧供能是以储存在体内的高能磷酸化合物在无氧状态下迅速分解，释放供给肌肉运动能量的供能方式。在6~8秒内可供给机体最大强度运动的能量，且不产生乳酸并能通过有氧氧化系统快速再合成，这是一种极适合于足球运动的高效率的供能方式。

非乳酸无氧供能能力可以通过有针对性的无氧耐力训练得到强化和提高。

2. 无氧糖酵解系统供能（乳酸能系统供能）

在足球赛场上做持续30~60秒的高强度运动时，无氧糖酵解系统才开始供能，肌糖元大量无氧分解供应能量，同时产生乳酸。

三、有氧耐力训练原则

有氧耐力训练就是要提高有氧氧化系统的代谢能力，一般采用持续法和轻强度间歇法进行训练。

1. 持续法训练原则

运动强度：低、中等强度，一般以40%~60%为宜。
持续时间：每次练习持续25分钟以上。
间歇时间：无间歇。

2. 轻强度间歇法训练原则

运动强度： 脉搏为150次/分为宜。
持续时间： 每次练习持续30～40秒。
间歇时间： 不完全恢复，脉搏恢复到120次/分左右即开始下一次练习。

四、有氧耐力训练方法示例

1. 规定距离的匀速跑

如匀速跑3000～5000米，不限时间。要求始终用一个速度跑，不可忽快忽慢。

2. 规定时间的匀速跑

如匀速跑15～30分钟，不限距离。要求始终用一个速度跑，不可忽快忽慢。

3. 定时定距跑

（1）10分钟内跑2200～3000米，可视情况要求时间、距离缩短或延长。

（2）200米×10次，要求每个200米要在30～40秒内完成，每次间隔60～90秒（期间做放松活动、调整呼吸）。可视情况要求增减跑的次数及完成时间。

4. 结合球的有氧耐力训练

（1）跑动传接球：两人在足球场内做跑动传接球1分钟，间歇1分钟（期间做放松活动、调整呼吸），做10～20次。

（2）个人运控球：5～10人在中圈内或禁区内做运控球1分钟，间歇1分钟（期间做放松活动、调整呼吸），做10～20次。

要求：运控球时不得碰人、碰球。

（3）综合练习：沿足球场边线做运球、运球过杆、二过一传接球、运球射门、颠球跑、运球"8"字绕杆、快速运球、边路传中、接手抛球头顶球射门等练习。做10次，每次间歇2分钟（图3-30）。

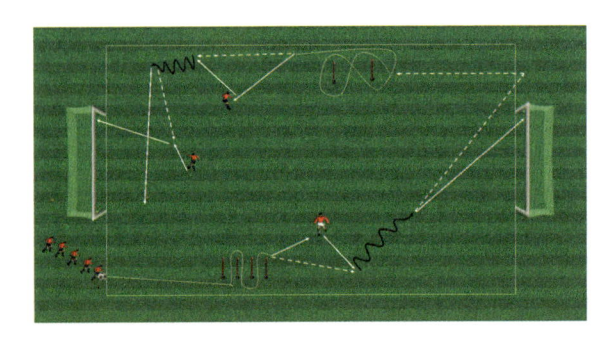

图3-30

上述各项练习可视情况增减练习时间、次数。

五、无氧耐力训练原则

无氧耐力训练通常采用次大强度间歇训练法，其训练原则如下。

运动强度：训练为次大强度（80%～90%），脉搏达到每分钟180次以上。

持续时间：每次练习持续20～120秒。

间歇时间：有间歇，但不完全恢复，脉搏恢复到120次/分左右开始进行下一次练习。

六、无氧耐力训练方法示例

1. 连续冲刺跑

每组跑30米×10次，每次间歇20～30秒，做5～10组，每组间歇120秒。

2. 连续追逐跑

30米距离，两人在起跑线上相距2～3米，做追逐跑。一组做5～10次，每次间歇20～30秒，做5～10组，每组间歇120秒。每做完一组两人互换位置。

3. 连续定时定距跑

要求120～130秒内跑完400米，每组跑3次，每次间歇120秒。做2～3组，每组间歇180秒。

4. 5—25米折返跑

5—25米折返跑场地、跑法如图3-31所示。每组做5～10次，每次间歇120秒。做1～2组，每组间歇180秒。

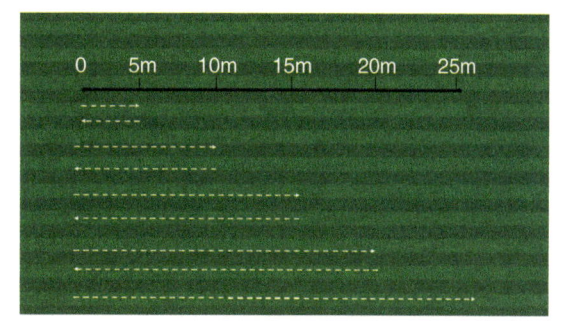

图3-31

5. 定距离变速跑

距离2000～3000米，要求快跑30～50米，慢跑30～50米。交替进行。

6. 定时间变速跑

在10~15分钟内，快跑5~10秒，慢跑30~40秒，交替进行。

7. 结合球的无氧耐力训练

（1）运球折返：两条线相距5米，在两线间运球折返，每次做5个折返，每次间歇30秒。每组做5~10次，做5~10组，每组间歇120秒。

（2）运球过杆→快速运球→传中：在球场边路设10根标示杆，间隔1米，最后一根杆距传中线10米，先做曲线过杆，再快速运球10米到传中线后传中。每组做5~10次，每次间歇30秒。做5~10组，每组间歇120秒。

（3）连续射门：在禁区内，队员接不同方向的来球后射门（三名队员从三个方向为其传球）。每组射10次门（没有间歇），做5~10组，每组间歇120秒。

（4）区域抢截：在20米×20米的区域内做三对三抢截。每次抢截60~90秒，每次间歇60~90秒，做5~10次。

8. 耐力训练注意事项

（1）耐力训练是建立在有氧基础上的，因此要首先加强有氧能力。

（2）耐力训练一般应放在训练课的后半部分进行，耐力训练后要进行恢复性训练（放松练习、调整呼吸等）。

（3）青少年的耐力训练应区别对待、因人而异，要遵守循序渐进的训练原则，切不可急于求成。

第五节 力量

力量是肌肉运动时克服体内外阻力的能力。

足球赛场上表现出来的力量不是身体的单纯力量，而是集技术、意识、灵敏、柔韧、协调等与瞬间爆发力于一体的综合性力量素质。原则上17岁以前不进行专门的单纯力量训练，而要以克服自身体重的各种跳跃、急起急停、变向变速等训练方法发展"爆发力＋灵活＋协调＋力量"，同伴间相互协助进行动态的力量训练。17岁后可进行适当的力量训练，主要是借助力量训练器械发展各肌肉群力量，特别重要的是发展快速力量、灵活力量、弹性力量。

力量素质是获得运动技能、提高运动水平的必要条件，是发展速度、耐力、灵敏性和协调性等运动素质的基础。

一、肌肉运动时的阻力

（一）外部阻力

物体（如运动器械、器材等）的重量、摩擦力、空气阻力等。

（二）内部阻力

来自机体内的阻力，如肌肉的粘滞性、肌肉间的对抗力等。

二、足球运动力量素质的特点

力量素质分为静力性力量和动力性力量。

足球运动主要表现为动力性力量，动力性力量分为重力性力量和速度性力量，速度性力量在足球运动中占有绝对的重要位置。

速度性力量称为爆发力，爆发力=力量×速度。赛场上时时处处可见爆发性力量，如不同姿势、不同方向的快速起动、变向，拼抢中的护球、控球、合理冲撞，快速、准确的长传球，大力远射等。

足球运动力量训练的主要目的是提高速度性力量，即具备快速、弹性十足的爆发力和持久性力量（力量耐力）。

三、影响力量素质的主要因素

（一）肌肉组织的类型

肌肉的初长度越长，收缩时产生的张力就越大，力量也就越大。

（二）肌肉的纤维类型

肌纤维分为白肌（快肌）纤维和红肌（慢肌）纤维两种，白肌（快肌）纤维收缩速度快、产生的张力大，红肌（慢肌）纤维则反之。如体内肌纤维组织中白肌（快肌）纤维的含量大，则肌肉收缩的速度快、产生的力量大。

（三）肌糖元含量

储存于肌肉内的肌糖元是肌肉运动的供能物质，其含量多少与肌肉收缩力量大小有关，肌糖元储存量越大，肌肉收缩的力量越大、持续时间越长。

（四）大脑皮质的灵活性

大脑皮质指挥运动的神经过程灵活性越高，则肌肉收缩的速度越快，速度性力量也就越大。

（五）技术水平

技术水平越高，完成动作的技术越熟练、越协调，速度性力量越大。

上述各项影响力量素质的因素，可以通过有针对性的力量训练得到改善和提高。

四、力量训练原则

（一）速度力量（爆发力）训练

运动强度：训练强度为75%～90%。
持续时间：每次练习持续5～10秒。
间歇时间：完全恢复（脉搏恢复到80～90次/分）。间歇时做放松活动。
每组练习次数：4～6次。
练习组数：3～4组。

（二）力量耐力训练

运动强度：训练强度为60～70%。
持续时间：每次练习持续15～45秒。
间歇时间：不完全恢复（脉搏恢复到120次/分）。间歇时做放松活动。

每组练习次数：10~20次。

练习组数：3~5组。每组间歇60秒。

五、力量训练方法示例

克服自身阻力练习的方法有以下几种。

1. 上肢力量练习

（1）**单杠引体向上**：正握，静止悬垂，双臂上拉，身体自然伸直，下颌过杠面为一次，连续做，计次数。

（2）**双杠双臂屈伸**：在双杠上成双臂支撑，身体自然伸直，静止开始做双臂屈伸，使身体上下移动，连续做，计次数。

（3）**俯卧撑**：身体俯卧，双臂支撑，臂伸直，身体挺直，静止开始双臂做屈伸，身体保持挺直，连续做，计次数。

（4）**倒立推起**：可贴墙做倒立或由另一人帮助做倒立，身体保持自然伸直，静止开始做双臂屈伸，头尽量接近地面。连续做，计次数。

2. 下肢力量练习

（1）纵跳：原地单（双）脚纵跳向上、加助跑单（双）脚纵跳向上。

（2）纵跳摸高。①利用球门横梁：原地单（双）脚纵跳摸高、加助跑单（双）脚纵跳摸高；②利用摸高器：原地单（双）脚纵跳摸高、加助跑单（双）脚纵跳摸高。计摸高高度。

（3）跳远。利用沙坑立定跳远、急行跳远（加助跑单脚起跳跳远）。计远度。

（4）多级跳。利用沙坑立定三级跳、立定多级跳（可采用五级跳、十级跳等）、加助跑三级跳、加助跑多级跳。计远度。

3. 腰腹力量练习

（1）仰卧的各种腹肌练习。

（2）俯卧的各种背肌练习。

（3）侧卧的各种腹背肌练习。

（4）立卧撑：从立正开始→双手撑地→双腿伸直成俯撑→用力撑地收腹→双腿收紧成蹲撑→身体起立成立正为一次。计规定时间内完成次数或规定完成次数所用时间。

4. 对抗性练习

（1）两人对抗：在2米×2米或3米×3米的区域内，两人相互用推、拉、挤等动作，将对方驱逐出区域。

（2）利用器材的对抗：①划出一条中间线，在其两侧2米处各划一条决胜线，两人握住同一根木棍，木棍上系的垂线与中间线平齐，听鸣哨，两人用力向后拉，比谁能把木棍拉过决胜线。②方法同上。听鸣哨，两人同时向前推，比谁能把木棍推过决胜线。

（3）利用绳子进行抗阻跑：前面一人腰系绳子，后面一人拉住绳子，前面的人用力快跑，后面的人适当用力拉住绳子以增加其跑的阻力。

5. 两人合作负重练习

（1）两人一组，背人跑或抱人跑10～30米。完成规定次数，两人交换做。

（2）一人肩扛同伴（同伴骑坐在其肩上）做半蹲起，手可扶墙、肋木、球门柱等。完成规定次数，两人交换做。

（3）负重物练习：身穿沙衣或腿绑沙袋做跑、跳、踢球、小场地比赛等；守门员做脚步移动、跳起接高球、扑接球等练习。

6. 克服弹性阻力的练习

利用皮筋、拉力器等有弹力的器材做力量练习。

（1）将皮筋一头固定在门柱或树上，另一头固定在腰间，做跑、滑步、跳等练习。

（2）用拉力器做上肢力量练习等。

7. 训练器械、器材练习

（1）利用综合力量训练器发展上肢、下肢、腰腹、胸、背、肩、髋、膝、踝等各肌肉群和关节的力量。

（2）利用各种抛接实心球的练习发展上肢、下肢、腰腹、肩背等各肌肉群力量。

8. 克服外部环境阻力的练习

（1）在沙滩上、草地上做跑、跳练习；在沙滩上打小比赛等。

（2）大风天做迎风跑、顺风跑等。

9. 结合球的力量练习

（1）大力射门练习：在罚球区弧线上摆放10个球，做加助跑大力射门，每组连续射10个球。做3~5组，每组间歇60秒。

（2）大力发球门球练习：在球门区线上摆放10个球，做加助跑大力发球门球，每组连续发10个球。做3~5组，每组间歇60秒。

（3）加助跑大力掷界外球：在边线做加助跑大力掷界外球，借助助跑，并充分运用腿部、腰腹、上肢手臂合理、连贯的用力，将球掷到最远。每组连续发10个球。做3~5组，每组间歇60秒。

六、力量训练注意事项

（1）儿童、少年时期是身体、骨骼、肌肉快速生长发育期，安排力量训练要慎重，特别要掌握科学、合理的负荷量。不要采用大负荷量、不安排专门性力量训练，要采用中、小负荷量，可安排克服外部环境阻力（风力、上下坡）的练习、克服自身阻力（体重）的练习、克服弹性阻力的练习和适当的对抗性练习，目的是在这个时期充分发展快速、灵活、富有弹性的力量。

（2）力量训练应安排在课的基本部分最后阶段进行，要充分做好准备活动，训练过程中精神和注意力要高度集中，以避免发生伤害事故。

（3）力量训练时身体各部位（上肢、下肢、腰腹、肩背）应交替进行，以免造成局部肌肉负担过重。每次练习之间要安排放松活动，如牵拉、放松跑、颠球等。

（4）力量素质增长较快，停止训练后消退也快，为保持和发展力量素质，一般每周不少于两次力量练习。

第六节　综合性身体训练

发展速度、灵敏、柔韧、耐力、力量等综合身体素质，可采用多种障碍跑、多站循环训练法等进行综合性身体训练。

一、障碍跑

在100米距离内设置六组障碍。

第一组：设置5个栏架，间距1米，每个栏架两端用皮筋相连，距地面高度

30～50厘米。要求双脚跳过（图3-32）。

第二组：设置5个标志，间距1米，高30～40厘米。要求用跨跳步（左脚起右脚落，右脚起左脚落）连续跨过（图3-33）。

第三组：设置两个标志，相距5米。要求按图示"8"字绕过（图3-34）。

第四组：设置两排藤圈，第一排5个，间距1米；第二排4个，间距1米。两排相距1米。要求用左、右跨跳步（左脚起右脚落、右脚起左脚落，做左、右跨跳步，脚要依次落在每个藤圈中）连续跨跳过（图3-35）。

第五组：设置6个标志，间距1米。要求用左、右侧滑步通过（图3-36）。

第六组：设置两排标志，每排3个，间距1米，两排相距1米。要求曲线跑绕过每个标志（图3-37）。

在返程100米距离内分为两段，第一段距离为60米，设置4个栏架，距地面30～50厘米，返回线距第一栏架15米，其他栏架间相距15米。要求在快速跑中跳过栏架，第二段40米不设障碍，要求放松跑。

图3-32

图3-33

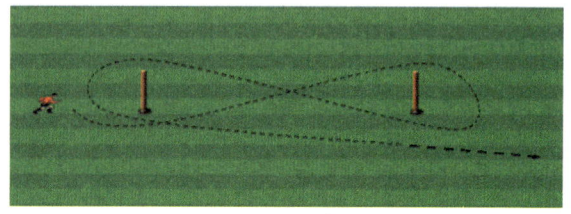

图3-34

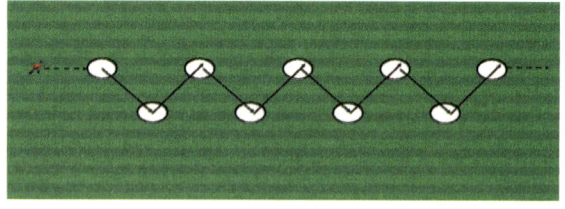

图3-35

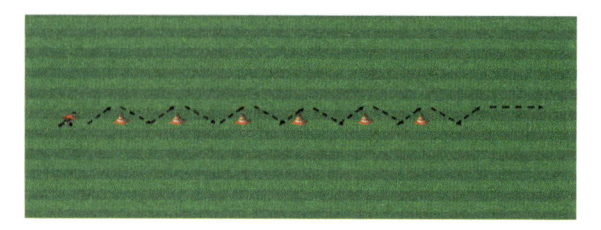

图3-36

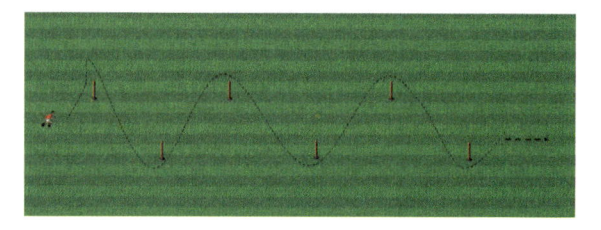

图3-37

练习方法：练习时每次跑往返200米，第一个100米过6组障碍，返程100米中前60米跳过4个栏架，后40米放松跑回原位。

要求：多名队员练习，总计时跑20分钟，第一名队员跑完第二组障碍时，第二名队员开始跑，第二名队员跑完第二组障碍时，第三名队员开始跑……，连续进行不间断，以第一名队员为准计时，到时结束。

二、循环训练法

（一）五站循环训练

第一站：摆放两排标志，第一排8个，间距1米；第二排7个，间距1米，两排标志相距1米。

要求：曲线跑绕过两排标志后直接跑回起点（图3-38）。

图3-38

第二站：放置8个标志，间距1米，每个标志距地面30~40厘米。

要求：连续跨步跳（左脚跳右脚落，右脚跳左脚落）过标志后直接跑回起点（图3-39）。

图3-39

第三站：两人一组，前面的人腰系粗皮筋或跳绳，后面的人拉着，前面的人用力向前跑，后面的人以适当的力量向后拉并随其向前跑，跑的距离为40米。返回时两人交换做（图3-40）。

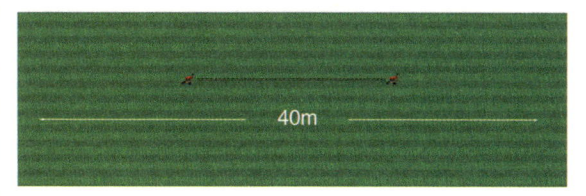

图3-40

第四站：放置两个标志，拉起一根细皮筋，距地面40~50厘米。要求队员双脚从皮筋上跳过去，再从皮筋下面滚回来（图3-41）。

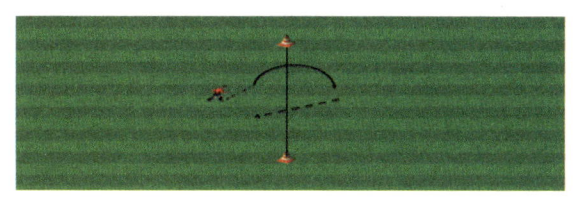

图3-41

第五站：放置两个栏架，相距8米，每个栏架两端用皮筋相连，距地面30~40厘米。单脚跳过一个栏架后快速跑到另一个栏架用同一只脚跳过去，返回时用另一只脚单脚跳过两个栏架（图3-42）。

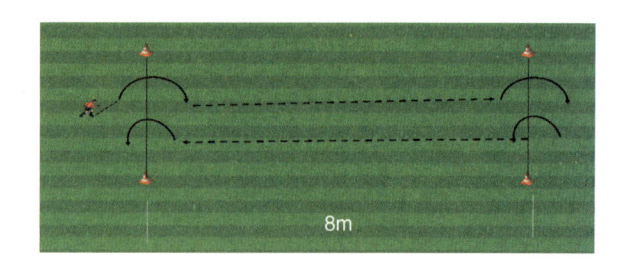

图3-42

练习方法：每站安排两组队员练习。第一、二、四、五站两组交换做30秒，休息30秒，教练员统一计时。第三站每组做一次40米往返跑。

鸣哨后各组同时开始，各组做完一站后，互相换站做，直至做完每一站。连续做三轮。

（二）七站循环训练

第一站：俯卧撑。
双手撑地与肩同宽，身体挺直做臂屈伸。
第二站：跳跃皮筋。
放置两个标志，拉一根细皮筋，距地面40~50厘米，双脚跳过去、跳回来连续做。
第三站：双手持球仰卧起坐。
身体仰卧，双手持球伸直双臂，连续做仰卧起坐。
第四站：立卧撑跳起。
从站立开始→身体下蹲双手撑地，伸开身体成俯撑→收紧身体团身成蹲撑→迅速蹬地跳起身体展开后缓冲落地。连续做。
第五站：跨跳藤圈。
摆放两排藤圈。每排5个，间距1米，两排藤圈相距1米。用左、右跨跳步（左脚跳右脚落，右脚跳左脚落）连续跨跳每个藤圈（图3-43）。

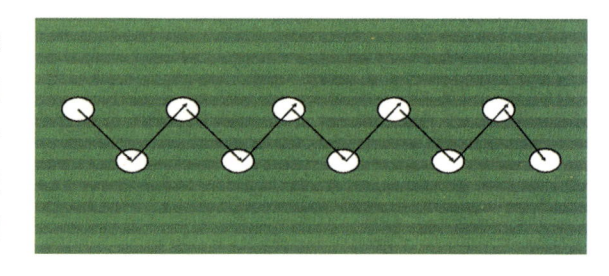

图3-43

第六站：钻、跳栏架。

摆放4个栏架，间距2～3米。每个栏架两端用皮筋相连，第一、第三栏架距地面80厘米，第二、第四栏架距地面40～50厘米。从高栏架下钻过去，从低栏架上跳过来，连续做（图3-44）。

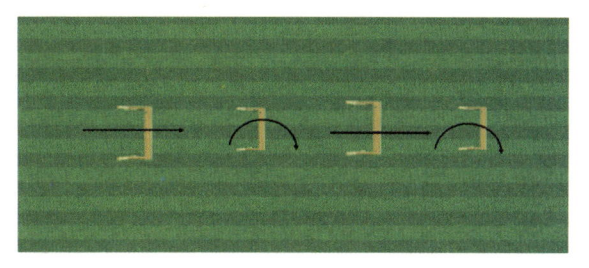

图3-44

第七站：蛇形曲线跑。

设置两排标志，第一排5个标志间距1米，第二排4个标志间距1米，两排标志相距1米。做绕标志曲线跑，连续做（图3-45）。

练习方法：每站安排两组队员练习。

教练员鸣哨计时开始，每站第一组做30秒，第二组休息；第一组做完休息，换第二组做30秒。两组都做完换下一站做，连续进行直至全部完成每一站练习。连续做两轮，之间休息60秒。

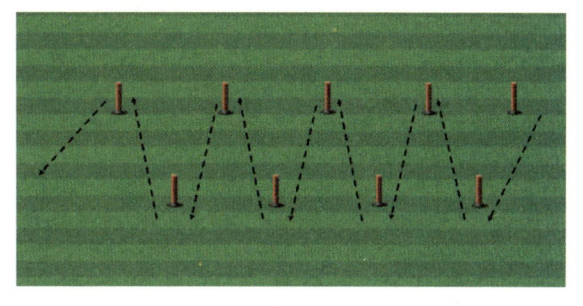

图3-45

（三）九站循环训练

第一站：队员腰系皮筋，另一端固定。做跑步练习（图3-46）。

要求：选用较粗皮筋，给队员较大的拉力。

第二站：设置6个标志，间距2米，队员左、右侧滑步绕过标志，连续往返进行（图3-47）。

第三站：设置两排藤圈，每排5个，间距1米，两排相距1米。

图3-46

图3-47

队员用左、右跨跳步（左脚跳右脚落，右脚跳左脚落）连续跨跳每个藤圈，连续往返进行（图3-48）。

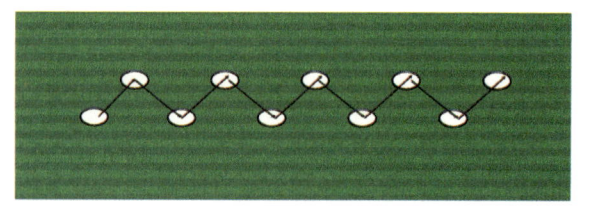

图3-48

第四站：设置两排标志，第一排2个，第二排3个。各标志间斜向距离2米，横向距离3米。

队员从A标向B标做前进跑，从B标向C标做后退跑（绕过标志），从C标向D标做前进跑，从D标向E标做后退跑（绕过标志），到达E标后再反方向回到A标。

连续往返进行（图3-49）。

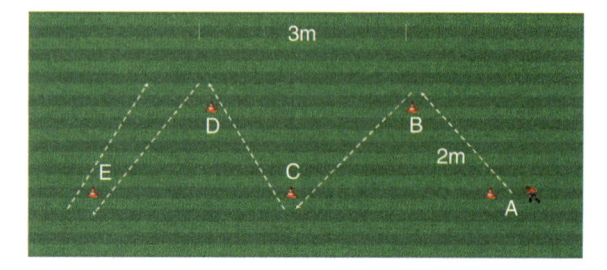

图3-49

第五站：两个标志相距10米，队员做往返跑，连续进行（图3-50）。

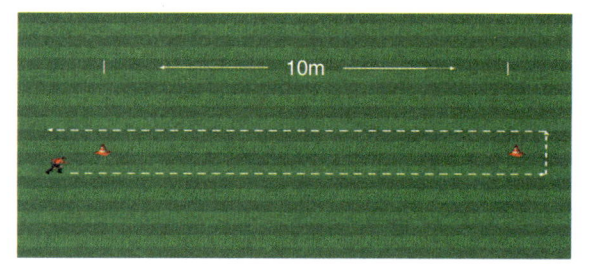

图3-50

第六站：设置5个栏架。每个栏架两端用皮筋相连，第一、第三、第五栏架皮筋距地面30～40厘米，第二、第四栏架皮筋距地面50～60厘米。

队员单脚跳过低栏架，双脚跳过高栏架（图3-51）。连续往返进行。

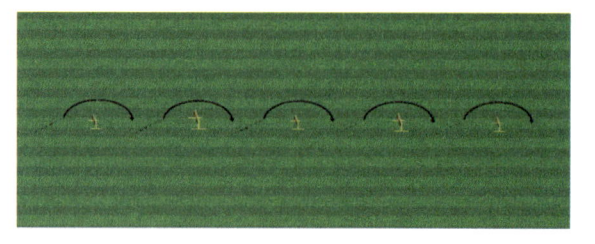

图3-51

第七站：设置5个标志，其中4个标志摆成边长为5米的正方形，在正中间摆放一个标志。队员如图示做绕标跑，连续进行（图3-52）。

图3-52

178

第八站：设置8个低标志，间距1米。队员做连续快节奏小步跑，每步跨过一个标志，连续往返进行（图3-53）。

第九站：设置相距3米的两个标志，上拉一条细皮筋（距地面40~50厘米）。

队员双脚来回跳过皮筋，连续进行（图3-54）。

练习方法：每站安排两名队员练习，每人交换做30秒、休息30秒，两人做完后换到下一站，九站全部做完为一轮，连续做三轮，每轮间休息1分钟。队员练习、换站、休息由教练员统一发令计时。

图3-53

图3-54

三、结合球的综合性体能训练

（一）跑动传球练习

（1）如图3-55所示，设置两排标志，每排5个，间距10米，两排标志的摆放错开5米，两排相距20米。每个标志处安排一名队员，每人一球。练习的队员从两排标志中间跑过时与各标志处的队员相互进行传球与回传球。

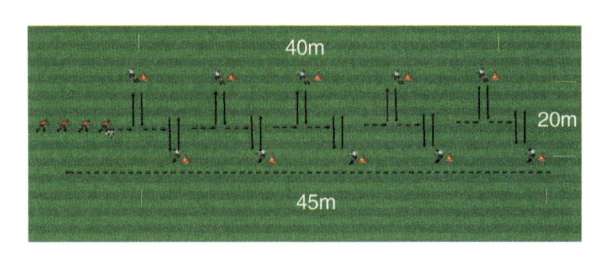

图3-55

练习方法：做三种传球练习。

第一种：标志处的队员用脚弓传地滚球给练习队员，练习队员用脚弓回传。

第二种：标志处的队员手抛球给练习队员，练习队员用脚弓回传。

第三种：标志处的队员手抛球给练习队员，练习队员用头顶回。

每种练习连续做三轮，三种练习各做完三轮后，练习队员与标志处队员交换位置按上述要求再做，做完结束。

说明：教练员可根据实际情况决定传球方法和练习方法、次数。

（2）如图3-56所示，设置两排标志，每排4个，间距10米，两排标志的摆放错开5米，两排相距20米。每个标志处安排一名队员，每人一球。练习队员与标志处的队员做传球、回传球后从该标志绕过，再与对面标志处的队员做传球、回传球。如此连续进行。

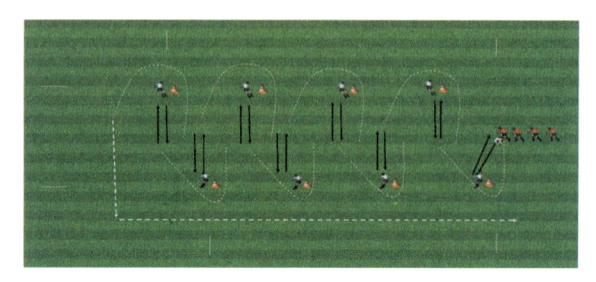

图3-56

练习方法、说明同（1）。

（3）四项跑动传球练习。设置两个标志，相距2米，两人一组进行练习，两人相距10米。

第一项：A传球给B，B回传给A后跑向下一个标志，绕过标志后再与A做传球、回传球（图3-57）。如此连续进行。

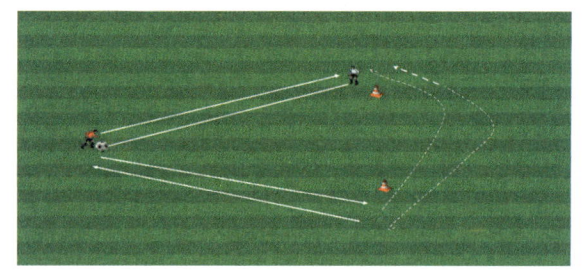

图3-57

第二项：A传球给B，B回传给A后绕过一个标志后与A做传球、回传球，之后再绕过第二个标志与A做传球、回传球（图3-58）。如此连续进行。

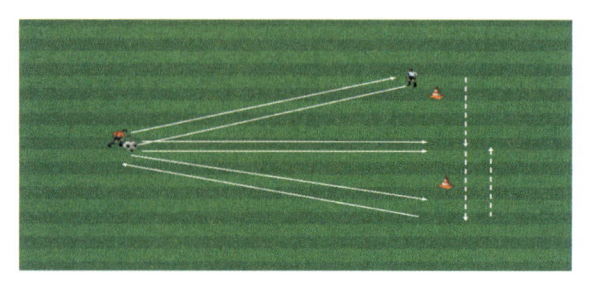

图3-58

第三项：A传球给B，B回传给A后从第二标志绕回来，再与A做传球、回传球（图3-59）。如此连续进行。

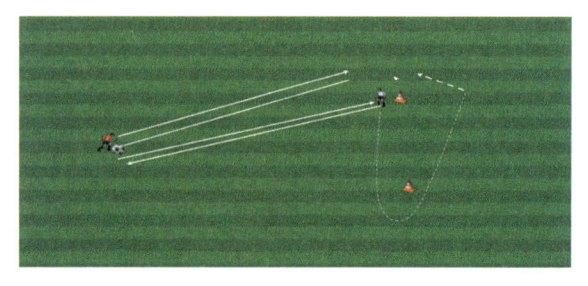

图3-59

第四项：A传球给B，B回传给A后绕过第一个标志与A做传球、回传球，然后再绕过第二个标志与A做传球、回传球，然后再跑到2个标志中间与A做传球、回传球，然后再跑到第一个标志处与A做传球、回传球……如此连续进行（图3-60）。

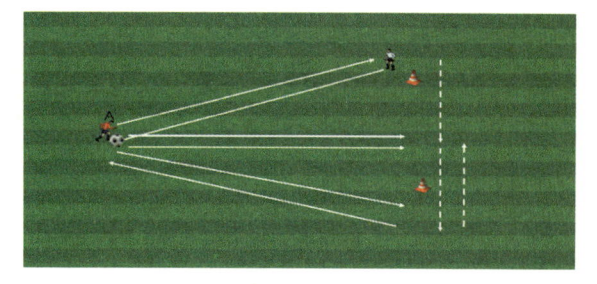

图3-60

练习方法：每人每项跑动传球做3分钟，休息1分钟。休息后两人交换做，两人做完四项跑动传球后结束。

说明：教练员可根据实际情况决定传球方法和练习方法、时间。

（4）七项跑动传球练习。设置4个标志，间距1米，在距第4个标志10米处另设一个标志。三人一组进行七项跑动传球练习。

第一项：如图3-61所示，两人练习，一人传球。A用左、右侧滑步向前通过4个标志后，B传球给A，A回传给B，A跑到C的身后，C做与A同样的练习。如此连续进行。

图3-61

第二项：B掷界外球给A，A回传球给B后，A曲线跑通过4个标志后，B传球给A，A回传给B，A跑回C的身后，C做与A同样的练习（图3-62）。如此连续进行。

图3-62

第三项：A从右侧跑过4个标志，B传球给A，A回传给B，A跑回原位置再从左侧跑过4个标志，B传球给A，A回传给B后跑回C身后，C做与A同样的练习（图3-63）。如此连续进行。

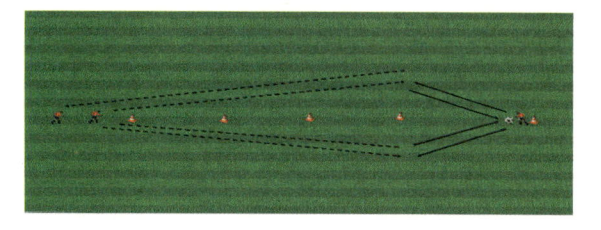

图3-63

第四项：A双脚跳过4个标志后，B抛球给A，A头顶球回传给B后跑回C身后，C做与A同样的练习（图3-64）。如此连续进行。

图3-64

第五项：A从一侧跑过4个标志，B传球给A，A回传给B后蛇形曲线绕标跑回原位，再从另一侧跑过4个标志，B传球给A，A回传给B后跑回C的身后，C做与A同样的练习（图3-65）。如此连续进行。

图3-65

第六项：A从一侧跑过4个标志，B抛球给A，A头顶球传回给B，A跑回原位置再从另一侧跑过4个标志，B抛球给A，A头顶球回传给B后跑回C身后，C做与A同样的练习。如此连续进行（图3-66）。

图3-66

第七项：B先传球给A，A接球后曲线运球绕过4个标志传球给B，然后跑回C的身后，C做与A同样的练习（图3-67）。如此连续进行。

图3-67

练习方法：三人传球练习60秒变换一次传球人，三人各做一次传球人后此项练习结束，换做下一项练习，如此连续轮换做完7项跑动传球练习。

说明：教练员可根据实际情况决定传球方法和练习方法、时间。

（5）半场跑动传球、射门练习。如图3-68所示，在1/2足球场内设置A、B、C、D、E、F、G、H、K九个标志，每个标志的位置由教练员选定。H标志前不安排队员，其他每个标志前都安排2名队员。练习开始由A标志第一名队员传球给B标志第一名队员后跑向B标志第二名队员

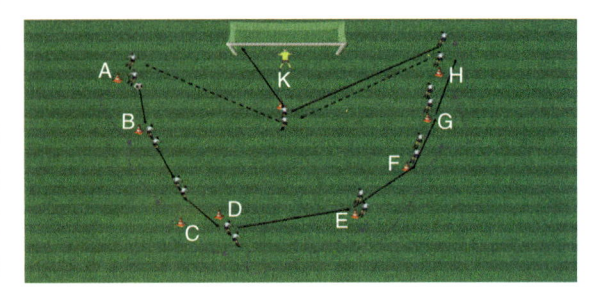

图3-68

身后，B标志第一名队员接球后传给C标志第一名队员后跑向C标志第二名队员身后，如此连续传球。当球传到G标志第一名队员时，该队员传直线球（通过H标志的内侧）给套边下底的G标志第二名队员，该队员踢传中球给K标志第一名队员后跑向K标志第二名队员身后，G标志第一名队员传球后留在G标志处不

182

动，作为G标志的第二名队员参与下次套边下底传中，K标志第一名队员接球射门，然后跑向A标志第二名队员身后，如此连续进行传球、射门练习。

说明：逆时针方向进行15分钟后，换顺时针方向进行15分钟，顺时针方向进行时A标志前不安排队员，H标志前安排2名队员，B标志第一名队员传出直线球（通过A标志的内侧）后，留下做第二名队员。

（6）全场跑动过标射门练习。如图3-69所示，在两个半场各摆放4个标志，位置由教练员选定。队员每人一球，运球绕过标志后射门，然后捡球从球门后跑向另一个半场的队尾准备再做射门练习。如此连续进行练习。

图3-69

要求：两队人数相等。按逆时针方向进行15分钟后，变换两个半场的标志（变右路射门为左路射门），换为顺时针方向进行15分钟。

第四章 心理

足球训练包括技术、战术、体能、心理四个方面。心理训练就是有意识地、积极地对心理活动过程施加影响，培养良好的心理素质。

一、心理训练的作用

对参与校园足球活动的学生进行心理活动的指导、引领、培养，是心理训练工作的重要环节，良好的心理训练能使校园足球的训练取得理想效果。

（一）引导心理发展的正确方向

影响人一生心理发展主要有两个方面，一是先天的遗传与生理因素，二是后天的环境与教育影响，其中后天的环境与教育影响是主要的，起主导作用的。

儿童、少年时期是抓心理训练的重要时期，要对心理训练给予足够的重视，善于发现孩子们的心理品质，如认知能力、意识倾向、兴趣爱好、性格取向、知识积累等方面都属于心理品质，要有意识地发展这些品质。例如，孩子们对足球产生浓厚的兴趣，除对足球运动的兴趣、对户外运动的热爱和活泼好动的天性等因素外，还有许多是出于对球星的崇拜与模仿。我们要抓住孩子们的兴趣爱好，循循善诱，使其通过良好的心理训练得到更好的全面发展。

（二）掌控和调节比赛前的心理状态

赛前需要的是求胜的欲望、旺盛的斗志、稳定的情绪和平和的心态，这些都需要教练员通过心理训练来掌控和调节。良好的心理训练可获得临赛前的最佳心理状态，能够把赛前准备阶段的技战术、体能的训练水平充分发挥出来，去争取比赛的胜利。

（三）提高比赛能力

通过心理训练获得的良好的心理状态，能使比赛能力得到提高。

足球比赛除了比技术、战术、体能，还要比心理，其实际上是一场斗智斗勇的心理战。良好的心理状态表现为情绪稳定、心态平和，特别是能够使注意力高度集中，思维反应迅速、敏捷，进入最佳的比赛状态，有时心理状态能够决定比赛的胜负。

二、心理训练的重要因素

（一）自信心

自信心是对个人所具备的能力能否取得成功的确信程度。

自信心是以个人能力为基础的，是理智的而不是盲目的，自信心始终是支撑个人不懈努力、奋斗追求的精神力量（心理力量）。有自信心就能勤学苦练、克服困难，不断取得进步与提高；没有自信心则会失去动力、止步不前，难以取得进步与提高。

培养、树立自信心是心理训练的重要任务，教练员的鼓励、支持对于强化队员自信心是至关重要的，要切实做好工作使队员获取追求成功的自信心。

1. 自信心的变化

自信心具有相对稳定性，但又是动态的，可能受内、外部各种因素的影响而变化。

（1）内部因素对自信心变化的影响：如身体状况、情绪、技术、战术运用成功与否，甚至饮食、睡眠等情况都会引起自信心水平的变化。

（2）外部因素对自信心变化的影响：如天气、场地、裁判员、对手、观众等，还有教练员、同伴、老师、同学的态度及评价等或场内、外的偶发事件都会影响自信心水平。

2. 培养、提高自信心的方法

（1）训练要因人而宜、区别对待、鼓励为主、树立自信。训练要求应切实可行、循序渐进，要求过高而无法完成则会挫伤自信心。当队员出现失误、遇到挫折时，要耐心帮其分析原因，找出解决问题的方法，多鼓励少批评，切不可有斥责、讽刺、处罚，甚至打骂等伤害自信心的言行。对刻苦努力、克服困难的良好表现要给予充分肯定、表扬和鼓励，以使其相信自己的能力，树立自信心。

（2）明确比赛的目的，摆正对待比赛的态度。少儿时期的比赛目的是检验训练效果、找出存在的问题和解决问题的方法，不能过分注重比赛结果，更不能持有"赢了什么都好，输了什么也不是"的观点。教练员要帮助队员认真分析胜负的主客观原因，找准问题、明确方向，对巩固、提高自信心十分有益。

（3）启发、引导、激励队员的自信心。教练员启发、引导队员用积极的思维和心态进行自我想象空间的自我对话，以成功的经历和体验、深藏内心的喜悦和美好的回忆来提升自己的自信心，特别是在赛前用积极的思维和心态、成功的经历和体验来提升自信心是非常有效的。

自信心是在长期的训练和比赛实践中，通过教练员的辛勤培养和自身的努力进取，个人能力得到了进步与提高而逐步形成的。

（二）注意力

注意力是指人的心理活动对一定客体对象的指向与关注。

注意力集中是指能够坚持全神贯注于一个确定的目标，不被杂念所干扰的能力。如心理活动指向比赛、训练并予以集中关注，即对比赛、训练的注意力集中。

教练员要时刻注意培养队员的注意力，使队员养成随时能够集中注意力的优秀心理素质。

1."注意"的作用

一切心理活动都要通过"注意"，"注意"能使大脑皮质产生兴奋中心，这是完成一切行为的生理基础。把"注意"集中到训练、比赛中就能产生良好效果，因此训练、比赛都要特别强调注意力集中。

2.瞬间和持久的注意力集中

注意力集中可分为瞬间集中和持久集中，对某一个动作、某一个练习，如射门、传接球、过人、拼抢等能够集中注意力，即瞬间集中注意力；对一场比赛、一堂训练课能始终集中注意力，即持久注意力集中。

两种注意力集中的能力，无论是对训练、比赛还是日常学习、生活，都是十分重要的。

3.注意力集中能力的变化特点

注意力集中能力是随着年龄、自觉性、自控能力、训练水平的变化而变化的，年龄小、训练水平低、自觉性和自控能力不强，则注意力集中能力就低，反之则注意力集中能力就高。

少儿时期是注意力集中能力低的阶段，在心理训练中一定要培养、提高注意力集中的能力，这个能力提高了，训练才能取得良好效果。

4. 培养、提高注意力集中能力的方法

（1）在训练课上、赛前准备会上、中场休息时、赛后总结会上，教练员的语言要简明扼要、抓住重点、生动、充满激励与鼓舞，使队员听得既有兴趣又有新鲜感，能吸引其全神贯注倾听，以培养其注意力集中能力。

（2）训练方法要有趣味性、竞争性、游戏性，以激发孩子们的兴趣，使其渴望参与训练。在技术训练中采用难度较高的技术串联组合练习的方法；在战术训练中采用整体统一战术行动的演练和配合等，以培养、提高队员的注意力集中能力。

（3）每个训练科目要设计多种训练方法，每种方法训练时间不宜过长，适时变换方法可提高练习兴趣和注意力集中能力。

（4）小比赛时间要短，半场以10~15分钟为宜，中间休息不少于10分钟。

（三）动机

动机是自身行为的驱动力，是激发、维持或抑制自身行为的心理倾向和动力。心理学家指出，所有人类行为都是某些内部动机的结果，动机影响一个人行为的选择、投入的程度和持久性。奋发向上、渴望求索的良好动机是一切自身行为动力的源泉。

心理训练的主要任务之一，就是通过启发、引导、激励使良好的心理动机成为积极的心理因素，使个人动机达到最佳水平，使训练、比赛效率达到最高值；通过心理训练唤起全队整体动机，主要目标是树立整体意识、团队精神和集体荣誉感，实现全队整体训练水平、比赛成绩的提高。

动机分为内在动机和外在动机。

1. 内在动机

内在动机主要表现在以下方面。

（1）兴趣爱好——做自己愿意做、喜欢做的事情。

（2）追求理想——追求自己的理想，相信自己有能力在自己热爱的事情上取得成功。

（3）精神方面——怀有进取心和奋发向上的精神。

（4）情感方面——不辜负家人、师长、教练员对自己的培养，要用好的成绩回报他们。

2. 外在动机

外在动机主要表现在以下方面。
（1）为获得精神和物质奖励。
（2）为在某些场合、某些人物面前获得表彰和奖励。
（3）展现自我，让人们认可自己的能力。

3. 培养、提高动机水平的方法

（1）设立目标：设立具有挑战性、可行性的目标是激发个人和整体动机的有效方法，可使教练员和队员对实现目标的动机和行为有高度的共同责任感，可使教练员和队员实现良好的沟通、互动与交流，相互了解、相互信任、相互促进，为实现既定目标齐心协力、努力奋斗。

（2）设立目标的要点：①设立目标要建立在对个人和整体全面、深入了解的基础上，所设目标要具有难度和挑战性，又切实可行。②所设目标要有明确、具体的标准，并且便于检查和总结；有适当的灵活性，可以变动和修订，但必须要有明确的阶段时间和完成时间。③设立目标可分为短期目标、中期目标和长期目标。

长期目标是总体方向和规划，分阶段落实在中期目标，短期目标是中期目标的分期阶段目标，短期目标要具体、明确，设定实现目标的期限，各阶段短期目标的实现、积累为中期目标的实现及为长期目标的实现打下良好基础。

（3）设立目标的范围：①个人目标、技术能力、战术能力、体能指标；②整体目标、阵形打法、战术配合、参赛目标。

（四）意志品质

1. 意志品质的概念

意志品质是指自觉地确定个人目标之后，为实现这个既定目标而投入行动的努力程度。优秀的意志品质可以使个人和整体为实现既定目标爆发出超常的凝聚力和战斗力，是个人和整体充分发挥竞技能力的精神支柱。

2. 意志品质的组成因素

（1）自觉性——自觉性源于动机与目的，动机的价值越大、目的越明确，投入越大越自觉。
（2）主动性——独立自主的思考、积极主动的行为。

（3）勇敢性——"足球是勇敢者的运动"，勇敢在足球运动中尤为重要，关键时刻没有勇敢品质，再好的个人能力也难有作为。

（4）果断性——审时度势、自主决断、果敢行动是足球运动必需的心理品质。

（5）顽强性——坚持不懈、奋斗到底、不达目的决不罢休的精神是重要的心理品质。

（6）自制性——控制自我情绪、言行的能力，称为自控能力，是可贵的心理品质。

3. 培养、提高意志品质的方法

意志品质的培养和提高是潜移默化、渐进积累的过程，要随时在日常生活、训练、比赛中注意对意志品质的培养。

（1）**在日常生活中培养意志品质**：面对日常生活中的一些困难、矛盾，通过启发、引导，增强克服困难、解决矛盾的信心，积累解决困难和矛盾的经验，逐步养成坚强不屈、坚韧不拔的品质。

（2）**在训练和比赛中培养意志品质**：无论在训练还是在比赛中，都要提出意志品质方面的严格要求，以培养、磨练意志品质。

① 艰苦的条件下进行训练和比赛：如在天气、场地、环境等条件艰苦的情况下进行训练和比赛，则是对意志品质的磨练，要提出严格、明确的要求，以达到良好的效果。

②在困难的情况下完成训练和比赛任务：如完成负荷大、强度高的训练任务及对抗激烈、拼抢凶猛的比赛任务，也是对意志品质的磨练，要给予关心、支持和鼓励。

第五章　计划

第一节　全年与阶段教学训练计划制订

足球教学训练是理论与实践相结合的实施过程，为了完成"从小培养、打好基础、系统训练、积极提高"的任务，必须制订科学、合理的教学训练计划，作为实施、指导、检查、控制训练工作的依据。

一、制订教学训练计划的原则

（一）明确教学训练的目的和任务

在广泛开展校园足球的基础上，挑选具有足球天赋、发展潜质的苗子，进行科学、系统的训练，促使其成为足球精英人才并能影响、带动周边的儿童、少年共同发展、进步，这是非常好的普及与提高相结合的培养模式。

制订教学训练计划要遵循上述的目的和任务，使之成为目标明确、切实可行的实施计划。

（二）明确教学训练的指导思想和发展方向

制订的教学训练计划要明确技战术的指导思想和发展方向。当今世界足球运动的发展理念日新月异，技术朝着"全面、快速、准确、简练、实用"，战术朝着"整体攻防、攻守平衡、掌控节奏、以快制胜"的方向发展，紧跟这个发展趋势就要明确教学训练的指导思想和发展方向，明确技术、战术练什么、怎样练？体能练什么、怎么练？比赛怎么打？有球怎么踢、无球怎么跑？个人技术和整体战术配合如何在比赛实战中充分发挥？心理因素如何提高？等等。制订"由浅入深、从简到繁、循序渐进、逐步提高"的教学训练计划。

（三）全面、深入地了解、分析队员的情况

队员会在各方面有所差异，各有特点和长处，也有弱点和不足。要全面、深入地了解、分析队员在技能、体能、心理、性格、意志品质等方面的实际情况，制订有针对性的教学训练计划，取得理想效果。

（四）充分适应诸多客观因素

制订教学训练计划要适应诸多客观因素，如训练经费、场地器材、气候条件、医疗保障和文化学习等，只有很好地适应诸多客观因素才能更好地完成教学训练计划。

二、教学训练计划的分类

教学训练计划分为多年计划、年计划、阶段计划、周计划、课时计划（训练课教案）。

（一）多年训练计划

多年训练计划是为完成组队的预期目标和任务而制订的总体规划，指导球队多年训练的全过程。依据球队的性质和目标、任务确定多年计划年限，一般以两年、三年、四年为周期。

多年计划是年计划、阶段计划的主要依据，内容包括以下方面。

（1）多年训练计划完成的总目标、总任务。

（2）多年训练计划的指导思想和发展方向。

（3）队员个人、整体的基础情况分析和通过多年训练在技战术、身体素质、心理素质等方面所要达到的指标要求。

（4）多年训练计划的年度划分和各年度训练的基本内容与训练指标要求。

（5）训练工作质量的检查、考核办法。

（6）队员的思想教育、文化学习、生活管理、医务监督等实施措施与检查、落实方法。

（二）全年训练计划

1. 制订全年训练计划的主要依据和内容

（1）按多年训练计划的进度，制订本年度训练计划。

（2）制订初始年度计划要分析球队和队员的现状，提出本年度训练的基本任务和所要达到的基本要求与指标。

（3）制订接续年度计划要总结上一年度训练、比赛情况，提出有针对性的改进、提高措施，制订技术、战术、体能、心理和比赛实战能力所要达到的基本指标要求。

（4）划分训练周期，制订出各周期的训练任务、训练时数、训练内容、运动负荷与恢复等实施计划。

（5）比赛期要依据本年度比赛任务、时间，安排赛前准备期和赛后调整期。

（6）制订技术、战术与身体机能的测试标准和考核评定办法。

（7）制订思想教育、精神与物质奖励、文化学习、生活管理、医务监督等实施措施。

2. 全年训练计划参考示例（表5-1）

3. 阶段训练计划

根据全年训练计划制订各阶段训练计划。

将全年计划的训练任务、内容、方法、负荷、进度、要求等进行具体安排，落实到各阶段训练中，如准备期、比赛期、冬训期、夏训期、重要赛事集训等阶段训练计划。

阶段训练计划（比赛期）参考示例如表5-2所示。以确定的比赛日前五周为比赛准备期开始日。

表5-1 年度训练计划

训练内容	准备期			夏训期			冬训期		
身体训练	有氧耐力、无氧耐力、柔韧、速度、灵敏、力量（25%）	身体训练：起动速度、速度、灵敏、力量耐力（20%）	身体训练：速度、灵敏、力量、耐力（30%）	身体素质训练：速度、力量、耐力恢复性训练（15%）	身体素质训练：柔韧、速度、灵敏、力量、有氧无氧耐力（25%）	身体素质训练：灵敏、速度、力量、耐力恢复性训练（15%）	身体素质训练：反应力、耐力、恢复性训练（15%）	休息放松调整	保持基本训练	保持体能
个人技术	传接、运、过、射、头球；1V1、2V2、3V3、4V4综合基础技术（20%）	对抗中：传、接、运、过、射门；个人位置技术（15%）	传接、控、运、过、射门；1V1综合技术（25%）	对抗中：传、接、运、控、过、射门；位置技术（15%）	技术训练：传、接、运、过、头球；1V1（20%）	对抗中：传、接、掩护；个人位置技术（10%）	个人技术；1V1控、防守技术（10%）			球性
小组配合	2过1、2V2、3V2、3V3、4V4基础战术（30%）	局部攻守配合：接应、补位、保护、协防（20%）	2过1、2V2、3V3、4V4；局部战术（20%）	局部配合；中卫、边卫、中路进攻（30%）	局部位置配合；3V2、3V3；4V4战术（30%）	五人制、十一人制攻守配合；后、中、前场；中路（30%）	局部场区：2V2、3V3；4V4局部位置配合（30%）			
整体配合	五人制、十一人制阵型打法；定位球攻守战术（20%）	本队战术打法：后场组织、中场策动（40%）	五人制、十一人制阵型打法；定位球攻守战术（20%）	针对不同队型的攻守打法；防守反击（35%）	五人制、十一人制阵型职能；位置；打法；定位球战术（20%）	本队战术打法：防守反击；边路进攻；中路渗透；中场控制（40%）	对抗：5V5、8V8；大场地半场；整体攻守阵型的保持控制（40%）			
理论	整体攻守原则三区；线攻守原则与实践（5%）	比赛原则；规则与裁判法（5%）	足球比赛规律；向前打法原则（5%）	足球职业精神；竞争意识；情绪自控心理素质（5%）	攻防基本原则；阵型的演变；足球比赛本质（5%）	战术纪律；职业作风；比赛意识（5%）	足球运动发展趋势；规律；自我保护与控制（5%）			物质奖励

训练内容比例：身体素质训练40%、身体基本技术20%、个人局部20%、整体战术15%、比赛理论5%；训练手段：徒手、器械、有球、无人、小组练习、个人小组对抗、比赛

准备期、夏训期、冬训期每双周进行一次，根据营员实际情况制定考核标准；周期结束前进行一次考核评比，给予精神、物质奖励
技战术、身体机能考核
加强对营员文化学习的督促、引导，与原校沟通促进营员搞好文化学习；随时进行养成教育，使营员养成良好行为规范
文化学习与思想教育
严格生活管理，防止意外事故发生；加强医务监督，对营员伤病及时治疗，帮助其尽早恢复
生活管理与医务监督
重视恢复过程，没有恢复就没有提高，恢复手段可采用放松跑、走跑结合、放松性游戏、牵拉、柔韧练习、放松性徒手体操、放松性器械体操、热水浴、按摩、理疗、饮食等
恢复措施

表5-2 阶段（比赛期）训练计划

赛前准备段			比赛前准备	赛前安排与临场指挥	赛后总结与调整
第一阶段（一周）	第二阶段（距比赛二周）	第三阶段（距比赛日五周）	分析影响比赛能力的因素：队员竞技能力、伤病、心理、饮食、休息与睡眠、场地、气候、赛场环境、时差与旅途等，消除不利因素，创造有利因素。收集信息：比赛信息有比赛性质、比赛时间、地点、交通、环境、分组、赛程等；竞赛规程指标了解竞赛规则与竞赛任务；主力队员信息有本队主力队员（特别是其他队）的身体、技战术状态和伤病情况，其他队主教练常用的阵型特点与临场指挥打法等；裁判信息有了解本场比赛裁判的执法尺度、习惯等。教练员决策：分析比赛方案所获信息，拟定比赛方案和指导思想、首发阵型和打法、替补队员，对必须要做好点球决胜的准备	【赛前安排】比赛准备：思想发动，心理准备，介绍对手情况，分析打法，布置战术，赛纪，赛风，赛前简言明确，时间不超过小时。活动与休息：赛前一天打比赛的时间安排第二天训练，队员休息，放松身心，充足睡眠。饮食：赛前2~3小时进食，少食肉类和油腻食品，以碳水化合物为主，保证有足够动性和号召力，不宜过量饮水【临场指挥】到达赛场后对天气、场地、观众、环境等仔细观察，对大风、下雨，雨后场地条件等要有相应的对策。主教练亲自带首发队员做准备活动，守门员教练带队员做准备活动。其他教练员或队员带其他队员进行准备活动开场前要集中队员鼓舞士气，为挑战型阵型对开场后要认真仔细提醒，作出比赛果临场变化预案变方向、阳光、背向还是阴背风向首发对本方的影响。对场上队员的方案贯彻执行情况，对队员的判断情况等要予以提醒，必要时作出场上调整。中场休息时小结上半场比赛，稳定情绪，调整队员的方案，并根据场上情况鼓舞士气。比赛最后阶段的主动的或已胜或败的比赛最后阶段打法，如扩大战果是保持比分还是力争获胜，如比赛受伤或体力不支，必要时换人；对新实行或战术上改变，如战术需消耗对方攻势的连续性等	【赛后总结】教练员总结：比赛方案制定是否正确，需要改进的问题，对队员意图改变贯彻的效果如何，提高赛后总结和检验训练成效，发现存在的问题，提高今后方面的考察和认识队员总结：认真总结全队经验，求提高比赛能力，以提出个人和集体应改正的方向【训练调整】赛后2~3天进行恢复性训练，放松身心，恢复体能状态，积极治疗伤病，早日恢复健康
体能：进行有氧训练，提高有氧能力；技术：提高个人位置技术，进行个人位置技术训练；战术：局部的位置配合人间的位置配合；实战：适当的对抗度的局部对抗练习	体能：主要进行无氧训练，继续提高有氧能力，加大运动强度，耐力训练；技术：强化个人技术的运用能力，个人位置技术的运用；战术：同位置队员间的配合训练，同区的人数对抗训练，限制触球次数的传球练习；实战：安排2场场区对场区的攻防战术训练，场区配合不同的局部战术实战。排两场热身比赛	体能：提高无氧能力，加强速度爆发力训练，提高速度力训练，调整运动量，逐渐减少运动量，减轻负荷，强度，降低负荷；技术：加强技术训练中运用的能力，提高实战中运用技术的能力；战术：演练完整的攻防战术，个人、局部配合和整体战术，定位球攻防配合；实战：一场热身赛（时间较短）安排一场针对性较强的比赛（对手打法与对手）。最后3天调整恢复性训练（小运动量、低强度），进行2场队内比赛，时间20~30分钟			

194

第二节　周计划与课时计划（课教案）制订

一、周计划

依据阶段计划制订周计划，把阶段计划的训练内容分解、落实到周计划，对一周内的训练工作作出具体安排。

周计划参考示例如表5-3所示。

表5-3　周训练计划

_____队　　　　　　　　　　　　　　　　　主教练_____

星期（日期）		周二（　　日）	周五（　　日）	周六（　　日）	周日（　　日）
早操（45分钟）	内容	热身：慢跑、牵拉 灵巧性练习：追人游戏 跑的练习：前进后退跑、侧滑步跑、小步跑、变向跑等 起动练习：10米×5次站立起动、10米×5次坐地起动 运球：运球急停、变向，运球转身	热身：慢跑、牵拉 球性：颠球、自抛自接高球、挑球、两人对敲球、两人对顶头球与两人对抛接高球连续控、运、传 加速跑：30米×5次、10米×5次	热身：慢跑、两人牵拉 柔韧练习：正压腿、侧压腿横叉、竖叉、倒腰 运球：运球绕杆；运球假动作过人 游戏：追逐跑	休息
上午	内容	文化课	文化课	休息	休息
下午	内容	热身：慢跑、牵拉、行进操 球性：个人颠、耍球，两人对颠。 有氧耐力训练：匀速跑20分钟 放松练习：放松、牵拉与颠球等 对抗练习：4V4或5V5（场地20×30米） 结束：放松、牵拉与课评 课时：90分钟	热身：慢跑、行进操、牵拉 球性：四二传抢、头顶球游戏 传接球练习：3人一组跑动长传球、接回传球传过顶球；边路二过一配合传中，中路包抄射门；接长传球运、控、射 半场攻守：五人制、八人制、十一人制相应场地训练 结束：放松、牵拉与课评 课时：90分钟	热身：慢跑、牵拉 球性：颠球与运、控球 队内分队比赛：五人制、八人制、十一人制相应场地训练 力量练习：俯卧撑、引体向上、腹肌练习、腰背肌练习 速度耐力：冲刺跑（20~30米×10次）×2组 结束：放松、牵拉、课评 课时：90分钟	准备活动：慢跑、牵拉、加速跑、后退跑；侧滑步跑，以及跑动单脚起跳、双脚起跳 有球活动：运、控、过、传、接、射与单、双脚起跳头顶球 守门员准备活动：各种接球、手抛发球、脚踢发球 对外比赛（或队内比赛）：五人制、八人制、十一人制相应场地比赛 结束：放松、牵拉、课评 课时：90~120分钟

二、课时计划（教案）

依据周计划制订课时计划。
课时计划是每次训练课的具体安排，即训练课教案。

（一）课时计划（教案）的内容

课时计划（教案）的内容包括训练课的任务、时间、结构、负荷；训练方法、手段、组织实施；恢复手段；场地、器材、设备等。

（二）训练课结构

训练课由准备部分、基本部分、结束部分三个部分组成。

1. 准备部分

集合、整队；介绍本课内容、任务、要求等。
热身：一般性和专门性准备活动，为进入基本部分的训练做好身体、心理准备。
准备部分时间约占全课时间的20%~30%。

2. 基本部分

基本部分是完成训练课任务的主要部分，约占全课时间的60%~70%。
安排训练内容不宜过多，每项内容练习约在20分钟左右。
训练课要把技术、战术、身体融为一体进行训练。
训练安排要先进行技术性训练，再进行战术性训练，然后进行对抗性训练。
身体训练课的安排应先进行柔韧、灵敏、协调、反应、速度、爆发力等方面的训练，再进行力量方面的训练，然后进行耐力方面的训练。

3. 结束部分

进行放松、牵拉、按摩等消除肌体疲劳的整理活动。
课评：表扬优点，指出不足；提出需要改进的要求；提示下次课的任务和要求等。
结束部分时间一般为5~10分钟。

（三）课时计划（教案）参考示例（表5-4）

表5-4 训练课教案

_____队　准备期　第 2 周（周五）　主教练_____　____年__月

训练主题	传接球、对抗训练 训练内容	周六（　　　日） 训练内容	守门员 训练内容
准备部分 10′ 20′ 30′ √		慢跑：足球场三周；牵拉 行进操：振臂、扩胸、踢腿（正、侧、后踢腿）、跳转、跳顶（单、双起跳）、跨步（正、侧面） 球性：个人颠、耍球；两人一组对颠球；两人一组对敲球（脚敲、腿接脚敲、胸接脚敲、头顶） 三人跑动传接球：斜传跑动、直传跑动	慢跑、牵拉 步法移动：侧滑步、交叉步 侧向倒地练习 弹跳：单、双脚起跳 熟悉球性
		每分钟脉搏次数：120～140次	
基本部分 （一） 10′ 20′ √ 30′ 40′		传接球：四人传接球，三种传接球方法如图示。每种方法做一组，每组做2次（练2分钟＋休2分钟）×2组 场地：每块15米×15米，共5块。每块4人练习	接球练习：下手接球、上手接球、扑接球、接定位球射门、接活动球射门 手抛、脚踢发门球、定位球
		每分钟脉搏次数：160次	

（续表）

训练主题	传接球、对抗训练 训练内容	周六（　　日） 训练内容	守门员训练内容
基本部分（二） 10′ 20′ √ 30′ 40′		对抗练习：中路2V2对抗射门 场地：禁区前沿20米内 人数：2V2加1名中间人。中间人参与进攻但不能射门，防守方将球抢下传给中间人即转为进攻，中间人不参与防守 方法：中路2V2+1配合射门 要求：①攻方不能进入禁区射门，违反判球出界。②分4组，两组打2分钟换另两组打。连续进行。两名守门员交替守门	守门员交替守门
		每分钟脉搏次数：160~180次	
基本部分（三） 10′ 20′ √ 30′ 40′		半场攻守练习 场地：1/2大场地 人数：10V10。两名守门员交替守门（进球即交替） 方法：按竞赛规则进行。攻方中圈开球，进球则继续中圈开球进攻；守方将球抢下传给中场的教练员即转为进攻方，原攻方即转为守方	守门员交替守门
		每分钟脉搏次数：160次	
结束部分	放松跑、深呼吸、伸展运动；两人一组牵拉韧带、按摩肌肉 讲评本课，提示下一节训练课重点（5分钟）	训练人数：22人 请假、见习、缺席：无	

第六章　测试

第一节　体能测试

身体素质和基本技术的测试是考核与检验训练效果、评价训练水平的重要手段，也是选拔具有优秀运动天赋、发展潜质和培养价值的后备人才的重要依据。

遵循足球运动规律和特点，依据儿童、青少年的实际情况，选出便于操作、量化、能反映基础训练水平的项目进行测试，并按制定的标准对测试结果进行综合评价，是测试的主要方法。

评价测试结果的标准是通过对儿童、青少年多年训练实践的研究与探索，借鉴广大足球工作者、教练员、科研人员在科学选才方面所积累的丰富经验与成果，总结制定出来的。测试项目与测试评价标准能够较为全面、客观地反映受测者技能、体能的训练水平，是评价儿童、青少年个人训练水平与科学选才的客观标准。

一、速度

速度是足球运动的生命线，是足球运动员最重要的素质。速度测试的项目与标准如下。

（一）30米跑

30米跑是反映起动速度和加速能力的指标。

测试方法：在田径场地进行，站立式起跑，秒表手计时，精确到百分之一秒。每人跑两次，取最好成绩，中间休息5分钟。评分标准如表6-1所示。

表6-1 30米跑评分标准

得分	年龄与对应成绩								
	7~8岁	9~10岁	11岁	12岁	13岁	14岁	15岁	16岁	17岁
5	5″20	4″70	4″50	4″40	4″20	4″10	4″00	3″90	3″80
4	5″60	5″10	5″00	4″80	4″40	4″20	4″10	4″00	3″90
3	6″10	5″50	5″40	5″20	4″70	4″50	4″40	4″30	4″20
2	6″20	6″00	5″80	5″60	5″10	4″90	4″80	4″70	4″60
1	6″60	6″40	6″20	6″00	5″50	5″30	5″10	5″00	4″90

（二）60米跑

60米跑是反映起动速度、加速能力和绝对速度的指标。

测试方法：在田径场地进行，站立式起跑，秒表手计时，精确到百分之一秒。评分标准如表6-2所示。

表6-2 60米跑评分标准

得分	年龄与对应成绩							
	7~8岁	9~10岁	11岁	12岁	13岁	14岁	15岁	16岁
5	—	—	—	—	8″00	7″80	7″50	7″30
4	—	—	—	—	8″50	8″30	8″00	7″80
3	—	—	—	—	9″20	9″00	8″70	8″50
2	—	—	—	—	9″70	9″50	9″20	9″00
1	—	—	—	—	10″50	10″30	10″00	9″80

（三）100米跑

100米跑是反映起动、加速和保持速度能力的指标。

测试方法：在田径场地进行，站立式起跑，秒表手计时，精确到百分之一秒。评分标准如表6-3所示。

表6-3 100米评分标准

得分	年龄与对应成绩								
	7~8岁	9~10岁	11岁	12岁	13岁	14岁	15岁	16岁	17岁
5	—	—	—	—	13″20	13″00	12″80	12″60	12″00
4	—	—	—	—	13″50	13″10	13″00	12″80	12″60
3	—	—	—	—	13″80	13″50	13″20	13″00	12″80
2	—	—	—	—	14″50	14″20	13″80	13″50	13″20
1	—	—	—	—	15″60	15″40	15″00	14″40	14″00

二、爆发力

爆发力是在瞬间实现速度、弹跳等运动最高值的能力，爆发力越强则瞬间爆发的速度、弹跳等运动能力越强，是身体素质重要的测试指标。爆发力测试的项目与标准如下。

（一）立定跳远

立定跳远是反映一次性爆发用力的能力，是评价速度、弹跳等运动能力的重要指标。

测试方法：田径场地跳远沙坑进行。皮尺丈量成绩，精确到厘米。评分标准如表6-4所示。

表6-4 立定跳远评分标准

得分	年龄与对应成绩								
	7~8岁	9~10岁	11岁	12岁	13岁	14岁	15岁	16岁	17岁
5	1.80米	1.90米	2.00米	2.10米	2.20米	2.25米	2.30米	2.40米	2.50米
4	1.70米	1.80米	1.85米	1.90米	2.10米	2.20米	2.25米	2.30米	2.40米
3	1.40米	1.50米	1.55米	1.60米	1.90米	2.00米	2.10米	2.20米	2.30米
2	1.10米	1.20米	1.30米	1.40米	1.70米	1.80米	1.90米	2.00米	2.10米
1	1.00米	1.05米	1.10米	1.20米	1.50米	1.60米	1.70米	1.90米	2.00米

（二）立定三级跳远

立定三级跳远是反映连续爆发用力的能力和在连续爆发用力的运动中身体的协调性的重要指标。

测试方法：田径场地跳远沙坑进行。皮尺丈量成绩，精确到厘米。评分标准如表6-5所示。

表6-5 立定三级跳远评分标准

得分	年龄与对应成绩								
	7~8岁	9~10岁	11岁	12岁	13岁	14岁	15岁	16岁	17岁
5	—	—	—	—	6.50米	7.00米	7.30米	7.50米	7.80米
4	—	—	—	—	6.30米	6.80米	7.00米	7.30米	7.60米
3	—	—	—	—	6.00米	6.50米	6.80米	7.10米	7.40米
2	—	—	—	—	5.60米	6.20米	6.50米	6.80米	7.10米
1	—	—	—	—	5.20米	5.80米	6.20米	6.50米	6.80米

（三）10米起动跑

10米起动跑可以反映快速起动的爆发力，爆发力越强起动越快。

测试方法：在田径场地进行，站立式起跑，秒表手计时，精确到百分之一秒。每人跑两次，取最好成绩，中间休息2～3分钟。评分标准如表6-6所示。

表6-6　10米起动跑评分标准

得分	年龄与对应成绩			
	7～8岁	9～10岁	11～12岁	13～14岁
5	2″20	2″10	2″00	1″90
4	2″30	2″20	2″10	2″00
3	2″40	2″30	2″20	2″10
2	2″50	2″40	2″30	2″20
1	2″60	2″50	2″40	2″30

三、灵敏

在运动中，特别是在高速运动中，身体所能表现出来的灵活、协调能力称为灵敏，是足球运动需要的重要身体素质。灵敏测试的项目与标准如下。

（一）3米往返跑

3米往返跑可以反映连续起动、急停、变向的能力，是评价速度灵敏性的指标。

场地：在木地板场地或田径场地上划出相距3米的两条线。

测试方法：受测人一只脚踩在一条线上，另一只脚在线外，听口令后快速在两条线之间往返跑动，要求每一次往返都要有一只脚踩在线上，计时30秒，计踩线次数。测两次取最好成绩，中间休息5分钟。评分标准如表6-7所示。

表6-7　3米往返跑评分标准

得分	年龄与对应成绩								
	7～8岁	9～10岁	11岁	12岁	13岁	14岁	15岁	16岁	17岁
5	—	—	—	27次	31次	32次	33次	34次	35次
4	—	—	—	25次	28次	29次	30次	31次	32次
3	—	—	—	23次	26次	27次	28次	29次	30次
2	—	—	—	21次	24次	25次	26次	27次	28次
1	—	—	—	19次	22次	23次	24次	25次	26次

（二）3米滑步摸地（守门员测试）

3米滑步摸地是反映守门员横向移动灵活性的测试项目。

场地：与3米往返跑相同。

测试方法：受测人站在两条线之间，一只脚踩在线上。听口令后快速在两条线之间做横向侧滑步或交叉滑步往返移动，要求每一次往返都要有一只手摸在线上，计时30秒，计摸线次数。测两次取最好成绩，中间休息5分钟。秒表手计时。评分标准如表6-8所示。

表6-8　3米滑步摸地评分标准

得分	年龄与对应成绩								
	7~8岁	9~10岁	11岁	12岁	13岁	14岁	15岁	16岁	17岁
5	—	—	—	28次	30次	31次	32次	33次	34次
4	—	—	—	26次	27次	29次	30次	31次	32次
3	—	—	—	24次	25次	27次	28次	29次	30次
2	—	—	—	22次	23次	25次	26次	27次	28次
1	—	—	—	20次	21次	22次	23次	24次	25次

（三）3×10米三角形跑

3×10米三角形跑反映起动、奔跑变向的能力，是评价速度灵敏性的指标。

场地：划出边长为10米的等边三角形，三个顶点各设置一根标志旗。

测试方法：受测人站在一根标志旗旁，听口令快速沿三角形外围跑，要求依次绕过各顶点的标志旗。顺时针、逆时针各跑一次，合计成绩。评分标准如表6-9所示。

表6-9　3×10米三角形跑评分标准

得分	年龄与对应成绩								
	7~8岁	9~10岁	11岁	12岁	13岁	14岁	15岁	16岁	17岁
5	15″60	15″20	14″80	14″20	—	—	—	—	—
4	16″00	15″60	15″20	14″80	—	—	—	—	—
3	17″20	16″80	16″40	15″60	—	—	—	—	—
2	18″20	17″80	17″20	16″80	—	—	—	—	—
1	19″00	18″60	18″00	17″60	—	—	—	—	—

四、柔韧

柔韧是掌握高难技术、提高运动技术水平的基础素质。柔韧测试的项目与标准如下。

（一）直立摸底

直立摸底是反映拉长背肌、腰肌、上肢肌肉韧带和腿部后群肌肉韧带的能力，以及腰、髋、肩、膝关节的柔韧性，是评价身体柔韧性的指标。

测试方法：受测人站在垂直的台阶上，两脚并拢，两腿伸直，脚尖与台阶前沿对齐，双臂伸直向下摸，测量双手指尖摸到的最低点与台阶上沿的距离。评分标准如表6-10所示。

表6-10 直立摸底评分标准

得分	年龄与对应成绩			
	7~8岁	9~10岁	11岁	12岁
5	19.5厘米	20.5厘米	21.5厘米	22.5厘米
4	14.5厘米	15.5厘米	16.5厘米	17.5厘米
3	9.5厘米	10.5厘米	11.5厘米	12.5厘米
2	5厘米	6厘米	7厘米	8厘米
1	1厘米	1.5厘米	2.5厘米	3.5厘米

（二）横叉和竖叉

横叉可以反映横向拉长双腿内侧肌肉韧带的能力和髋关节横向的柔韧性；竖叉可以反映纵向拉长前大腿后群肌肉韧带和后大腿前群肌肉韧带的能力及髋关节的纵向柔韧性，是评价身体柔韧性的指标。

测试方法：在硬地面、木板地面或体操垫上进行测试，测量双腿根底部距地面或体操垫面的距离，距离越小，柔韧性越好。

（三）后桥

站立开始，身体向后手触地，俗称"下腰""倒腰"。可以反映身体前后各群肌肉韧带、关节的伸展、收缩能力，以及肩、肘、胸、腰、髋、膝、踝、腕各关节的柔韧性，是评价身体柔韧性的指标。

测试方法：在硬地面、木板地面或体操垫上进行测试，测量下腰后双手指尖距脚后跟的距离，距离越小，柔韧性越好。

五、耐力

耐力素质是体能的基础，是完成大强度、高密度运动的基础素质，速度耐力素质在足球运动中至关重要。耐力测试的项目与标准如下。

（一）速度耐力

（1）400米跑是反映速度耐力跑的极限距离，所达到的成绩是速度耐力的极限值，该项成绩的提高是速度耐力素质提高的实质体现。评分标准如表6-11所示。

测试方法：在田径场进行，秒表手计时，精确到百分之一秒。

表6-11　400米跑评分标准

得分	年龄与对应成绩								
	7～8岁	9～10岁	11岁	12岁	13岁	14岁	15岁	16岁	17岁
5	—	—	—	1′15″	1′10″	1′05″	1′02″	1′00″	58″
4	—	—	—	1′20″	1′15″	1′10″	1′05″	1′02″	1′00″
3	—	—	—	1′25″	1′20″	1′15″	1′10″	1′08″	1′05″
2	—	—	—	1′35″	1′30″	1′25″	1′20″	1′15″	1′08″
1	—	—	—	1′45″	1′40″	1′35″	1′25″	1′20″	1′15″

（2）5—25米折返跑可以反映起动、急停转身、加速的能力，是评价速度耐力和灵敏性的指标。

场地：距离25米，在5米、10米、15米、20米、25米处各设置一个标志。

测试方法：由起点跑到5米处折返跑回到起点，由起点跑到10米处折返跑回到起点，由起点跑到15米处折返跑回到起点，如此再跑到20米、25米处折返跑回到起点，全程结束。评分标准如表6-12所示。

要求：起点和每个折返点都要放置一个标志物（如矿泉水瓶或小标志桶等），每次折返都要将标志物击倒，否则视为犯规，不计成绩。

表6-12　5—25米折返跑评分标准

得分	年龄与对应成绩								
	7～8岁	9～10岁	11岁	12岁	13岁	14岁	15岁	16岁	17岁
5	—	—	—	—	32″00	31″20	30″60	30″20	30″00
4	—	—	—	—	33″50	32″70	32″10	31″50	31″20
3	—	—	—	—	36″00	35″20	34″60	34″10	33″50
2	—	—	—	—	38″50	37″70	37″10	36″60	36″10
1	—	—	—	—	40″00	39″20	38″60	38″20	37″50

（二）耐力跑

（1）3000米跑是反映耐力的测试指标。

测试方法：在田径场跑道上进行，秒表手计时，精确到百分之一秒。评分标准如表6-13所示。

表6-13　3000米跑评分标准

得分	年龄与对应成绩									
	7～8岁	9～10岁	11岁	12岁	13岁	14岁	15岁	16岁	17岁
5	—	—	—	12′15″	11′45″	11′20″	10′55″	10′45″	10′30″
4	—	—	—	12′45″	12′15″	11′45″	11′15″	10′55″	10′45″
3	—	—	—	13′15″	12′35″	12′05″	11′35″	11′10″	10′55″
2	—	—	—	13′45″	13′05″	12′25″	11′55″	11′30″	11′10″
1	—	—	—	14′10″	13′35″	12′45″	12′15″	11′45″	11′30″

（2）12分钟跑是反映耐力的测试指标。

测试方法：在田径场跑道上进行，从发令开始计时12分钟，到时发出信号停止跑步，原地站立计算跑动距离。评分标准如表6-14所示。

表6-14　12分钟跑评分标准

得分	年龄与对应成绩									
	7～8岁	9～10岁	11岁	12岁	13岁	14岁	15岁	16岁	17岁
5	—	—	—	—	3000米	3100米	3250米	3330米	3380米
4	—	—	—	—	2900米	3000米	3100米	3250米	3330米
3	—	—	—	—	2750米	2900米	3000米	3100米	3250米
2	—	—	—	—	2600米	2750米	2900米	3000米	3100米
1	—	—	—	—	2400米	2600米	2750米	2900米	3000米

六、力量

力量素质是速度、爆发力的基础，除速度、爆发力等测试项目外，上肢、腰腹等力量测试也是重要的测试指标。

（一）引体向上

引体向上是反映上肢力量的测试项目（男生测试）。

器材：单杠。

测试方法：在单杠上进行，双手正握杠，身体静止成直臂悬垂后拉臂引体向上，下颌超过杠面计一次，然后身体恢复成直臂悬垂后再做下一次，直至不能按规定完成动作时结束。评分标准如表6-15所示。

表6-15 引体向上评分标准

得分	年龄与对应成绩									
	7~8岁	9~10岁	11岁	12岁	13岁	14岁	15岁	16岁	17岁
5	—	—	—	8次	10次	11次	13次	15次	18次
4	—	—	—	6次	8次	9次	11次	13次	15次
3	—	—	—	4次	6次	7次	9次	11次	13次
2	—	—	—	2次	4次	5次	7次	9次	10次
1	—	—	—	1次	3次	4次	5次	6次	7次

（二）俯卧撑

俯卧撑是反映身体支撑力与手臂力量的测试项目。

器材：体操垫。

测试方法：在体操垫上进行，身体成俯卧支撑（双手和双脚前脚掌着地），保持平直，完成一次臂屈伸（屈臂约90°后伸直）计一次。塌腰、提臀、臂屈伸角度不够，均不计数。评分标准如表6-16所示。

表6-16 俯卧撑评分标准

得分	年龄与对应成绩									
	7~8岁	9~10岁	11岁	12岁	13岁	14岁	15岁	16岁	17岁
5	—	—	—	12次	14次	15次	16次	18次	20次
4	—	—	—	10次	12次	14次	15次	16次	18次
3	—	—	—	8次	10次	12次	14次	15次	16次
2	—	—	—	6次	8次	10次	12次	13次	14次
1	—	—	—	4次	6次	7次	8次	9次	10次

（三）仰卧起坐

仰卧起坐是反映腹肌力量的测试项目。

器材：体操垫。

测试方法：在体操垫上进行，受测人身体成仰卧屈腿，大小腿成90°，双脚并拢，双手抱在头后，帮助者压住受测人双脚脚腕。听口令开始起坐，双肘触碰双膝计数一次，计1分钟完成的次数。评分标准如表6-17所示。

表6-17　仰卧起坐评分标准

得分	年龄与对应成绩								
	7~8岁	9~10岁	11岁	12岁	13岁	14岁	15岁	16岁	17岁
5	—	30次	35次	40次	45次	50次	55次	58次	60次
4	—	28次	32次	36次	40次	45次	50次	55次	58次
3	—	26次	28次	32次	36次	40次	45次	48次	52次
2	—	23次	25次	28次	32次	35次	38次	40次	45次
1	—	20次	22次	25次	28次	30次	35次	38次	40次

（四）界外球掷远

界外球掷远是反映上、下肢与腰腹协调用力的测试项目。

场地：划出起掷线，从起掷线起划出10米宽、30米长的场地，从距起掷线10米处开始，每米划出标识距离的线。

器材：11~12岁用3号球，13~15岁用4号球，16~17岁用5号球。

测试方法：按足球比赛规则掷界外球，可原地掷球或加助跑掷球。评分标准如表6-18所示。

表6-18　界外球掷远评分标准

得分	年龄与对应成绩								
	7~8岁	9~10岁	11岁	12岁	13岁	14岁	15岁	16岁	17岁
5	—	—	15米	17米	20米	22米	23米	24米	25米
4	—	—	13米	15米	18米	20米	22米	23米	24米
3	—	—	12米	14米	16米	18米	20米	21米	23米
2	—	—	11米	13米	15米	17米	18米	19米	21米
1	—	—	10米	11米	13米	14米	15米	16米	18米

（五）大力射门

场地：7~8岁、9~10岁使用五人制球门，在正对球门10米处划出射门线。11~12岁使用八人制球门，在正对球门15米处划出射门线。13~14岁、15~17岁使用十一人制球门，在正对球门20米处划出射门线。

器材：12岁以下用3号球，13~15岁用4号球，16~17岁用5号球。

测试方法：将球摆在射门线上，大力踢定位球射门，可加助跑。左、右脚各射门5次，累计得分。

计分方法：球从空中直进球门得10分；球沿地面直进球门得10分；球从地面反弹一次进门得5分。球滚进球门不得分，球多次反弹进门不得分，球吊进球门不得分。按累计计分评分。评分标准如表6-19所示。

表6-19 大力射门评分标准

得分	年龄与对应成绩									
	7~8岁	9~10岁	11岁	12岁	13岁	14岁	15岁	16岁	17岁
5	60分	65分	70分	75分	80分	85分	90分	95分	100分
4	50分	55分	60分	65分	70分	75分	80分	85分	90分
3	40分	45分	50分	55分	60分	65分	70分	75分	80分
2	30分	35分	40分	45分	50分	55分	60分	65分	70分
1	20分	25分	30分	35分	40分	45分	50分	55分	60分

第二节 基本技术测试

按队员不同年龄，基本技术测试在五人制、八人制、十一人制场地（人造草或天然草）进行。

12岁以下用三号球，13~15岁用四号球，16岁以上用五号球。

一、颠球

颠球是熟悉球性的测试项目，反映对球的掌控能力。

（一）自由颠球

用身体的各部位（手臂除外）颠球，球不落地计触球次数，直至球落地停止计数。

（二）六部位颠球

用双脚的正脚背、外脚背、脚内侧（脚弓）6个部位连续颠球，部位顺序不限，但每个部位只能依次触球一次，球不落地计触球次数，直至球落地或一个部位连续触球两次停止计数。

（三）十部位颠球

用双脚的正脚背、外脚背、脚内侧（脚弓）和左大腿、右大腿、胸、头十个部位依次颠球，部位顺序不限，但每个部位只能依次触球一次，球不落地计触球次数，直至球落地或一个部位连续触球两次停止计数。

（四）十二部位颠球

用双脚的正脚背、外脚背、脚内侧（脚弓）和左大腿、右大腿、胸、头、左肩、右肩十二个部位依次颠球，部位顺序不限，但每个部位只能依次触球一次，球不落地计触球次数，直至球落地或一个部位连续触球两次停止计数。评分标准如表6-20所示。

表6-20　颠球评分标准

年龄	7~9岁			10~12岁			13~15岁			16~17岁		
等级	及格	良好	优秀	及格	良好	优秀	及格	良好	优秀	及格	良好	优秀
自由颠球	6次	16次	25次	10次	30次	50次	30次	100次	200次	50次	200次	300次
六部位颠球	—	—	—	1套	2套	3套	3套	6套	10套	—	—	—
十部位颠球							1套	3套	5套	3套	5套	10套
十二部位颠球							1套	2套	3套	1套	3套	5套

二、踢球

足球运动中踢球包括传球、射门，是最常用的基本技术。

踢球的测试项目反映踢球的准确性、力度，是评价个人基本技术的主要指标之一。

12岁以下用三号球，13~15岁用四号球，16岁以上用五号球。

（一）定位球踢准

场地：划出直径为4米、5米、6米的三个同心圆，在距圆心20米、25米处各划出一段踢球线。

测试方法：11~12岁在20米处的踢球线踢球。13~15岁、16~17岁在25米处的踢球线踢球。

踢出的球直接落在4米圆内或线上得25分，直接落在5米圆内或线上得20分，直接落在6米圆内或线上得10分。球落在圆外不得分，球反弹、滚进圆内或线上不得分。左、右脚各踢两次，计总得分。评分标准如表6-21所示。

表6-21 定位球踢准评分标准

年龄	11~12岁			13~14岁			15~16岁			17岁		
等级	及格	良好	优秀	及格	良好	优秀	及格	良好	优秀	及格	良好	优秀
定位球踢准	30分	40分	50分	40分	50分	65分	50分	65分	70分	60分	70分	95分

（二）对球门墙踢准

场地：在球门墙上划出五人制球门、八人制球门、十一人制球门，按图示划出得分值界格。在距五人制球门6米处、八人制球门10米处、十一人制球门15米处各划一条踢球线。得分值界格如图6-1所示。

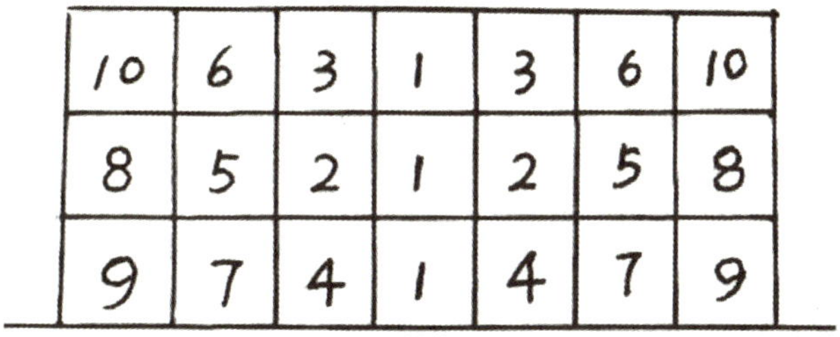

10	6	3	1	3	6	10
8	5	2	1	2	5	8
9	7	4	1	4	7	9

图6-1

测试方法：9~10岁踢五人制球门；11~12岁踢八人制球门；13~14岁、15~16岁、17岁踢十一人制球门。把球摆定在踢球线上，加助跑踢球。左、右脚各踢5次，累计踢中分数。评分标准如表6-22所示。

要求：不限脚法，空中球、地滚球、反弹球得分均有效，踢出得分区不得分。

表6-22　对球门墙踢准评分标准

年龄	9~10岁			11~12岁			13~14岁			15~16岁			17岁		
等级	及格	良好	优秀	及格	良好	优秀	及格	良好	优秀	及格	良好	优秀	及格	良好	优秀
对球门墙踢准	45分	60分	75分	50分	65分	75分	55分	70分	85分	60分	80分	90分	65分	85分	95分

（三）定位球踢远

场地：划出踢球线，从踢球线起划出10米宽、30米长的场地，从距踢球线10米处开始，每米划出标识距离的线。

测试方法：把球放定在踢球线上，加助跑踢球，测球的落点与踢球线间距离。左、右脚各踢两次，取最好一次成绩，累计两脚的最好成绩评分。不限脚法，地滚球、反弹球、球出界不计成绩。评分标准如表6-23所示。

表6-23　定位球踢远评分标准

年龄	7~8岁			9~10岁			11~12岁		
等级	及格	良好	优秀	及格	良好	优秀	及格	良好	优秀
定位球踢远	20米	30米	35米	25米	35米	40米	30米	35米	45米

（四）射门

7~8岁、9~10岁场地：使用五人制球门，在两球门柱中间插一面小旗。在正对球门8米处划出射门线，在距射门线3米处划出运球线，在线上标出与两球门柱间距离相等并与两球门柱相对的A、B两点。

11~12岁场地：使用八人制球门，在距球门两立柱内侧1.5米处各插一面小旗。在正对球门12米处划出射门线，在距射门线3米处划出运球线，在线上标出与两球门柱间距离相等并与两球门柱相对的A、B两点。

13岁以上场地：使用十一人制球门，在距球门两立柱内侧1.5米处各插一面小旗。在正对球门15米处划出射门线，在距射门线5米处划出运球线，在线上标出与两球门柱间距离相等并与两球门柱相对的A、B两点。

测试方法如下。评分标准如表6-24所示。

表6-24 射门评分标准

年龄	7～8岁			9～10岁			11～12岁			13～14岁			15岁		
等级	及格	良好	优秀	及格	良好	优秀	及格	良好	优秀	及格	良好	优秀	及格	良好	优秀
射门	40分	50分	60分	45分	55分	65分	50分	60分	70分	55分	65分	80分	55分	70分	90分

使用五人制球门测试：从A点或B点运球起动，在射门线前射门，球从球门远半区小旗与门柱间进门得10分，球从球门近半区小旗与门柱间进门得5分，球击中小旗得5分。击中球门柱、横梁弹回场地内可补射，进门得5分，不进不得分，球弹出场外不得分。射门球出界不得分，越过射门线射门不得分。

使用八人制、十一人制球门测试：从A点或B点运球起动，在射门线前射门，球从小旗与门柱间进门得10分，球击中小旗得10分。从两面小旗中间进门得5分。击中球门柱、横梁弹回场地内可补射，进门得5分，不进不得分，球弹出场外不得分，越过射门线射门不得分。

要求：运球可从A点或B点开始，自由选择。不准用脚内侧推射、脚尖捅射，否则不得分。左、右脚各射门5次，累计得分。

三、运球

运球是最常用的基本技术。

运球的测试项目可以反映控球移动的能力，是评价个人技术的主要指标之一。

（一）运球绕杆

场地：在18米的距离内设置10根标杆，从第一根标杆到第十根标杆的距离分别是3米、2米、1米、3米、2米、1米、3米、2米、1米，在距第一根标杆2米处划出运球起点线。

测试方法：从起点线开始按蛇形曲线运球绕过每一根标志杆，一次往返把球踩定在起点线上结束。运球起动开表，返回把球踩定在起点线上停表。秒表手计时，按计时评分。每人测试两次，取最好一次成绩，中间休息2～3分钟。评分标准如表6-25所示。

要求：运球绕杆必须按蛇形曲线运球绕过每一根标志杆，运球路线错误不计成绩（可重做一次）。

表6-25 运球绕杆评分标准

年龄	7～8岁			9～10岁			11～12岁			13～14岁			15岁		
等级	及格	良好	优秀	及格	良好	优秀	及格	良好	优秀	及格	良好	优秀	及格	良好	优秀
运球绕杆	28″00	26″00	24″00	27″00	25″00	23″00	25″00	23″00	21″00	22″00	20″00	18″00	21″00	19″00	17″00

（二）运球转身

场地：划出相距5米的A、B两条线。

测试方法：从A线开始向B线快速运球，球越过B线后迅速转身快速向A线运球，球越过A线后迅速转身快速运向B线，球越过B线后迅速转身快速运向A线，运过A线将球踩定。秒表手计时，运球起动开表，完成三个转身将球运过A线踩定球停表。评分标准如表6-26所示。

要求：运球脚法不限。三个转身要用不同的方法完成，否则不计成绩。运球没过线（A或B线）就转身不计成绩，最后运过A线后球没踩定不计成绩。每人做两次，取最好一次成绩，中间休息2～3分钟。

表6-26 运球转身评分标准

年龄	7～8岁			9～10岁			11～12岁			13～14岁			15岁		
等级	及格	良好	优秀	及格	良好	优秀	及格	良好	优秀	及格	良好	优秀	及格	良好	优秀
运球转身	9″80	8″60	7″40	9″50	8″40	7″20	9″20	8″10	6″90	8″50	7″50	6″50	8″00	7″00	6″00

（三）"之"字折线运球

场地：划出相距10米的两条线，在一条线上设置A、C、E三个标志，间距10米。在另一条线上设置B、D两个标志，B与A、C标志间的中点相对应，D与C、E标志间的中点相对应，B、D两个标志相距10米。评分标准如表6-27所示。

测试方法：从A标志开始快速向B标志运球，绕过B标志快速向C标志运球，绕过C标志快速向D标志运球，绕过D标志快速向E标志运球，到达E标志把球踩定在标志旁。秒表手计时，按计时评分。每人测试两次，取最好一次成绩，中间休息3～5分钟。

要求：必须从标志外侧绕过，球不得触碰标志，否则不计分（可重做一次）。

表6-27 "之"字折线运球评分标准

年龄	7~8岁			9~10岁			11~12岁			13~14岁			15岁		
等级	及格	良好	优秀	及格	良好	优秀	及格	良好	优秀	及格	良好	优秀	及格	良好	优秀
"之"字折线运球	20″50	18″50	15″50	20″00	18″00	14″00	19″00	17″00	13″50	18″00	15″00	13″00	15″00	13″00	11″00

四、头顶球

"两脚加一头"是足球运动最常用的基本技术，头顶球可以反映对高空球控制与处理的能力，是评价基本技术的主要指标之一。头顶球的测试项目如下。

（一）头颠球

头颠球是用头部连续颠球，测试头对球的控制能力，也就是头的"球感"。

测试方法：将球抛起用头连续颠球。计头触球次数，按次数评分。球落地或触碰其他部位即停止计数。测试两次，取最好一次成绩，中间休息3~5分钟。评分标准如表6-28所示。

表6-28 头颠球评分标准

年龄	7~8岁			9~10岁			11~12岁			13~14岁			15岁		
等级	及格	良好	优秀	及格	良好	优秀	及格	良好	优秀	及格	良好	优秀	及格	良好	优秀
头颠球	5次	8次	10次	8次	10次	15次	10次	15次	20次	15次	20次	25次	20次	25次	30次

（二）对墙连续头顶球

场地：划出距墙（球门墙）3米、5米的两条线，两线之间为顶球区。

测试方法：将球抛起顶向墙，连续将从墙反弹回来的球顶向墙；或将球抛向墙，连续顶从墙反弹回来的球，计向墙顶球的次数。评分标准如表6-29所示。

要求：不计时间。球落地、球触碰身体其他部位、球出顶球区，即停止计数。每人测试两次，取最好一次成绩，中间休息3~5分钟。

表6-29　对墙连续头顶球评分标准

年龄	7~8岁			9~10岁			11~12岁		
等级	及格	良好	优秀	及格	良好	优秀	及格	良好	优秀
对墙连续头顶球	3次	6次	8次	6次	8次	12次	8次	12次	15次

（三）头顶球射门

7~8岁、9~10岁使用五人制球门，在正对球门8米处划出起动线，在距球门6米处划出射门线。

11~12岁使用八人制球门，在正对球门10米处划出起动线，在距球门8米处划出射门线。

13~14岁、15岁使用十一人制球门，在正对球门12米处划出起动线，在距球门10米处划出射门线。

测试方法： 从起动线起动，在射门线前将考评员抛出的球顶进球门。直接将球顶进球门或落地反弹一次进门得10分，球没进门不得分，球落地反弹两次以上进门得5分。顶出的球击中球门柱、横梁弹回场地内可用脚或头补射，进门得5分，不进门不得分，球弹出场外不得分，越过射门线顶球射门不得分。评分标准如表6-30所示。

要求： 每人头顶球射门10次，累计计分。

表6-30　头顶球射门评分标准

年龄	7~8岁			9~10岁			11~12岁			13~14岁			15岁		
等级	及格	良好	优秀	及格	良好	优秀	及格	良好	优秀	及格	良好	优秀	及格	良好	优秀
头顶球射门	20分	30分	40分	30分	40分	50分	40分	50分	60分	50分	60分	70分	60分	80分	90分

五、综合运用基本技术的能力测试

传、接、控、运、过、射等基本技术的综合运用能力，是评价个人竞技水平的重要指标。

12岁以下用三号球，13~15岁用四号球，16岁以上用五号球。

（一）接、控、运、传组合

11~12岁场地：划出边长为3米的正方形接球区，在距接球区四个角5米处各划出一个传球点。在接球区前5米处划一条与接球区边线平行的5米长的传球线，把与传球线相距16米并与传球线中点相垂直的点作为落地区的圆心，划出直径4米、5米、6米的三个同心圆。

13~14岁、15岁场地：场地划法同上，落地区圆心与传球线相距22米。

测试方法：在四个传球点的传球人依次给接球区内的测试人传球，测试人在接球区内完成接、控球后向传球线运球，在传球线前完成向落地区传球，球直接落在4米圆内或线上得25分，球直接落在5米圆内或线上得20分，球直接落在6米圆内或线上得10分。

要求：测试人完成四次传球，左、右脚各两次，累计得分。11~12岁测试人在接球区内接四个地滚球传球。13~14岁、15岁测试人在接球区内接两个地滚球传球，接两个胸以下的空中传球，传球人可用手抛的方式传给测试人。

评分标准如表6-31所示。地滚球、反弹球进入落地区得5分。

受测人接球出接球区及没按要求接地滚球、空中球不计分；越过传球线传球不计分。

表6-31　接、控、运、传组合评分标准

年龄	11~12岁			13~14岁			15岁		
等级	及格	良好	优秀	及格	良好	优秀	及格	良好	优秀
接、控、运、传组合	40分	50分	60分	50分	60分	75分	60分	75分	85分

（二）运、过、射组合

11~12岁场地：使用八人制球门，在距两球门柱内侧1.5米处各设置一面标志旗。射门线距球门10米，运球线距射门线9米，在运球线前3米处、5米处、6米处各设置一根标志杆。

13~14岁、15岁场地：使用十一人制球门，在距两球门柱内侧1.5米处各设置一面标志旗。射门线距球门15米，运球线距射门线15米。在运球线前3米处、5米处、6米处、9米处、11米处、12米处各设置一根标志杆。

测试方法：从运球线开始运球绕过三个标志杆或六个标志杆，在射门线前射门。球从两面标志旗之间进门得20分；球从球门柱与标志旗之间进门或击中标志旗得25分；球击中球门横梁、门柱弹回场内可以补射，进门得20分，不进门得5分；球击中球门横梁、门柱弹到场外不得分；射门球偏出球门不得分。

要求：测试人完成四次射门，左、右脚各两次，累计得分。

在规定时间内完成射门：从开始运球开表，到射门的球通过球门线的瞬间停表。11~12岁要在10秒内完成射门，13~14岁、15岁要在6秒内完成射门，超过规定时间不计分（可重做一次）。越过射门线射门不计分。评分标准如表6-32所示。

表6-32 运、过、射组合评分标准

年龄	11~12岁			13~14岁			15岁		
等级	及格	良好	优秀	及格	良好	优秀	及格	良好	优秀
运、过、射组合	40分	60分	80分	60分	80分	90分	80分	90分	100分

六、守门员技术测试

守门员处于最重要的防守位置，其技术水平和比赛能力对比赛起着至关重要的作用，守门员的技术测试是评价守门员基本技术水平的重要指标。

（一）接球

场地：在十一人制场地的罚球区内，距球门11~16.5米的区域为射门区。

测试方法：守门员守门，接在射门区内射门的10个球。射门人可在射门区内任意一点射门。考评员观察守门员接球手法、移动步法和对来球的正确判断与处理方法等情况，百分制评出分数，按分数评出等级。评分标准如表6-33所示。

要求：守门员选择适当站位，在球门线前接球。射门的球要尽量在守门员能接到的范围，观察其接球能力。

表6-33 接球评分标准

年龄	13~14岁			15岁			16~17岁		
等级	及格	良好	优秀	及格	良好	优秀	及格	良好	优秀
接球	60分	70分	80分	60分	70分	80分	60分	80分	90分

（二）接定位球射门

场地：十一人制场地罚球区线与罚球弧相交组成的区域为射门区。

测试方法：守门员守门，接射门区内的射门10次。射门人可在射门区内任意一点射门。考评员观察守门员接球手法、移动步法和对来球的正确判断与处理方法等情况，百分制评出分数，按分数评出等级。评分标准如表6-34所示。

要求：守门员站位不限，射门方法不限，包括接、扑、击、托、踢、挡等。

表6-34 接定位球射门评分标准

年龄	13～14岁			15岁			16～17岁		
等级	及格	良好	优秀	及格	良好	优秀	及格	良好	优秀
接定位球射门	60分	70分	80分	60分	70分	80分	60分	80分	90分

（三）接移动球射门

1. 接个人接、控、运球后的射门

场地：十一人制场地罚球区线与罚球弧相交的区域为接球区，在罚球区线前1.5米处划出与之平行的一条线为射门线。在距罚球弧顶10米划出一条传球线。

测试方法：守门员守门，射门人在接球区内准备接球，传球人在传球线上准备传球。听哨声传球人传球，接球人接、控球后向射门线运球，在射门线前射门。考评员观察守门员接球手法、移动步法和对来球的正确判断与处理方法等情况，百分制评出分数，按分数评出等级。评分标准如表6-35所示。

要求：守门员站位不限，射门方法不限。守门员必须完成10次处理球。

表6-35 接移动球射门评分标准

年龄	13～14岁			15岁			16～17岁		
等级	及格	良好	优秀	及格	良好	优秀	及格	良好	优秀
接移动球射门①	60分	70分	80分	60分	70分	80分	60分	80分	90分

2. 接传、接配合后的射门

场地：十一人制场地罚球区线与罚球弧相交的区域内为接、传球区，在罚球区线前5米处划出与之平行的一条线段为射门线。在罚球弧顶后10米处划出一条传球线。

测试方法：听哨声传球人传球给接球人后快速插上，接球人在接、传球区内完成接球后给传球人做球，传球人在射门线前完成射门。考评员观察守门员接球手法、移动步法和对来球的正确判断与处理方法等情况，按百分制评出分数，按分数评出等级。评分标准如表6-36所示。

要求：守门员站位不限，传球、射门方法不限。守门员必须完成10次处理球。

表6-36 接传、接配合后的射门评分标准

年龄	13~14岁			15岁			16~17岁		
等级	及格	良好	优秀	及格	良好	优秀	及格	良好	优秀
接移动球射门②	60分	70分	80分	60分	70分	80分	60分	80分	90分

3. 扑接球、手抛球组合

以距罚球区（十一人制场地）前沿两个角10米处为圆心，各划出半径为2.5米的圆为投球区。在球门区前沿的两个角各摆放一个球。

测试方法：守门员从球门线起动，向球门区前沿的角上倒地扑接摆放在地面的球，持球起身后向前移动，用手抛球向罚球区外的投球区抛球。球直接落入投球区内或线上得1分，落入投球区外不得分。地滚球、反弹球进入投球区内或线上不得分。评分标准如表6-37所示。

要求：守门员要依次扑接球门区前沿两个角上摆放的球，并向抛球区抛球，每侧做三次，累计六次投球的得分。守门员持球后到将球抛出要在6秒内完成，超时不计成绩。守门员不得出罚球区手抛球，否则不计成绩。

表6-37 扑接球、手抛球组合评分标准

年龄	13~14岁			15岁			16~17岁		
等级	及格	良好	优秀	及格	良好	优秀	及格	良好	优秀
接球、手抛球组合	3分	4分	5分	4分	5分	6分	4分	5分	6分

4. 踢定位球

场地：十一人制场地。

测试方法：守门员在罚球区内任选一点踢定位球，将球踢向中圈。球直接落入中圈内或线上得1分，落入中圈外不得分。地滚球、反弹球进入中圈内或线上不得分。评分标准如表6-38所示。

要求：向中圈踢定位球5次，累计得分。必须踢定位球，踢球脚法不限。

表6-38　踢定位球评分标准

年龄	13~14岁			15岁			16~17岁		
等级	及格	良好	优秀	及格	良好	优秀	及格	良好	优秀
踢定位球	2分	3分	4分	3分	4分	5分	3分	4分	5分

七、比赛运用基本技术能力测试

基本技术在比赛中的运用能力是评价运动水平最重要的指标，一切训练的目的都归结于在比赛实战中基本技术的发挥、运用，一切训练手段都致力于在这方面得到提高。

（一）比赛类型

根据年龄段组织不同类型的比赛，如表6-39所示。

表6-39　比赛类型

年　龄	7~8岁	9~10岁	11~12岁	13~14岁	15~17岁
比赛类型	五人制	五人制	八人制	十一人制	十一人制

（二）比赛场地、用球

比赛在人造草场地或天然草场地进行。

12岁以下用三号球，13~15岁用四号球，16岁以上用五号球。

（三）测试方法

通过各种类型的比赛测试基本技术运用能力，组织3～5名考评员观察比赛，根据每名参赛人的赛场表现按10分制评分，累计各考评员的评分为个人得分，根据得分评定等级。

五人制比赛由3名考评员测试，八人制、十一人制由5名考评员测试。

五人制比赛时间15～20分钟，八人制、十一人制比赛时间20～30分钟。

（四）考评依据

在比赛实战中基本技术能力的表现（包括身体、意识、意志品质等）是评价的依据，如表6-40所示。

表6-40　考评依据

有　球			无　球		
个人进攻能力	配合进攻能力		无球跑动能力		配合防守能力
^	局部配合	全队配合	个人进攻	个人防守	^
接、控球，传球，运球，过人突破，射门	二过一、2V2	边路进攻、中路进攻、转移进攻	接应跑位、扯动策应、抢点、补射	防守选位、回防补位，紧逼、封堵，抢断、围抢	补位、协防、保护

（五）评分标准

评分标准如表6-41所示。

表6-41　评分标准

年龄	7～8岁			9～10岁			11～12岁			13～15岁			16岁以上		
等级	及格	良好	优秀	及格	良好	优秀	及格	良好	优秀	及格	良好	优秀	及格	良好	优秀
比赛	15分	18分	21分	17分	20分	24分	26分	30分	35分	28分	33分	38分	30分	35分	40分

注：7～8岁、9～10岁是3名考评员的累计分。

11～12岁、13～15岁、16岁以上是5名考评员的累计分。

第三节 女生测试

在身体素质、基本技术运用能力等方面的测试项目男、女生基本一致，只是在评分标准上有所不同，总的趋向是年龄段越小差异越小，随着年龄段的增大差异逐渐明显，评分标准要随之调整。个别不适于女生测试的项目，要予以调换或取消。

一、不同年龄段男、女生身心发育、运动能力特征和测试标准要求

不同年龄段男、女生身心发育、运动能力特征和测试标准要求如表6-42所示。

表6-42　不同年龄段男、女生身心发育、运动能力特征和测试标准要求

年龄	男生	女生	测试要求
7~10岁	处于生长发育缓慢阶段；肌肉发育落后于骨骼发育；呼吸与神经系统正处于发育期；心血管机能不适宜长时间运动及大强度运动 模仿能力强；注意力不能持久；好奇、兴趣广泛 此阶段主要培养足球兴趣，学习基本技术和意识，发展柔韧、灵敏、协调素质	与男生发育情况基本相同善于模仿；注意力持久性差；活泼、好奇、兴趣广泛；柔韧性好、可塑性强 此阶段以培养足球兴趣为主，学习足球基本技术、意识，发展柔韧、灵敏、协调等运动素质	男、女生发育基本处于相同阶段 测试标准男、女生也基本相同
11~12岁	肌腱增大，肌纤维增粗，肌肉质量开始变化；骨骼继续发育；心血管系统、呼吸系统、神经系统继续发育，但变化不十分明显 注意力的稳定性、情感的自制力、逻辑思维能力都明显提高 此阶段是速度、灵敏、爆发力、柔韧等各项运动素质发展的敏感期。是打好全面基础的最佳时期	身体发育较男生早，变化较男生快。是速度、灵敏、爆发力、柔韧等运动素质发展的敏感期 此阶段神经过程灵活性高，分化能力有所发展，易于建立较精确的动力定型。心理、感知觉处于迅速发展阶段，注意力的稳定性、情感的自控力、逻辑思维能力逐步提高，是技、战术、身体、心理全面打基础的最佳时期	女生发育早于男生，变化大于男生 测试标准男、女生可大致相同或根据实际情况男生标准稍高于女生

(续表)

年龄	男生	女生	测试要求
13~14岁	少年发育阶段开始，身高快速增长；肌肉发生变化，肌肉耐力增长；呼吸系统、心血管系统快速增长 结合专项发展各项运动素质，特别是快速力量（爆发力），使技、战术、意识、身体、心理诸方面得到全面发展	女性进入性发育期，肌纤维变粗，皮下脂肪增厚；有氧代谢能力大幅度提高；理解能力和感知度明显发展 此阶段要进一步发展基础素质，使各项运动素质结合专项技术向全面、灵活、实用方向发展	女生发育快于男生，男生逐步进入快速发育期 男、女生身体素质出现较为明显的差距，男生的测试标准要高于女生
15~16岁	进入性发育期，身体各系统发育加快，承受大强度训练能力提高；呼吸、心血管系统发育达到较高水平 此阶段要结合运动专项发展耐力，提高速度，适当发展专项力量；注重提高个人和整体的实战能力；注意加强心理训练	身心发育逐渐成熟，身体各系统发育已达到较高水平 此阶段要关注专项基础素质的均衡发展，并与专项技术紧密结合。注重战术训练，为表现出最佳竞技水平积累实力、信心和经验	女生发育趋向成熟，男生进入青春发育期 男生身体素质和运动能力逐渐明显高于女生，男生的测试标准要明显高于女生
17岁以上	性发育已进入成熟阶段，呼吸、心血管系统和肌肉、骨骼系统逐渐达到高值，无氧代谢能力达到较高水平 此阶段以提高实战能力为主，提高训练和比赛的强度；加大力量训练比重，特别要注重与专项相结合的力量训练；积累个人和整体实力，力争表现出最佳竞技水平 加强心理训练；重视思想教育；提高事业心、责任感	身心发育已接近成人，已具备向最佳竞技水平冲击所需的身体和心理条件 此阶段重点提高实战能力，积累个人和整体实力，是创造最佳竞技水平的关键时期 加强心理训练；重视思想教育；提高事业心、责任感	男生进入性发育成熟阶段，女生发育接近成人 男、女生身体素质和运动能力、技术水平呈现显著差异，要根据实际情况制定男生与女生不同的测试标准

二、女生体能测试项目评分标准

(一) 30米跑 (表6-43)

表6-43　30米跑评分标准

得分	年龄与对应成绩								
	7~8岁	9~10岁	11岁	12岁	13岁	14岁	15岁	16岁	17岁
5	6″00	5″50	5″40	5″20	4″70	4″80	4″60	4″50	4″30
4	6″20	5″80	5″60	5″40	5″00	4″90	4″80	4″70	4″50
3	6″30	6″00	5″80	5″60	5″10	5″00	4″90	4″80	4″60
2	6″50	6″20	6″00	5″80	5″20	5″10	5″00	4″90	4″80
1	6″70	6″40	6″20	6″00	5″30	5″20	5″10	5″00	4″90

(二) 60米跑 (表6-44)

表6-44　60米跑评分标准

得分	年龄与对应成绩								
	7~8岁	9~10岁	11岁	12岁	13岁	14岁	15岁	16岁	17岁
5	—	—	—	—	8″50	8″00	7″80	7″60	7″50
4	—	—	—	—	9″00	8″50	8″20	8″10	8″00
3	—	—	—	—	9″50	9″30	8″90	8″80	8″60
2	—	—	—	—	10″00	9″80	9″40	9″30	9″10
1	—	—	—	—	10″50	10″30	10″20	10″10	10″00

(三) 100米跑 (表6-45)

表6-45　100米跑评分标准

得分	年龄与对应成绩								
	7~8岁	9~10岁	11岁	12岁	13岁	14岁	15岁	16岁	17岁
5	—	—	—	—	14″50	14″30	14″10	14″00	13″80
4	—	—	—	—	15″00	14″80	14″50	14″30	14″00
3	—	—	—	—	15″20	15″00	14″80	14″50	14″30
2	—	—	—	—	15″50	15″20	15″00	14″80	14″50
1	—	—	—	—	16″00	15″50	15″20	15″00	14″80

（四）400米跑（表6-46）

表6-46　400米跑评分标准

得分	年龄与对应成绩							
	7~8岁	9~10岁	11岁	12岁	13岁	14岁	15岁	16岁	17岁
5	—	—	1′40″	1′35″	1′28″	1′25″	1′23″	1′20″	1′15″
4	—	—	1′42″	1′38″	1′33″	1′30″	1′25″	1′23″	1′20″
3	—	—	1′45″	1′40″	1′38″	1′35″	1′30″	1′28″	1′25″
2	—	—	1′50″	1′45″	1′43″	1′40″	1′35″	1′33″	1′30″
1	—	—	2′00″	1′50″	1′48″	1′45″	1′40″	1′38″	1′35″

（五）立定跳远（表6-47）

表6-47　立定跳远评分标准

得分	年龄与对应成绩							
	7~8岁	9~10岁	11岁	12岁	13岁	14岁	15岁	16岁	17岁
5	1.40米	1.50米	1.60米	1.70米	1.90米	2.00米	2.10米	2.20米	2.30米
4	1.30米	1.40米	1.50米	1.60米	1.80米	1.90米	2.00米	2.10米	2.20米
3	1.20米	1.30米	1.40米	1.50米	1.70米	1.80米	1.90米	2.00米	2.10米
2	1.00米	1.10米	1.30米	1.40米	1.50米	1.60米	1.70米	1.90米	2.00米
1	0.90米	1.00米	1.10米	1.20米	1.30米	1.40米	1.50米	1.60米	1.80米

（六）界外球掷远（表6-48）

表6-48　界外球掷远评分标准

得分	年龄与对应成绩							
	7~8岁	9~10岁	11岁	12岁	13岁	14岁	15岁	16岁	17岁
5	—	—	15米	16米	18米	20米	22米	23米	25米
4	—	—	13米	15米	16米	18米	20米	21米	23米
3	—	—	11米	13米	14米	16米	18米	19米	20米
2	—	—	10米	12米	13米	14米	16米	17米	18米
1	—	—	8米	10米	11米	12米	14米	15米	16米

注：11~12岁用3号球；13~15岁用4号球；16~17岁用5号球。

（七）3×10米三角形跑（表6-49）

表6-49　3×10米三角形跑评分标准

得分	年龄与对应成绩									
	7~8岁	9~10岁	11岁	12岁	13岁	14岁	15岁	16岁	17岁
5	16″00	15″60	15″20	14″50	—	—	—	—	—
4	17″20	16″20	15″60	15″20	—	—	—	—	—
3	18″20	17″00	16″60	16″00	—	—	—	—	—
2	19″00	18″20	17″40	17″20	—	—	—	—	—
1	20″00	19″00	18″60	18″00	—	—	—	—	—

（八）5—25米折返跑（表6-50）

表6-50　5—25米折返跑评分标准

得分	年龄与对应成绩									
	7~8岁	9~10岁	11岁	12岁	13岁	14岁	15岁	16岁	17岁
5	—	—	—	—	36″00	35″50	34″80	34″50	34″20
4	—	—	—	—	37″00	36″70	36″00	35″80	35″50
3	—	—	—	—	38″00	37″70	37″00	36″80	36″50
2	—	—	—	—	39″50	39″00	38″00	37″80	37″50
1	—	—	—	—	40″50	40″00	39″50	39″00	38″50

（九）12分钟跑（表6-51）

表6-51　12分钟跑评分标准

得分	年龄与对应成绩									
	7~8岁	9~10岁	11岁	12岁	13岁	14岁	15岁	16岁	17岁
5	—	—	—	—	2700米	2800米	2900米	3000米	3100米
4	—	—	—	—	2600米	2700米	2800米	2900米	3000米
3	—	—	—	—	2450米	2550米	2650米	2750米	2900米
2	—	—	—	—	2300米	2400米	2500米	2600米	2700米
1	—	—	—	—	2100米	2200米	2300米	2400米	2500米

（十）3000米跑（表6-52）

表6-52　3000米跑评分标准

得分	年龄与对应成绩								
	7~8岁	9~10岁	11岁	12岁	13岁	14岁	15岁	16岁	17岁
5	—	—	—	13′20″	13′00″	12′50″	12′30″	12′00″	11′50″
4	—	—	—	13′50″	13′20″	13′00″	12′50″	12′30″	12′10″
3	—	—	—	14′00″	13′50″	13′20″	13′00″	12′50″	12′30″
2	—	—	—	14′50″	14′00″	13′50″	13′20″	13′10″	13′00″
1	—	—	—	15′00″	14′50″	14′20″	14′00″	13′50″	13′30″

（十一）仰卧起坐（表6-53）

表6-53　仰卧起坐评分标准

得分	年龄与对应成绩								
	7~8岁	9~10岁	11岁	12岁	13岁	14岁	15岁	16岁	17岁
5	—	—	25次	30次	35次	38次	40次	45次	50次
4	—	—	20次	25次	30次	33次	35次	38次	45次
3	—	—	18次	22次	25次	26次	28次	32次	38次
2	—	—	16次	18次	20次	22次	25次	28次	32次
1	—	—	15次	16次	18次	20次	22次	24次	26次

注：1分钟完成次数。

三、女生基本技术测试评分标准

（一）运球绕杆（与男生测试相同）（表6-54）

表6-54　运球绕杆评分标准

年龄	7~8岁			9~10岁			11~12岁			13~14岁			15岁		
等级	及格	良好	优秀	及格	良好	优秀	及格	良好	优秀	及格	良好	优秀	及格	良好	优秀
运球绕杆	32″00	30″00	28″00	30″00	27″00	25″00	28″00	25″00	22″00	26″00	22″00	20″00	24″00	21″00	19″00

（二）运球转身（与男生测试相同）（表6-55）

表6-55 运球转身评分标准

年龄	7~8岁			9~10岁			11~12岁			13~14岁			15岁		
等级	及格	良好	优秀	及格	良好	优秀	及格	良好	优秀	及格	良好	优秀	及格	良好	优秀
运球转身	10"00	9"00	8"00	9"50	8"50	7"50	9"30	8"30	7"30	9"10	8"10	7"10	8"60	7"50	7"00

（三）"之"字折线运球（与男生测试相同）（表6-56）

表6-56 "之"字折线运球评分标准

年龄	7~8岁			9~10岁			11~12岁			13~14岁			15岁		
等级	及格	良好	优秀	及格	良好	优秀	及格	良好	优秀	及格	良好	优秀	及格	良好	优秀
"之"字折线运球	21"50	19"50	16"50	21"00	19"00	15"00	19"50	18"00	14"50	18"50	16"00	14"00	16"00	14"00	12"00

（四）接、控、运、传组合（与男生测试相同）（表6-57）

表6-57 接、控、运、传组合评分标准

年龄	11~12岁			13~14岁			15岁		
等级	及格	良好	优秀	及格	良好	优秀	及格	良好	优秀
接、控、运、传组合	40分	50分	60分	50分	60分	70分	60分	70分	80分

（五）运、过、射组合（与男生测试相同）（表6-58）

表6-58 运、过、射组合评分标准

年龄	11~12岁			13~14岁			15岁		
等级	及格	良好	优秀	及格	良好	优秀	及格	良好	优秀
运、过、射组合	40分	50分	70分	50分	70分	80分	70分	80分	90分

注：11~12岁在6秒内完成射门；13~14岁、15岁在5秒内完成射门。

四、女生比赛运用基本技术能力测试

比赛类型如表6-59所示,考评依据如表6-60所示,评分标准如表6-61所示。

表6-59 比赛类型

年 龄	7~8岁	9~10岁	11~12岁	13~14岁	15~17岁
比赛类型	五人制	五人制	八人制	十一人制	十一人制

注:12岁以下用3号球,13~15岁用4号球,16岁以上用5号球。

表6-60 考评依据

有 球				无 球	
个人进攻能力	配合进攻能力		无球跑动能力		配合防守能力
^	局部配合	全队配合	个人进攻	个人防守	^
接、控球,传球,运球,过人突破,射门	二打一、二打二	边路进攻、中路进攻、转移进攻	接应跑位、扯动策应、抢点、补射	防守选位,回防补位,紧逼、封堵,抢断、围抢	补位、协防、保护

表6-61 评分标准

年龄	7~8岁			9~10岁			11~12岁			13~15岁			16岁以上		
等级	及格	良好	优秀	及格	良好	优秀	及格	良好	优秀	及格	良好	优秀	及格	良好	优秀
累计分数	15分	16分	18分	15分	18分	21分	25分	27分	30分	27分	30分	33分	28分	33分	38分

注:7~8岁、9~10岁是3名考评员的累计分。11~12岁、13~15岁、16岁以上是5名考评员的累计分。

下篇
青少年足球运动体能训练

第七章 青少年足球运动员体能训练方法

第一节 热身

一、筋膜梳理

（一）小腿后群肌肉

目的： 梳理小腿三头肌肌筋膜。

动作： 泡沫轴横向放于瑜伽垫上，右腿伸直将小腿三头肌垂直放于泡沫轴上，左腿弯曲，左脚踩实地面，双臂置于身体两侧，双手十指向前将身体撑起，缓慢前后滚压整个小腿三头肌（图7-1）。

图 7-1

要点： ①滚压时脚尖先保持正中，然后分别向内侧、外侧旋转，确保小腿后群肌肉都得到滚压，同时检查有无扳机点，滚压扳机点时保持匀速呼吸。②滚压时肘关节微屈，避免肘关节完全伸直。③可以规定单侧练习的次数，然后换另一侧继续练习，如此左右交替进行。以下练习除特殊标注外，皆如此，不再赘述。

（二）大腿后群肌肉

目的：梳理大腿后群肌筋膜。

动作：泡沫轴横向放于瑜伽垫上，右腿伸直将腘绳肌垂直放于泡沫轴上，左腿弯曲，左脚踩实地面，双臂置于身体两侧，双手十指向前将身体撑起，缓慢前后滚压整个大腿后侧（图7-2）。

图 7-2

要点：①滚压时脚尖保持正中，可以向内侧旋转。向内侧旋转时，身体略微向内侧转动，确保大腿后群肌肉都得到滚压，同时检查有无扳机点，滚压扳机点时保持匀速呼吸。②滚压时肘关节微屈，避免肘关节完全伸直。

（三）臀部肌群

目的：梳理臀部肌筋膜。

动作：泡沫轴斜向放于瑜伽垫上，身体略微右转，右侧臀部放于泡沫轴上，双腿弯曲，右手撑于垫上，缓慢滚压整个臀部（图7-3）。

要点：①缓慢滚压，寻找有无扳机点，滚压扳机点时保持匀速呼吸。②滚压时肘关节微屈，避免肘关节完全伸直。

图 7-3

（四）上背部肌群

目的：梳理上背部肌筋膜。

动作：泡沫轴横向放于瑜伽垫上，仰卧，上背部置于泡沫轴上，双脚踩实地面，避免膝关节超过脚尖，手臂交叉触摸两肩，缓慢滚压上背部（胸椎区域）（图7-4）。

图 7-4

要点：缓慢滚压，寻找有无扳机点，滚压扳机点时保持匀速呼吸。

（五）大腿前侧肌群

目的：梳理大腿前侧肌筋膜。

动作：泡沫轴横向放于瑜伽垫上，俯卧，双臂肘撑，双腿略微分开垂直放于泡沫轴上，缓慢前后滚压整个大腿前侧（图7-5）。

要点：①缓慢滚压，寻找有无扳机点，滚压扳机点时保持匀速呼吸。②提醒运动员不要塌腰，双脚离开地面。

图 7-5

（六）大腿内侧肌群

目的：梳理大腿内侧肌筋膜。

动作：泡沫轴横向放于瑜伽垫上，运动员俯卧于瑜伽垫，右腿屈膝外展，大腿内侧垂直放在泡沫轴上，滚压整个大腿内侧，重点滚压外侧三分之一处（图7-6）。

图 7-6

要点：①缓慢滚压，寻找有无扳机点，滚压扳机点时保持匀速呼吸。②提醒运动员趴在垫子上不要侧躺，尽量多地将身体重量压在泡沫轴上。

（七）大腿外侧肌群

目的： 梳理大腿外侧肌筋膜。

动作： 泡沫轴横向放于瑜伽垫上，运动员以侧撑姿势准备，上腿交叉放于下腿前侧，双手支撑身体，下腿小腿伸直，脚尖抬离地面，缓慢前后滚压整个大腿外侧（图7-7）。

图 7-7

要点：①缓慢滚压，寻找有无扳机点，滚压扳机点时保持匀速呼吸。②提醒运动员臀部前伸，尽量多地将身体重量压在泡沫轴上。

（八）小腿前侧肌群

目的：梳理小腿前侧肌筋膜。

动作：泡沫轴横向放于瑜伽垫上，运动员以俯撑姿势准备，右腿屈髋屈膝，略微向左转动，将小腿前侧垂直放在泡沫轴上，缓慢前后滚压整个小腿前侧（图7-8）。

要点：①缓慢滚压，寻找有无扳机点，滚压扳机点时保持匀速呼吸。②提醒运动员不要滚压胫骨。③提醒运动员将身体重量压在小腿前侧，滚压时整体移动，不要只移动小腿。

图 7-8

二、躯干支柱激活

（一）髋关节稳定性——臀肌激活

1. 初级动作

（1）标准半蹲。

目的：激活臀肌，建立主动屈髋下蹲动作模式。

动作：双脚平行站立，略宽于肩，脊柱保持中立位，背部挺直，腹部收紧，手臂收于胸前，头部正直，目视前方。躯干前倾，颈部保持直立，目视斜下方，主动屈髋下蹲至大腿平行于地面（图7-9）。

图 7-9

要点：①脚尖、膝关节方向一致，不要内扣或外展膝关节。②膝盖不要超过脚尖。

（2）跳水式半蹲。

目的：激活臀肌，牵拉中下背部，建立主动屈髋下蹲动作模式。

动作：双脚平行站立，略宽于肩，脊柱保持中立位，背部挺直，腹部收紧，手臂伸直举于头上，双手前后交叠，头部正直，目视前方。躯干前倾，颈部保持直立，目视斜下方，双手前后同时发力，主动屈髋下蹲至大腿平行于地面（图7-10）。

图7-10

要点：脚尖、膝关节方向一致，不要内扣或外展膝关节。注意膝盖不要超过脚尖。

（3）双腿臀桥。

目的：主要激活臀肌，其次发展腘绳肌和中下背部力量。

动作：仰卧姿态，双臂置于身体两侧，膝盖弯曲，脚跟接触地面。手臂下压，同时将髋部提离地面，肩胛骨离开地面，腹部内收，膝、髋、肩在同一条直线上。保持2～3秒后回到起始姿势（图7-11）。

图7-11

要点：①主动收紧臀肌和腘绳肌进行和保持此动作，避免腰椎过伸。②髋部不能松弛或弯曲，不要晃动，只用肩部和脚跟接触地面。

（4）外展背飞。

目的：主要激活臀肌，其次发展腘绳肌和背部力量。

动作：俯卧，双臂头上伸直，双腿伸直，双手握拳大拇指向上。臀部和背部发力，将手臂和大腿抬离垫子。保持2～3秒后回到起始姿势（图7-12）。

图7-12

要点：主动收紧臀肌，保持手臂稳定，颈部收紧。

（5）跪姿伸展。

目的：激活臀肌，提高躯干整体协调性，发展躯干稳定性；发展脊柱深层稳定肌群、腹外斜肌、伸髋肌和腘绳肌。

动作：双手、双膝四点支撑，双手在肩关节正下方，双膝在髋关节正下方，躯干平行于地面，腰椎处于屈伸运动的中立范围。手臂不动，抬起左腿直到平行于地面，保持2～3秒后回到起始姿势（图7-13）。

图7-13

要点：①避免出现脊柱旋转（腹肌力量不足造成的）、过度伸展及腰椎过度旋转（髋关节伸肌力量不足造成的）。②从身体核心部位发起动作，动作过程中躯干不要产生任何代偿动作。

2. 中级动作（使用迷你弹力带）

（1）蚌式开合。

目的：激活臀中肌，提高侧向移动能力。

动作：以侧卧位姿态准备，屈膝屈髋，双手保持上半身稳定，迷你弹力带缠绕在膝关节上方。双脚上下叠放，下腿压住地面，臀中肌发力，上腿缓慢进行开合动作（图7-14）。

图 7-14

要点：①应避免上半身向后旋转，保持弹力带持续拉紧状态。②动作过程中保持匀速呼吸。

（2）跪撑外展。

目的：激活臀中肌，提高侧向移动能力及躯干整体协调性，发展躯干肌肉的稳定性。

动作：双手、双膝四点支撑，双手在肩关节正下方，双膝在髋关节正下方，躯干平行于地面，腰椎处于屈伸运动的中立范围。迷你弹力带缠绕在膝关节上方，一条腿保持弯曲抬起，髋关节缓慢外展打开（图7-15）。

图 7-15

要点：①躯干稳定不要旋转，腹部收紧，脊柱保持中立位，保持弹力带持续拉紧状态。②动作过程中保持匀速呼吸。

（3）半蹲髋部外旋。

目的：激活臀中肌，提高侧向移动能力。

动作：双脚分开平行站立，略宽于肩，双手收于体前，背部挺直，腹部收紧。迷你弹力带缠绕在膝关节上方，双腿同时缓慢进行内扣和外展动作（图7-16）。

图 7-16

要点：①保持重心平稳，避免上下起伏。②动作过程中保持匀速呼吸。

（4）横向蟹步。

目的：激活臀中肌，提高侧向移动能力。

动作：双脚分开平行站立，略宽于肩，呈四分之一下蹲姿势。双臂起跑姿态放好，迷你弹力带缠绕在膝盖上方。右腿向右侧迈步时，左腿蹬地，左臂前摆，右臂后摆，使身体向右移动。左脚回到开始姿势（图7-17）。

要点：①动作过程中双膝分开，膝关节与脚尖方向一致，背部挺直，脊柱保持中立位。②弹力带始终保持张力。

（5）正向蟹步。

目的：激活臀肌，提高正向移动能力。

动作：双脚分开平行站立，略宽于肩，呈半蹲姿势。双臂屈曲位，迷你弹力带缠绕在膝盖上方。膝关节弯曲，向前迈步移动，防止膝内扣，同时摆动腿的对侧肘后摆（图7-18）。

图 7-17　　　　　图 7-18

要点：①动作过程中双膝分开，膝关节与脚尖方向一致，背部挺直，脊柱保持中立位。②弹力带始终保持张力。

3. 高级动作（单腿支撑，使用稳定器材）

（1）屈膝单腿臀桥。

目的： 主要激活臀肌，发展腘绳肌和中下背部力量。

动作： 仰卧，双臂置于身体两侧，双腿屈膝，左侧脚跟接触地面，右腿保持屈膝、屈髋90°。臀肌发力，髋部抬离地面，左膝、髋、肩在同一条直线上，保持2～3秒后回到起始姿势（图7-19）。

要点： ①避免背部过伸、髋部松弛，只用头部、肩部、双臂和脚跟接触地面。②右脚保持背屈（勾脚尖）。

（2）直腿单腿臀桥。

目的： 主要激活臀肌，发展腘绳肌和中下背部力量。

动作： 仰卧，双臂置于身体两侧，右腿伸直，左腿弯曲，脚跟接触地面，右侧大腿平行于左侧大腿。臀肌发力，髋部抬离地面，膝、髋、肩在同一条直线上，保持2～3秒后回到起始姿势（图7-20）。

要点： ①避免背部过伸、髋部松弛或弯曲，只用头部、肩部、双臂和脚跟接触地面。②右腿伸直，右脚保持背屈（勾脚尖）。

（3）波速球双腿臀桥。

目的： 主要激活臀肌，发展腘绳肌和中下背部力量。

动作： 仰卧，双臂置于身体两侧，双脚放在波速球底面，屈膝、屈髋。臀肌发力，髋部抬离地面，膝、髋、肩在同一条直线上，保持2～3秒后回到起始姿势（图7-21）。

图 7-19

图 7-20

图 7-21

要点：①避免背部过伸、髋部松弛或弯曲，只用头部、肩部、双臂和脚跟接触地面。②尽量保持波速球平稳，不要倾斜。

（4）波速球单腿臀桥。

目的：主要激活臀肌，发展股四头肌、腘绳肌和中下背部力量。

动作：仰卧，双臂置于身体两侧，双腿屈膝、屈髋，右脚踩实波速球球面。臀肌发力，髋部抬离地面，左腿保持屈膝90°，右膝、髋、肩在同一条直线上，保持2~3秒后回到起始姿势（图7-22）。

要点：①避免背部过伸、髋部松弛，只用头、肩部和双臂接触地面。②抬起脚保持背屈（勾脚尖）。③尽量保持支撑脚平稳，不要倾斜。

图 7-22

（二）躯干稳定性——核心激活

1. 初级动作

（1）上卷腹（双腿）。

目的：主要激活核心肌群，发展腹部肌群力量。

动作：仰卧，屈膝 90°，双腿平行，双脚踩实地面，双臂伸直垂直于地面。上腹发力，肩部离开地面，保持6~8秒回到起始姿势（图7-23）。

要点：①手臂始终垂直于地面。②双脚不要抬离地面，双腿保持平行。③颈部收紧，与胸椎呈一条直线，目视指尖方向。

图 7-23

（2）上卷腹（单腿）。

目的：主要激活核心肌群，发展腹部、大腿前侧肌群力量。

动作：仰卧，右腿伸直，左腿屈膝 90°，左脚踩实地面，双臂伸直垂直于地面。上腹发力，肩部离开地面，保持右脚背屈（勾脚尖），保持 6～8 秒回到起始姿势（图7-24）。

要点：①手臂始终垂直于地面。②左脚不要抬离地面，蹬伸腿保持脚背屈（勾脚尖）。③颈部收紧，与胸椎呈一条直线，目视指尖方向。

（3）仰卧蹬车。

目的：主要激活核心肌群，发展腹部、大腿前侧肌群力量。

动作：仰卧，双臂放于身体两侧，与身体呈45°角，右腿伸直，脚背屈，左腿屈膝 90°。屈髋，下腹发力，左腿下蹬，左右腿交替做动作（图7-25）。

要点：①动作保持稳定、缓慢，2～3 秒后换腿。保持匀速呼吸，不要闭气。②蹬伸腿保持脚背屈（勾脚尖）。

（4）平板支撑。

目的：主要激活核心肌群，增强躯干肌肉力量，提高躯干的稳定性。

动作：俯卧，用前臂和脚尖支撑身体。提肩收下巴，头部与脊柱呈一条直线，双脚背屈（勾脚尖）（图7-26）。

要点：①把颈部和胸部尽可能远地推离地面，保持姿势稳定。②保持腹部内收，臀部收紧，头部与脊柱在一条直线上。③耳朵与脚踝呈一直线。避免腰部下垂、髋部抬高、膝关节弯曲。④不要耸肩，肩部位置保持在肘部正上方。⑤保持匀速呼吸，不要闭气。

（5）三点侧桥。

目的：主要激活核心肌群，增强躯干肌肉力量，提高躯干的稳定性。

图 7-24

图 7-25

图 7-26

动作：身体侧卧呈一条直线，肘部放在肩部下方，双脚前后保持半脚距离。将髋部推离地面，脚踝、髋部和肩部呈一条直线。颈部伸直并与脊柱呈一条直线（图7-27）。

要点：①将躯干推离地面，保持腹部收紧，姿势稳定。②保持头部和脊柱呈一条直线。③保持髋部向前推，身体挺直，避免身体弯曲或下垂。④保持匀速呼吸，不要闭气。

图 7-27

2. 中级动作

（1）仰卧对侧伸展。

目的：主要激活核心肌群，增强躯干肌肉力量，提高躯干的稳定性。

动作：仰卧，右腿伸直，左腿屈膝屈髋，大腿、小腿呈90°，双脚保持背屈，左臂于头部后方贴地伸直。腹部发力，肩部、上背部抬离地面，右手触碰左脚内踝，双手、双脚交替做动作（图7-28）。

图 7-28

要点：①手脚同时移动，保持脚背屈，动作缓慢，躯干稳定。②蹬伸腿保持脚背屈（勾脚尖）。③保持匀速呼吸，不要闭气。

（2）仰卧同侧伸展。

目的：主要激活核心肌群，增强躯干肌肉力量，提高躯干的稳定性。

动作：仰卧，左腿伸直，右腿屈膝、屈髋，大腿、小腿呈90°，双脚保持背屈，左臂于头部后方贴地伸直。腹部发力，肩部、上背部抬离地面，右手触碰右脚外踝，双手、双腿交替动作，可以每侧连续各做4~6次（图7-29）。

要点：①手脚同时移动，保持脚

图 7-29

背屈，动作缓慢，躯干稳定。②蹬伸腿要保持脚背屈。③保持匀速呼吸，不要闭气。

（3）三点平板。

目的： 增强躯干力量及稳定性，同时激活肩袖肌群。

动作： 平板支撑姿势准备，双脚之间的距离略宽于肩，保持躯干不动。抬起左腿（或举起左臂），三点平板支撑，保持1~2秒后回到起始姿势（图7-30）。

图 7-30

要点： ①随着一侧腿抬起（或手臂前伸），将体重平均分布在两臂（或两脚）上。②手臂离开地面前伸过程中，大拇指始终朝上，同时保持躯干不动。③整个动作过程中保持腹部收紧。④保持匀速呼吸，不要闭气。

（4）两点侧桥。

目的： 主要激活核心肌群，增强躯干肌肉力量，提高躯干的稳定性。

动作： 侧卧，单臂屈肘支撑，另一侧手臂向上伸直，双脚叠放并拢。将髋部推离地面，脚踝、髋部和肩部呈一条直线。颈部伸直与脊柱呈一条直线（图7-31）。

图 7-31

要点： ①将躯干推离地面，保持腹部收紧，姿势稳定。②保持头部和脊柱呈一条直线。③保持髋部向上推，身体挺直，避免身体弯曲或下垂。④保持匀速呼吸，不要闭气。

3. 高级动作（使用不稳定器材）

（1）瑞士球下卷腹。

目的： 主要激活核心肌群，增强躯干肌肉力量，提高躯干的稳定性。

动作： 手臂于垫上支撑，手臂垂直于躯干，双腿伸直，脚背屈放在瑞士球上。腹部发力，将瑞士球最大限度地向腹部收近（图7-32）。

图 7-32

要点： ①保持躯干稳定，不要左右晃动。②下腹主动发力，臀部尽量放平。③支撑手臂肘关节微屈。④保持匀速呼吸，不要闭气。

（2）瑞士球平板。

目的： 主要激活核心肌群，增强躯干肌肉力量，提高躯干的稳定性。

动作： 身体俯卧，前臂置于瑞士球上，双臂将胸部撑起。推起肘部，用前臂支撑体重，提肩收下巴，头部与脊柱呈一条直线，双脚背屈（勾脚尖）（图7-33）。

要点： ①把颈部和胸部尽可能远地推离瑞士球，保持姿势稳定。②保持腹部内收，臀部收紧，头部与脊柱在一条直线上。③耳朵与脚踝呈一直线。避免腰部下陷，髋部抬高，膝盖弯曲。④不要耸肩，肩部保持在肘部正上方。⑤保持匀速呼吸，不要闭气。

图 7-33

（3）两点平板。

目的： 主要激活核心肌群，增强躯干肌肉力量，提高躯干的稳定性。

动作： 平板支撑姿势准备，双脚分开与肩同宽，背部保持一条直线。同时抬起左手及右脚，保持4～6秒后回到起始姿势，左右交替进行（图7-34）。

要点： ①保持腹部内收，臀部收紧，头部与脊柱在一条直线上。②避免腰部下陷。髋部应抬高，膝关节尽量伸直。③不要耸肩，肩部保持在肘部正上方。

图 7-34

（4）旋转侧桥。

目的： 主要激活核心肌群，增强躯干肌肉力量，提高躯干的稳定性。

动作： 身体侧卧呈一条直线，单臂屈肘撑在波速球上，另一侧手臂向上伸直，双脚前后并拢。将髋部推离地面，脚踝、髋部和肩部呈一条直线，颈部伸直与脊柱呈一条直线。转动躯干，上方手臂从身体下方穿过，停顿2秒后回到起始位置（图7-35）。

要点： ①眼睛看着指尖，头部随着躯干转动。缓慢旋转，转动到最大限度。②保持匀速呼吸，不要闭气。

图 7-35

（三）肩部激活

1. 俯身"T"字练习

目的：激活肩部，提高肩部的稳定性。

动作：自然站立，屈髋、屈膝，背部平直，挺胸，手臂伸直，躯干（接近）平行于地面。收缩肩胛骨，双臂上抬成"T"字，大拇指向上（图7-36）。

图 7-36

2. 俯身"Y"字练习

目的：激活肩部，提高肩部的稳定性。

动作：自然站立，屈髋、屈膝，背部平直，挺胸，躯干（接近）平行于地面，双臂体前并拢伸直，双手握拳，伸出拇指，拳心向外。收缩肩胛骨，双臂上抬成"Y"字，大拇指向上（图7-37）。

图 7-37

3. 俯身"I"字练习

目的：激活肩部，提高肩部的稳定性。

动作：自然站立，屈髋、屈膝，背部平直，挺胸，躯干（接近）平行于地面，双臂体前并拢伸直，双手握拳，拳心相对，距离与肩同宽。收缩肩胛骨，双臂上抬呈"I"字，大拇指向上（图7-38）。

图 7-38

4. 俯身"W"字练习

目的：激活肩部，提高肩部的稳定性，预防肩部损伤，强化肩部外旋肌群。

动作：自然站立，屈髋、屈膝，背部平直，挺胸，手臂伸直，躯干（接近）平行于地面。收缩肩胛骨，双臂屈肘上抬呈"W"字，大拇指向上（图7-39）。

图 7-39

三、动态牵拉

（一）俯身勾脚

目的：牵拉小腿三头肌和股后肌群。

动作：左腿弯曲支撑，右腿前伸，脚跟着地，保持背屈。背部尽量保持平直，俯身触够脚尖，保持牵拉 1~2 秒（图7-40）。

要点：①触脚尖时，臀部后坐，保持重心向后。②中下背部收紧，避免过度弯腰。

图 7-40

（二）抱膝前行

目的：牵拉股后肌群和臀部肌群，激活前庭器官，加强身体平衡能力。

动作：右腿支撑，左腿屈膝 90° 提起，左脚保持背屈。双手抱住左膝，提踵上提，保持牵拉 1~2 秒，躯干保持稳定（图7-41）。

要点：①躯干保持稳定，避免后倾。②支撑腿先屈膝后提踵，控制踝关节，保持整体稳定。③核心收紧，保持躯干稳定，控制放腿，落地要轻。

图 7-41

（三）燕式平衡

目的： 牵拉股后肌群和臀部肌群，激活前庭器官，加强身体平衡能力。

动作： 身体直立准备，俯身向下，右腿支撑，左腿向后伸直，尽量与地面平行，脚保持背屈，手臂侧平举与躯干呈90°，保持牵拉1～2秒（图7-42）。

图 7-42

要点： ①支撑腿微屈，头部、髋部、脚踝呈一条直线，背部保持平直。②核心收紧，保持躯干稳定，控制放腿，落地要轻。③动作熟练后，手臂侧平举时可以尝试半握拳，大拇指向上。

（四）大腿前群拉伸

目的： 牵拉大腿前侧肌群，激活前庭器官，加强身体平衡能力。

动作： 身体直立准备，双脚分开与肩同宽，背部挺直，腹部收紧。右手握住右脚踝，脚跟向臀部靠近，左脚提踵的同时左手臂上举，保持牵拉1～2秒（图7-43）。

图 7-43

要点： ①被牵拉腿的膝关节指向地面，避免过度外展。②核心收紧，保持躯干稳定，避免躯干后倾，控制放腿，落地要轻。

（五）四字前行

目的： 牵拉髋关节外旋肌群，激活前庭器官，加强身体平衡能力。

动作： 身体直立准备，双脚分开与肩同宽，背部挺直，腹部收紧。右腿支撑，右手抱左脚踝，左手抱左膝，缓慢用力上抬，同时右脚提踵，保持牵拉1～2秒（图7-44）。

图 7-44

要点：①被牵拉腿的脚踝不要超过膝关节高度，避免膝关节处韧带过度牵拉。②核心收紧，保持躯干稳定，避免躯干后倾，控制放腿，落地要轻。

（六）后交叉步

目的：牵拉大腿外侧阔筋膜张肌、髂胫束和臀部肌肉。

动作：身体直立准备，双脚分开与肩同宽，双臂前平举。左腿支撑，右腿向左腿后交叉，缓慢下蹲至左腿外侧有牵拉感，保持牵拉1~2秒（图7-45）。

图 7-45

要点：核心收紧，保持躯干稳定，重心放在前脚脚后跟，下蹲时前侧膝关节不要超过脚尖。

（七）左右侧弓步

目的：牵拉大腿内侧肌群以及腹股沟，增强髋关节灵活性。

动作：身体直立准备，双脚分开与肩同宽，背部挺直，腹部收紧，双臂弯曲置于体前。右腿横跨一步，重心移至右腿呈侧弓步，双脚平行，脚尖向前，缓慢下蹲，左腿保持伸直，保持牵拉1~2秒（图7-46）。

图 7-46

要点：①下蹲时，双脚脚后跟不要离开地面。②背部直立，躯干稍微前倾，重心放在右脚跟，下蹲时膝关节不要超过脚尖。

（八）相扑深蹲

目的：牵拉股后肌群和腹股沟，增强髋关节灵活性。

动作：身体直立准备，双脚分开与肩同宽，背部挺直，腹部收紧，双手上举。俯身抓住脚尖，双腿伸直。下蹲，髋部向下尽量贴近脚跟，双臂置于膝内侧向外发力，背部挺直，臀部向上顶至腘绳肌有牵拉感，保持牵拉1~2秒（图7-47）。

图 7-47

要点：①下蹲时，双脚脚跟不要离开地面。②背部直立，重心放在两脚之间，下蹲时膝关节不要超过脚尖。

（九）弓步转体

目的：牵拉屈髋肌群、臀大肌及腹内、外斜肌，增强胸椎灵活性。

动作：身体直立准备，双脚分开与肩同宽，背部挺直，腹部收紧，右腿向前跨步成弓步，右腿大腿与地面平行，左腿弯曲。双臂前平举，右臂缓慢水平向右后转至最大幅度，头部随右臂转动，眼看右臂，同时左臂前伸，保持牵拉1~2秒（图7-48）。

图 7-48

要点：①前腿膝关节不要超过脚尖，后腿弯曲不要伸直。②核心收紧，背部直立，躯干垂直于地面，缓慢转动，避免弹震。

（十）手足前行

目的： 牵拉腘绳肌和小腿三头肌，激活核心和肩部肌群。

动作： 身体直立准备，双脚分开与肩同宽，俯身向下双手撑地，双腿伸直。双手向前爬行，保持腿部伸直状态，双手爬过头顶至最远端，双腿保持伸直走向双手，直到双腿无法保持伸直状态，双手继续爬行（图7-49）。

要点： ①双手向前爬行时，核心收紧，臀部不要左右晃动。②双脚向前行走时，膝关节伸直，脚踝要有弹动。

图 7-49

（十一）蜘蛛爬行

目的： 牵拉腹股沟、屈髋肌群和腘绳肌，激活核心和肩部肌群。

动作： 手臂伸直，俯撑，左腿前跨一步至左臂外侧，大腿尽量与地面保持平行，缓慢下压至左腿内侧有牵拉感，保持牵拉1~2秒；背部平直，双手向前爬行，后腿保持伸直状态，爬行至双腿平行，换腿上步（图7-50）。

图 7-50

要点： 爬行时背部挺直，核心收紧，保持低重心，避免臀部左右晃动。

（十二）伟大牵拉

目的： 牵拉腹股沟、屈髋肌群、腘绳肌、臀大肌和小腿三头肌。

动作： 如图7-51所示，①身体自然站立，双脚分开与肩同宽，背部挺直，腹部收紧，右腿前跨，左脚后蹬成弓步。②俯身向下，左手撑地与右脚平行，右肘触够右脚踝内侧，保持牵拉1~2秒。③左手撑地，右臂向外打开，目视右手，两臂呈一条直线，保持牵拉1~2秒。④右臂缓慢下放，双手撑地，重心向后移动，右膝逐渐伸直，右脚脚跟支撑，左腿尽量伸直，保持牵拉1~2秒。

图 7-51

要点： 尽量保持后腿膝关节伸直，缓慢牵拉，避免弹震。

四、动作整合

（一）线性动作

1. 加速跑

目的： 强化正确的动作模式，刺激中枢神经，提高动力链传导效率，提高动作效率，为线性速度训练做好准备。

动作：前后分腿起跑准备，听口令加速跑（图7-52）。

要点：强调正确的起跑姿势，重心放在前腿，后腿不要蹬直。

2. 快速后撤步

目的：强化正确的动作模式，刺激中枢神经，提高动力链传导效率，提高动作效率，为线性速度训练做好准备。

动作：双腿半蹲准备，听到行动口令后，保持低重心快速后撤（图7-53）。

要点：①股四头肌主动蹬地后撤，手臂快速前后摆动，保持身体平衡。②保持低重心移动，不要跳跃。

3. 正向高频垫步跳

目的：强化正确的动作模式，刺激中枢神经，提高动力链传导效率，提高动作效率，为线性速度训练做好准备。

动作：直立姿势准备，双脚分开与肩同宽，背部挺直，腹部收紧，手臂自然放于身体两侧。抬起右腿，大腿与地面平行，脚背屈，左右腿快速垫步交换，同时配合手臂前后摆动（图7-54）。

图 7-52

图 7-53

图 7-54

要点：臀部发力，摆动腿在髋部正下方下落，保证髋部充分伸展，蹬地时躯干收紧，不要松散，摆动腿超过对侧膝关节，手臂用力后摆。

4. 后踢腿跑

目的：强化正确的动作模式，刺激中枢神经，提高动力链传导效率，提高动作效率，为线性速度训练做好准备。

动作：直立姿势准备，双脚分开与肩同宽，背部挺直，腹部收紧，手臂自然置于身体两侧。一腿屈膝，小腿后抬，主动使脚跟踢到臀部，左右腿快速交换，同时配合手臂前后摆动，手臂用力后摆（图7-55）。

要点：跑动时，核心收紧，保持躯干稳定。

图 7-55

5. 高抬腿跑

目的：强化正确的动作模式，刺激中枢神经，提高动力链传导效率，提高动作效率，为线性速度训练做好准备。

动作：直立姿势准备，双脚分开与肩同宽，背部挺直，腹部收紧，手臂自然放于身体两侧。右腿快速蹬地高抬，摆动腿脚踝超过对侧膝关节，左右腿快速交换，同时配合手臂前后摆动，手臂用力后摆（图7-56）。

图 7-56

要点：跑动时，核心收紧，重点在于保持躯干的稳定（力量不足的运动员往往会前倾或后仰）。

6. 垫步—军步踢腿

目的：强化正确的动作模式，刺激中枢神经，提高动力链传导效率，提高动作效率，为线性速度训练做好准备。

动作：直立姿势准备，双脚分开与肩同宽，背部挺直，腹部收紧，手臂自然放于身体两侧。抬起右腿，大腿与地面平行，脚背屈，右脚垫步的同时左腿伸直向前踢出，同时配合手臂前后摆动（图7-57）。

要点：垫步侧臀部发力，在髋部正下方下落，保证髋部充分伸展，蹬地时躯干收紧，不要松散，摆动腿充

图 7-57

分伸直，手臂用力后摆。

（二）多方向动作

1. 开合跳

目的：强化正确的动作模式，刺激中枢神经，提高动力链传导效率，提高动作效率，为多方向速度训练做好准备。

动作：直立姿势准备，双脚分开与肩同宽，背部挺直，腹部收紧，双臂侧举。双腿跳跃交叉的同时手臂交叉，双腿、双臂同时打开（图7-58）。

要点：核心收紧，保持躯干的稳定，跳跃要协调，整体要有节奏。

图 7-58

2. 侧滑步

目的：强化正确的动作模式，刺激中枢神经，提高动力链传导效率，提高动作效率，为多方向速度训练做好准备。

动作：双脚分开与肩同宽，屈膝、屈髋半蹲，背部挺直，腹部收紧，双臂收于胸前。一脚蹬地，另一腿水平侧跨步，保持低重心侧滑（图7-59）。

要点：核心收紧，保持躯干的稳定，移动过程中不要跳跃。

图 7-59

3. 侧向跨跳

目的：强化正确的动作模式，刺激中枢神经，提高动力链传导效率，提高动作效率，为多方向速度训练做好准备。

动作：双脚分开与肩同宽，屈膝、屈髋半蹲，背部挺直，腹部收紧，双臂收于胸前。一脚蹬地，另一腿跨步向左侧移动，保持高重心侧跨跳（图7-60）。

要点：核心收紧，保持躯干的稳定，蹬、跨动作要协调、连贯，移动过程中强调对侧腿快速蹬地。

图 7-60

4. 横向垫步跳

目的：强化正确的动作模式，刺激中枢神经，提高动力链传导效率，提高身体在横向移动过程中下肢的动作效率，为多方向速度训练做好准备。

动作：双脚分开与肩同宽，背部挺直，腹部收紧，双臂置于身体两侧。左臂前摆，同时右腿屈膝抬起，大腿与地面保持平行，右脚向下与地面接触两次，通过蹬地使身体向右移动，同时左膝、左脚抬起（图7-61）。

图 7-61

要点：保持脚背屈；腿下落时，保证髋部充分伸展；从臀部开始发力；蹬地时身体收紧，肘关节尽量后摆。

5. 交叉垫步跳

目的：强化正确的动作模式，刺激中枢神经，提高动力链传导效率，提高动作效率，为多方向速度训练做好准备。

动作：双脚分开与肩同宽，直立准备，背部挺直，腹部收紧，双臂自然置于身体两侧。右腿在体前向左侧交叉，落地后迅速向右侧蹬，左腿保持伸直跟随侧向移动，手臂在体前摆动，保持身体平衡（图7-62）。

图 7-62

要点：核心收紧，保持躯干的稳定，强调蹬伸腿主动侧蹬横跨动作。

6. 交叉舞步

目的：强化正确的动作模式，刺激中枢神经，提高动力链传导效率，提高动作效率，为多方向速度训练做好准备。

动作：双脚分开与肩同宽，直立准备，背部挺直，腹部收紧，双臂自然置于身体两侧。双腿快速前后轮换交叉，同时手臂在体前保持躯干稳定（图7-63）。

要点：核心收紧，保持躯干稳定，减小步幅，强调快频率。

图 7-63

7. 垫步转髋

目的：强化正确的动作模式，刺激中枢神经，提高动力链传导效率，提高动作效率，为多方向速度训练做好准备。

动作：双脚分开与肩同宽，直立准备，背部挺直，腹部收紧，双臂自然置于身体两侧。左腿在体前向右侧交叉，右脚垫步，同时左腿向左侧移动，髋关节外展打开，手臂在体前摆动保持身体平衡（图7-64）。

图 7-64

要点：核心收紧，保持躯干稳定，减小步幅，强调快频率。

五、神经激活

（一）高频并步前后跳

目的：下肢神经激活练习，促进下肢的快速反应，提高肌肉输出功率。

动作：基本站立准备，重心放在前脚掌，脚跟微微抬起，双脚分开与肩同宽，背部挺直，腹部收紧，双臂收于胸前。双脚同时快速前后跳跃，保持高频率跳跃6~8秒，手臂在体前配合摆动，保持躯干的稳定（图7-65）。

要点：①脚踝要有弹性，不要擦着地面跳跃。②并步跳跃结束后，可配合多种步法或不同方向的位移练习。③在保证动作质量的前提下，加入视觉或听觉刺激，如口令要求、颜色判断等，以提高运动员的神经兴奋程度。

图 7-65

（二）高频剪刀步跳

目的：下肢神经激活练习，促进下肢的快速反应，提高肌肉输出功率。

动作：前后分腿站立，重心放在两脚之间，背部挺直，腹部收紧，双臂肘关节弯曲置于身体两侧。双脚快速前后交换跳跃，保持高频率跳跃6~8秒，手臂配合双脚前后摆动（图7-66）。

要点：①脚踝要有弹性，不要擦着地面跳跃，手脚要高速协调配合，避免"顺拐"。②剪刀步结束后，可配合多种步法或不同方向的位移练习。③在保证动作质量的前提下，加入视觉或听觉刺激，如口令要求、颜色判断等，以提高运动员的神经兴奋程度。

图 7-66

（三）高频转髋步跳跃

目的：下肢神经激活练习，快速转髋，提高肌肉输出功率。

动作：前后分腿站立，重心放在两脚之间，背部挺直，腹部收紧，双臂肘关节弯曲放在身体两侧。躯干微微向前，双脚快速跳离地面，同时向右转动髋关节，手臂向左摆动，双脚落地后迅速做反方向动作，保持高频率跳跃6~8秒（图7-67）。

图 7-67

要点： ①脚踝要有弹性，不要擦着地面跳跃，手脚要高速协调配合，髋关节主动发力，始终保持胸部向前。②转髋步结束后，可配合多种步法或不同方向的位移练习。③在保证动作质量的前提下，加入视觉或听觉刺激，如口令要求、颜色判断等，以提高运动员的神经兴奋程度。

（四）高频小碎步

目的： 下肢神经激活练习，缩短双脚触地时间，提高肌肉输出功率。

动作： 双脚分开间距宽于肩，屈膝三分之一半蹲，重心放在两脚之间，背部挺直，腹部收紧，肘关节弯曲，双手收于胸前。躯干微前倾，双脚交替快速跳离地面，保持高频率跳跃6~8秒（图7-68）。

图 7-68

要点： ①脚踝要有节奏地快速弹动，手臂收于体前，保持躯干稳定。②碎步结束后可，配合多种步法或不同方向的位移练习。③在保证动作质量的前提下，加入视觉或听觉刺激，如口令要求、颜色判断等，以提高运动员的神经兴奋程度。

（五）高频开合跳

目的： 下肢神经激活练习，缩短双脚触地时间，提高肌肉输出功率。

动作： 双脚分开间距宽于肩，屈膝三分之一半蹲，重心放在两脚之间，背部挺直，腹部收紧，肘关节弯曲，双手收于胸前。躯干前倾，双脚快速并拢再打开，保持高频率跳跃6~8秒（图7-69）。

图 7-69

要点： ①脚踝要有节奏地快速弹动，保持低重心运动，手臂收于体前，保持躯干稳定。②开合步结束后，可配合多种步法或不同方向的位移练习。③在保证动作质量的前提下，加入视觉或听觉刺激，如口令要求、颜色判断等，以提高运动员的神经兴奋程度。

（六）机器人移动

目的：下肢神经激活练习，缩短双脚触地时间，提高肌肉输出功率。

动作：双脚分开间距宽于肩，屈膝三分之一半蹲，重心放在两脚之间，背部挺直，腹部收紧，手臂呈前后摆臂状态。躯干微前倾，双脚交替微微抬离地面，以高频碎步的形式缓慢向前移动，同时手臂保持较慢的摆臂频率，向前移动 5~8 米（图7-70）。

图 7-70

要点：①脚踝要有节奏地快速弹动，保持低重心运动，手脚要保持不一样的运动节奏。②碎步结束后，可配合多种步法或不同方向的位移练习，如加速跑、转身跑等。

第二节　速度训练

一、动作模式

（一）坐姿摆臂

目的：强化摆臂的正确动作模式，提高冲刺跑时摆臂的力量和幅度。

动作：坐在地上，双腿伸直并拢，躯干与地面垂直，双臂体侧屈肘，双手半握拳；双臂以胸锁关节为轴前后大幅度摆动，注意前摆不超过鼻尖，后摆幅度尽可能大。

要点：①腹部收紧，摆动时不要弯腰。②提醒运动员后摆要有力量，摆动时可想象裤子着火了，需要快速摆臂将火熄灭。③如果臀部可以弹离地面，说明充分发挥了摆臂的力量。

动作进阶：①坐姿→跪姿→站姿。②中速→快速。③1令1动→1令2动→1令3动→连续完成。

（二）扶墙抬腿

目的：强化屈髋抬腿的正确动作模式，提高冲刺跑的抬腿高度。

动作：以左腿为例。立于墙边（也可以队友代替墙），左手扶墙，左腿屈髋，保持大腿与地面平行，屈膝90°，胫骨垂直于地面，踝背屈，脚与地面平行。右腿弯曲，左腿向下、向后蹬，脚尖轻微触地。右腿伸直，左腿向前摆动，摆动到起始位置。

要点：①支撑腿的臀大肌紧张，核心收紧，躯干保持稳定。②脚踝始终保持背屈（勾脚尖）。

动作进阶：原地→行进间。

（三）扶墙车轮

目的：强化摆动腿折叠前摆的正确动作模式，缩短冲刺跑时摆动腿的折叠时间。

动作：以右腿为例。立于墙边，左侧身体贴墙，左臂上举，也可以相同的姿势侧卧于垫上。右腿屈髋，屈膝90°，踝关节背屈，脚与小腿垂直。右腿慢慢移动到左脚踝的位置时，迅速折叠前摆，摆动到起始位置。

要点：①支撑腿的臀大肌紧张，核心收紧，躯干保持稳定。②脚踝始终保持背屈（勾脚尖），折叠转动时不要碰到地面。③脚的运行轨迹应该是一个半圆形。

动作进阶：原地→侧躺→行进间。

（四）跨越障碍

目的：强化摆动腿折叠前摆的正确动作模式，缩短冲刺跑时摆动腿的折叠时间。

动作：以右腿为例。直立，将障碍物放在左脚旁边，左脚提踵，右腿屈膝、屈髋，右脚踝背屈，从障碍物上方跨过。右腿缓慢下放，退回到起始位置。

要点：①支撑腿的臀大肌紧张，核心收紧，躯干保持稳定。②脚踝始终保持背屈（勾脚尖），折叠转动时不要碰到障碍物。

动作进阶：①慢速→中速→快速。②单次跨越→多次跨越。

（五）高抬腿

目的：强化屈髋抬腿的正确动作模式，提高冲刺时摆动腿速度和高速协调能力。

动作：并步直立，右腿支撑，左腿屈髋保持大腿与地面平行，屈膝90°，胫骨垂直于地面，踝关节背屈，脚与地面平行。左腿快速蹬伸，右腿屈髋保持大腿与地面平行，屈膝90°，胫骨垂直于地面，踝关节背屈，脚与地面平行。

要点：①支撑腿的臀大肌紧张，核心收紧，躯干保持稳定。②抬起腿的脚踝背屈，大腿与地面平行。

动作进阶：①中速→快速。②1令1动→1令2动→1令3动→连续完成。

二、加速度

（一）推墙抬腿

目的：强化前倾时的身体姿势和腿部动作。

动作：双脚并拢站立，距离墙体约1米，身体前倾，双臂顶住墙体。双脚提踵，一条腿折叠，大腿与地面平行，踝关节背屈，脚尖与膝盖在一个方向上并且不超过膝盖，躯干保持正直。双腿蹬摆迅速交换，同时保持躯干与支撑腿呈一条直线。

要点：①支撑腿的臀大肌紧张，核心收紧，躯干保持稳定。②在整个蹬摆腿训练的过程中，保持躯干与支撑腿呈一条直线。③支撑腿蹬直，前摆腿摆至大腿与地面平行，踝关节背屈。

动作进阶：①中速→快速。②1令1动→1令2动→1令3动→连续完成。

（二）前倾冲刺

目的：强化前倾技术动作，提高第一步动作速度。

动作：双脚分开与髋同宽，运动员笔直站立，面向前方，整个身体向前倾斜。自然迈出第一步，并落在臀部正下方。

要点：①背部、臀部、核心肌群收紧，前倾时髋关节保持伸展。②手臂迅速摆动，保持上半身的平衡。

动作进阶：单人前倾→单人向后跳跃前倾加速→双人前倾加速（加大倾斜

角度，不超过45°）。

（三）俯身冲刺

目的： 强化低重心加速能力，提高第一步动作速度。
动作： 俯卧，手掌在肩部两侧支撑。听到口令后，迅速撑起身体全力冲刺。
要点： ①撑起加速时，要求踝、膝、髋关节处在一条直线上。②运动员需要在未完全直立、身体还在前倾的状态下发力冲刺。
动作进阶： 单人→多人追逐。

（四）药球前推冲刺

目的： 提高加速阶段的爆发力。
动作： 半蹲姿势准备，双手持药球置于胸前，五指分开，手掌放在药球的后半部分。通过髋、膝、踝关节完全伸展，手臂迅速伸直，将球向前推出，同时向前冲刺。
要点： 半蹲前推药球时，要有爆发力，尽可能推远，并借助前倾的力量加速跑出。

（五）抗阻冲刺（雪橇、阻力带）

目的： 提高加速阶段的爆发力，强化前倾状态下的身体姿势。
动作： 将可调节的肩带或者腰带系在雪橇车上，身体前倾，拖拽雪橇车向前冲刺。
要点： ①雪橇车的总重量不要超过运动员体重的10%。②教练员仔细观察在冲刺跑时，运动员技术动作有无变形。如果不能保证正确的跑动技术，或者完成时长超过标准时间的10%，说明当前重量过大。

（六）上坡跑

目的： 提高加速阶段的爆发力，强化前倾状态下的身体姿势。
动作： 在一个5°~10°的斜坡上向上冲刺，注意冲刺时使用有效的加速动作。
要点： 完成一次冲刺后，要求运动员慢慢走回起点，保证下次冲刺前有充足的时间恢复。

（七）多方向动态启动

目的：提高运动员从多种移动状态下启动加速的能力。

动作：放置两个标志桶标记开始区域，再放置一个标志桶标记加速区域。运动员开始在前两个标志桶之间移动，在到达第二个标志桶时，向第三个标志桶加速一段距离。

要点：①在初始移动期间，保持对身体姿势的控制。②在加速时，要强有力地摆动双腿和双臂。③这个训练可以发展成多种模式，运动员可以自己掌控节奏，或者根据外部信号调整。

三、最大速度

（一）举杆高频垫步

目的：提升高速协调性，强化抬腿和蹬地的正确动作模式。

动作：直立，目视前方，一腿屈髋、屈膝 90°，脚踝保持背屈，同时另一腿顺势提踵。双腿交替向前移动，手臂伸直举过头顶。

要点：①保持稳定的骨盆位置，腰背直立，双肩朝向前方。②尽可能快地蹬踏地面。

（二）双垫步车轮

目的：提升高速协调性，强化折叠摆腿的正确动作模式。

动作：直立，目视前方，一腿在双垫步的同时，另一腿迅速完成一次折叠摆动。手臂以标准跑步摆臂姿势顺势向后摆动。

要点：①保持稳定的骨盆位置，腰背直立，双肩朝向前方。②尽可能快地折叠摆动。

（三）高抬腿跑

目的：提升高速协调性，提高最大速度时的换腿频率。

动作：双腿快节奏地交替做高抬腿，保证每次抬腿大腿都与地面平行。髋、膝、踝关节快速伸展，提高抬腿频率。

要点：①保持稳定的骨盆位置，腰背直立，身体不要后倾。②两脚踝始终保持背屈（勾脚尖）。

（四）后蹬跑

目的： 提高下肢爆发力和步幅，增强脚踝的弹性和身体硬度。

动作： 双脚起跳，支撑腿用力蹬地向前，摆动腿屈膝、屈髋 90°，脚踝保持背屈，手臂用力向上、向前摆动。完成4次跨步后冲刺。

要点： 注意抬高膝关节和充分蹬伸动作。跨跳时小腿不要为了追求步幅而向前踢腿。

（五）前踢直腿跑

目的： 刺激大腿后侧肌群，增强脚踝肌肉的弹性。

动作： 双腿保持伸直，脚踝保持背屈，双腿快速交替前踢，向前跑出。

要点： 躯干保持稳定，不要有大幅度晃动。

（六）前踢直腿车轮跑

目的： 刺激大腿后侧肌群，缩短折叠摆腿时间，强化高速协调能力。

动作： 双腿保持伸直，脚踝保持背屈，双腿快速交替前踢，向前移动。行进中，一腿触地支撑时，另一腿迅速完成一次折叠摆动。

要点： 躯干保持稳定，不要左右晃动。

（七）踝关节弹动训练

目的： 提高踝关节的弹性和力量。

动作： 一腿抬起，另一腿膝关节保持伸直，通过弯曲和伸展踝关节向前移动。每侧踝关节弹动两次后换另一侧。

要点： 步幅短但是步频要快。髋关节和膝关节几乎完全伸直，不要弯曲。

四、训练应用示例

训练应用示例如图7-71所示。

训练目标：强化抬腿动作模式，提高冲刺及带球速度

训练内容：1. 速度基础动作模式练习——抬腿
2. 冲刺后带球进入目标区域并控球

训练难度：中级

训练说明：教练员把球踢进场内，得球方带球进入端区得分

训练模块	动作模块	单组时间	间歇时间	重复次数	训练时间
动作准备		—			10~15分钟
基础体能	扶墙车轮	15~20秒	15~20秒	2~4组	4~6分钟
	前倾冲刺	2~3次/组	30秒	20米 2~3组	8~10分钟
专项技术	带球跑	10~15秒	20~30秒	10~12组	25~30分钟
能量代谢		—			25~30分钟
恢复再生		—			10分钟

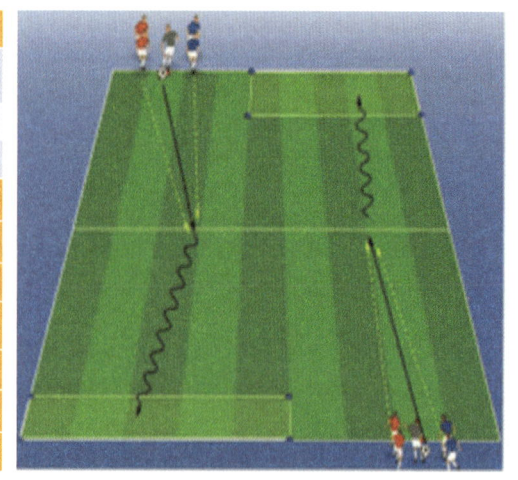

训练目标：强化抬腿动作模式，提高冲刺速度及压力下射门能力

训练内容：1. 速度基础动作模式练习——抬腿
2. 冲刺后带球进入目标区域并控球

训练难度：高级

训练说明：教练员把球踢进场内，得球方带球完成射门

训练模块	动作模块	单组时间	间歇时间	重复次数	训练时间
动作准备		—			10~15分钟
基础体能	推墙抬腿	10~15秒	20~30秒	3~5组	6~8分钟
	俯身加速	2~3次/组	30秒	20米 2~3组	8~10分钟
专项技术	带球射门	10~15秒	20~30秒	10~12组	25~30分钟
能量代谢		—			25~30分钟
恢复再生		—			10分钟

图7-71

第三节 力量训练

一、全身力量

（一）半蹲推举

目的：提高动力链能量传导效率和全身爆发力。

动作：直立站位，双手握哑铃置于肩上，距离与肩同宽。保持手臂姿势不

变，屈髋下蹲至大腿与地面平行。伸髋站起，同时将哑铃推举过头顶至手臂伸直（图7-72）。

要点： ①保持躯干稳定，背部挺直，腹部收紧。②下蹲时，重心保持在脚跟，膝关节不要超过脚尖或者内扣。③推举过程中，保持肩胛骨内收。

动作进阶： 双腿平行站立→双腿前后站立→弓步登阶（垂直、侧向）。

图7-72

（二）土耳其起立

目的： 提高动力链能量传导效率和全身爆发力。

动作： ①仰卧位，左腿伸直，右腿屈膝约90°，脚踏于地面。②右手握哑铃置于胸部上方，手臂伸直且垂直于地面，左臂置于地面与身体约呈45°夹角，掌心向下，双眼直视哑铃。③上身按照右肩、左肩、腰背的顺序快速挺起离地，以左臂撑起身体。④上身挺起，挺胸直背，左臂伸直，右腿及臀部用力，左侧髋向上抬起，左手支撑地面，使身体从头至左脚踝呈一条直线。⑤左腿向后移动，单膝跪地，使左膝、踝与左手在一条直线上，上身挺直，身体呈半跪姿。站起直立，目视前方。⑥按照顺序倒退回到起始姿势，重复规定次数（图7-73）。

图7-73

（三）药球劈砍

目的： 提高动力链能量传导效率和全身爆发力。

动作： 站姿，双手持球，双脚间距略宽于肩，举球过顶，核心收紧，身体充分伸展至脚跟离地。躯干屈曲，将球使劲砸向地面。

要点： 在动作过程中，一直保持核心收紧、背部挺直，保持躯干的稳定性。

动作进阶： 增加球的重量。

（四）侧抛药球

目的： 提高动力链能量传导效率和核心旋转爆发力。

动作： ①直立站位准备，面向墙壁，躯干与墙壁保持0.6~1.2米的距离，髋关节平行于墙壁，双手持药球于腰前，手臂屈肘。②向身体的后方旋转躯干，把药球拉向髋部后侧，通过髋部发力，带动躯干、肩部、手臂，把动力传递到药球上，尽可能用最大力量将药球甩向墙壁。③接球时，微屈手臂，一手在药球的下方，另一手在药球的后方，回到起始姿势，重复规定的次数（图7-74）。

图7-74

要点： ①通过屈膝、屈髋可以增大动作的幅度，提升扔球的力量和出手速度。②通过髋部发力，将药球水平甩向墙壁。③始终背部平直，腹部收紧，动作完成连贯，没有停顿。

二、上肢力量

（一）上肢水平推的训练动作

1. 卧推

目的： 主要发展胸大肌、肱三头肌和三角肌前束力量。

动作：平躺在训练凳上，双手正握杠铃置于胸部正上方，握距略宽于肩，手臂伸直。手肘张开，竖直放下杠铃至胸部，快速推起杠铃，回到起始姿势（图7-75）。

图7-75

要点：①全脚掌着地，肩部、背部、头部时刻贴紧训练凳面。②控制杠铃缓慢下放，保持杠铃稳定。

动作进阶：①杠铃片→哑铃→杠铃。②双臂同时→双臂交替。

2. 飞鸟系列

目的：发展胸大肌和三角肌前束力量。

动作：①仰卧于训练凳上，背部贴紧凳面，双脚踩实地面，躯干与大腿呈一条直线。②双手正握哑铃置于胸部正上方，距离与肩同宽，手臂伸直。③手肘微屈、张开双臂，放下哑铃至体侧胸部高度，然后手臂内收，回到起始姿势。

要点：保持臀部和腹部收紧，身体不要晃动。

3. 俯卧撑系列

目的：发展胸大肌、三角肌前束和肱三头肌力量。

动作：双手、双脚撑地，双手距离略宽于肩，手臂伸直，头到脚踝呈一条直线。屈肘，身体下沉至上臂与地面平行，上臂与躯干夹角约为45°。快速推起身体，回到起始姿势（图7-76）。

要点：①保持挺胸直背，身体不要晃动。②腹部收紧，不要塌腰或翘起臀部。

动作进阶：①跪姿→标准姿势。②标准手距→宽距→窄距→斜向交替。③自重→负重。④支撑面稳定（地面）→支撑面不稳定（TRX、瑜伽球、药球等）。

图7-76

（二）上肢垂直推训练动作

1. 推举系列

目的：发展三角肌前束和肱三头肌力量。

动作：挺胸直背坐在训练凳上，双手正握杠铃置于头顶，握距略宽于肩，手臂伸直。肩胛骨内收，竖直放下杠铃至体前肩部高度。快速推起杠铃，回到起始姿势。

要点：①躯干保持稳定，不要晃动，背部挺直，腹部收紧。②保持双脚或单脚一直贴紧地面，下肢保持平衡稳定。

动作进阶：①坐姿→半跪姿（图7-77）→站姿→行进间弓步推举。②哑铃→壶铃。③双臂→单臂交替。

图7-77

2. 臂屈伸系列

目的：发展三角肌和胸大肌力量。

动作：①背对支撑架，双脚踩实地面，双手后握支撑架，间距略宽于肩。②屈肘下放至上臂与地面平行，快速推起，回到起始姿势。

要点：①保持挺胸直背，不要弯腰。②手臂下放时控制稳定，身体不要晃动。

动作进阶：①双腿支撑→单腿支撑。②双腿垫高。

（三）上肢垂直方向拉的训练动作

1. 引体向上系列

目的：主要发展背阔肌、大圆肌、斜方肌、肱二头肌力量。

动作：双手握住器械，间距略宽于肩（标准握杆），手臂伸直，身体自然下垂。保持身体和下肢不动，肩胛骨下回旋，屈肘将胸部拉向器械。慢慢放下，回到起始姿势（图7-78）。

图7-78

要点：①保持挺胸直背，腹部收紧，身体不要晃动。②肩胛骨内收，带动手臂下拉完成动作。③身体下降时，手臂尽量伸直。

动作进阶：①标准距离握杆→窄距握杆→宽距握杆。②反握→正、反握交替→正握。③辅助器械（弹力带）→自重。

2. 下拉系列

目的：主要发展背阔肌、大圆肌、斜方肌、肱二头肌等力量。

动作：面向拉力器，坐在训练凳上，手握把手置于头部上方，双手距离略宽于肩，手臂伸直。肩胛骨下回旋将手拉至胸部高度（图7-79）。

要点：①背部挺直，腹部收紧，保持躯干稳定。②肩胛骨内收，带动手臂完成下拉动作，下拉过程中身体不要后仰。

图7-79

动作进阶：①坐姿→跪姿。②双臂平行→双臂交叉→单臂。③反握→正握。

3. 提拉

目的：发展斜方肌和三角肌中束力量。

动作：①双脚平行，站姿准备，双手正握哑铃，手臂自然下垂，肘部微屈，肩部外展。②双肩后缩，肘关节上提，垂直向上拉起哑铃至胸部高度。

要点：背部挺直，腹部收紧，保持躯干稳定。

（四）上肢水平方向拉的训练动作

1. 划船系列

目的：发展斜方肌、背阔肌、三角肌后束等力量。

动作：①坐在训练凳上，面朝把手，距离略宽于肩，手臂伸直举平于胸前。②肩胛骨内收，屈肘将手拉向腹部，双肘向后方顶。

要点：①背部挺直，腹部收紧，保持躯干稳定。②肩部放松，不要耸肩。

动作进阶：①反握→正握。②双臂→单臂。③坐姿→双脚站立→单脚站立。④阻力带→哑铃。

2. 悬垂上拉

目的：发展斜方肌、背阔肌、三角肌后束等力量。

动作：双手握住固定杠铃杆，握距略宽于肩，身体自然悬垂挂于下方，屈膝 90°，身体从头到膝保持一条直线。肩胛骨内收，屈肘将胸部拉向杠铃。手臂伸直，回到起始姿势（图7-80）。

图7-80

要点：臀部和腹部收紧，不要屈髋。

动作进阶：①反握→正握。②双腿垫高（稳定）→双腿垫高（不稳定）。③固定器材→不固定器材（TRX）。

3. 俯身飞鸟

目的：发展斜方肌、三角肌、肩袖肌群和中上背部肌群等力量。

动作：俯身站立，双手握住哑铃，自然下垂于体前，保持背部收紧。肩胛骨内收，手臂向身体两侧抬起至上臂与地面平行。放下哑铃，回到起始姿势（图7-81）。

要点：①保持背部挺直，腹部收紧，手肘微屈，保持躯干稳定，不要晃动。②肩胛骨内收，带动手臂完成后拉动作。

动作进阶：双手直握→双手反握→双手正握。

图7-81

三、下肢力量

（一）下肢推的训练动作

1. 深蹲系列

目的：主要发展股四头肌、臀大肌和腘绳肌等力量。

动作：①自然站立，双脚分开，略宽于肩，双手自然下垂，置于身体两侧。②屈膝、屈髋，下蹲至大腿与地面平行，双臂抬起在体前保持平衡。

要点：①背部挺直，腹部收紧，保持躯干稳定。②两脚平行，脚尖向前，膝关节与脚尖方向一致，不要内扣或者超过脚尖，脚跟不要离开地面。

动作进阶：①高脚杯深蹲→双臂哑铃深蹲→单臂哑铃深蹲→菱形架深蹲。②负荷递增。

2. 弓步蹲系列

目的：主要发展股四头肌、臀大肌和腘绳肌等力量。

动作：①双脚前后分开站立，躯干直立，屈膝下蹲，前腿大腿和后腿小腿平行于地面，后腿膝关节离地约一拳距离。②前腿蹬伸回到起始姿势。

要点：①背部挺直，腹部收紧，保持躯干稳定。②前腿膝关节与脚尖方向一致，不要内扣或者超过脚尖，重心在前腿。

动作进阶：①高脚杯弓步蹲→双臂哑铃弓步蹲。②负荷递增。

3. 单腿下蹲

目的：主要发展股四头肌、臀大肌和腘绳肌等力量。

动作：①双脚前后分开站立，前腿膝关节微屈，同时后腿踝关节放在训练凳上，手臂在体前保持躯干稳定。②核心肌群收紧，保持身体正直，前腿弯曲至大腿与地面平行，后腿膝关节最大限度地接近地面。③前腿膝关节蹬伸回到起始姿势。

要点：①背部挺直，腹部收紧，保持躯干稳定。②前腿膝关节与脚尖方向一致，不要内扣或者超过脚尖，重心在前腿。

动作进阶：①高脚杯单腿下蹲→双臂哑铃单腿下蹲→跳箱单腿下蹲。②负荷递增。

4. 背人提踵

目的：发展小腿三头肌力量。

动作：背着与自己身高、体重相仿的同伴缓慢提踵。

要点：在动作过程中，保持重心平衡，脚跟尽可能提到最高位置。

（二）下肢拉的训练动作

1. 硬拉

目的：主要发展臀大肌、腘绳肌和竖脊肌等力量。

动作：双脚分开与肩同宽，微屈膝，双手握哑铃（或壶铃），上体前俯。哑铃紧贴小腿，竖直提拉哑铃，髋部前顶，匀速站起至身体直立。下放哑铃回到起始姿势（图7-82）。

要点：①俯身时，髋关节向后折叠，感受到臀部及股后肌群被拉伸。②保持背部挺直，核心肌群收紧，肩胛骨内收。③提拉过程中哑铃始终贴近小腿。

动作进阶：①哑铃/壶铃→杠铃。②双腿→单腿。③双臂→单臂。

图7-82

2. 壶铃摇摆

目的：提高动力链能量传导效率，发展全身爆发力，主要发展臀大肌、腘绳肌和竖脊肌等力量。

动作：双脚略宽于肩站立，双手持壶铃自然垂于体前，手臂伸直。保持背部挺直，双腿微屈，屈髋，上体前俯。双手控制壶铃摇摆至臀部下方，臀部收紧，挺髋伸膝直立，双手顺势摇摆壶铃于体前，手臂制动使壶铃摆至与肩齐平，手臂保持伸直。下落时，后背保持挺直，核心肌群收紧，壶铃顺势下落至两腿间，再次臀部收紧，挺髋伸膝，重复上述动作，直到完成规定次数（图7-83）。

图7-83

要点：①在动作过程中，腰背一直保持挺直，核心收紧。②在上摆的过程中，上肢不主动发力，靠臀部伸髋的力量带动壶铃。

动作进阶：①双臂摆→单臂摆→双臂交替。②负荷递增。

3. 侧卧大腿内收

目的：发展大腿内收肌群力量。

动作：①侧躺在地面上，上方腿弯曲，下方腿伸直。②缓慢抬起下方腿，到达最高点停顿2秒，再缓慢放下。

要点：在动作过程中不要主动屈髋。

4. 俯卧小腿屈伸

目的：发展腘绳肌力量。

动作：①俯卧在地面上，一条腿伸直，另一条腿弯曲。②同伴抓住弯曲腿的脚踝并且反向用力，练习者对抗同伴的力量，让小腿保持在原位置。

要点：①在动作过程中主动勾住脚尖。②同伴不要给太大的力量，避免肌肉拉伤。

5. 腘绳肌离心练习

目的：发展腘绳肌力量。

动作：①跪在软垫上，同伴抓住练习者的脚踝并且固定住。②练习者身体收紧，膝关节到肩关节保持一条直线，双手交叉放在胸前。③身体缓慢前倾直至不能保持身体收紧的位置，然后缓慢拉回到起始姿势。

要点：可以不将身体拉回至起始姿势，双手迅速换位俯卧撑姿势支撑身体重量。

四、训练应用示例

训练应用示例如图7-84所示。

训练目标：强化上肢/核心力量，提高界外球抛接能力						
训练内容：1. 手抛界外球给队友，并完成接传球循环练习 2. 上肢推、核心抗屈伸练习					
训练难度：中级					
训练说明：手抛界外球给队友，并完成接高球/半高球/反弹球循环练习					
训练模块	动作模块	单组时间	间歇时间	重复次数	训练时间
动作准备		—			10~15分钟
基础体能	平板+臀桥	60秒	20~30秒	15~20组	25~30分钟
	俯卧撑	8~12个	30~60秒	2~4组	6~10分钟
专项技术	手抛界外球	30~60秒	30~45秒	3~5组	8~12分钟
能量代谢		—			25~30分钟
恢复再生		—			10分钟

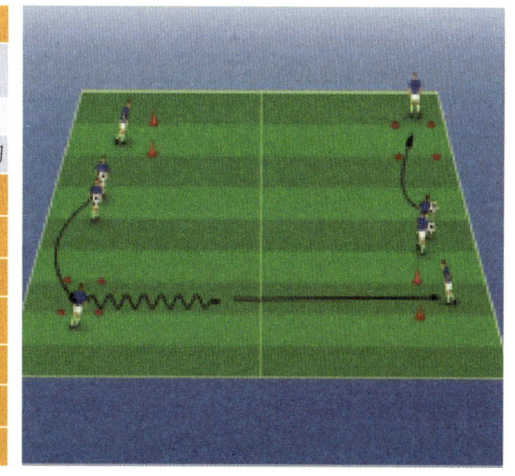

训练目标：强化上肢/核心力量，提高压力下界外球抛接能力
训练内容：1. 手抛界外球给队友，并完成接传球和射门循环练习
2. 上肢推、核心抗旋转练习
训练难度：高级
训练说明：压力下发界外球，并完成接高球/半高球/反弹球循环练习

训练模块	动作模块	单组时间	间歇时间	重复次数	训练时间
动作准备		—			10~15分钟
专项技术	手抛界外球	60秒	20~30秒	15~20组	25~30分钟
基础体能	单臂撑球俯卧撑	6~12个	30~60秒	3~5组	10~15分钟
	三点平板+单腿臀桥	30~60秒	30~45秒	4~6组	10~15分钟
能量代谢		—			25~30分钟
恢复再生		—			10分钟

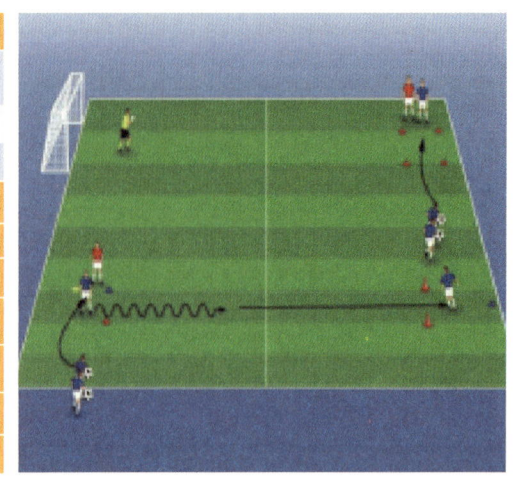

图7-84

第四节 快速伸缩复合训练

一、下肢快速收缩复合

（一）原地跳

1. 双脚蹬踝跳（图7-85）

强度：低。
方向：垂直。
起始位置：保持舒服的站姿，两脚与肩同宽。
手臂动作：无或双手。
预备动作：开始时，向下微蹲成反弹动作。
向上动作：主要以踝关节动作为主，向上跳起。
向下动作：落下至起始位置，迅速反复跳起。
注意：此动作尽量减少水平（向前或向后）或向左右的移动。

图7-85

2. 单脚蹬踝跳（图7-86）

强度：中。

方向：垂直。

起始位置：保持舒服的单脚直立站姿，非起跳脚屈膝成静止状。

手臂动作：无或双手。

预备动作：开始时，向下微蹲成反弹动作。

向上动作：主要以踝关节动作为主，利用平衡脚向上跳起。

向下动作：落下至起始位置后，同一只脚迅速反复跳起，短暂休息后换脚操作。

注意：此动作尽量减少水平（向前或向后）或向左右的移动。

图7-86

3. 蹲跳（图7-87）

强度：低。

方向：垂直。

起始位置：保持半蹲位，双脚与肩同宽，双手手指交叉抱在头后。

手臂动作：无。

预备动作：无。

向上动作：爆发式起跳至最高。

向下动作：落下至半蹲位位置后，迅速反复起跳。

图7-87

4. 跳跃摸高（图7-88）

强度：低。

方向：垂直。

起始位置：保持舒服的直立站姿，两脚与肩同宽。

手臂动作：双手在跳至最高时触摸。

预备动作：开始时，微蹲成反弹动作。

向上动作：爆发式起跳至最高触摸物体或目标。

图7-88

向下动作：落下至起始位置后，迅速反复跳起。

注意：此动作会有些许水平（向前或向后）或向左右的移动。

5. 双腿收腹跳（图7-89）

强度：中。

方向：垂直。

起始位置：保持舒服的直立站姿，两脚与肩同宽。

手臂动作：双手。

预备动作：开始时，成反弹动作。

向上动作：爆发式起跳，双膝拉向胸部，双手迅速抱膝，落下前释放。

向下动作：落下至起始位置后，迅速反复跳起。

图7-89

6. 分腿蹲跳（图7-90）

强度：中。

方向：垂直。

起始位置：一脚在前（臀膝关节呈90°），一脚在中心线后方，成弓步。

手臂动作：双手或无。

预备动作：开始时，微蹲成反弹动作。

向上动作：尽可能用双臂爆发式起跳，强调最大高度及爆发力。

向下动作：落下成弓步后（同一脚在前），迅速反复跳起。

注意：完成一组后休息，然后双脚交换位置。

图7-90

7. 循环式分腿蹲跳（图7-91）

强度：高。

方向：垂直。

起始位置：一脚在前（双膝关节呈90°），一脚在中心线后方，成弓步。

手臂动作：双手或无。

预备动作：开始时，微蹲成反弹动作。

向上动作：尽可能用双臂协助爆发式起跳，落地后迅速交换双脚位置，强调最大高度及爆发力。

向下动作：落下成弓步后（换另一脚在前），迅速反复跳起。

注意：弓步不要太深。

图7-91

8. 单腿收腹跳（图7-92）

强度：高。

方向：垂直。

起始位置：保持舒服的单脚直立站姿，非起跳脚屈膝成静止状。

手臂动作：双手。

预备动作：开始时，微蹲成反弹动作。

向上动作：爆发式起跳，双膝拉向胸部，双手迅速抱膝，落下前释放。

图7-92

向下动作：落下至起始位置后，同一脚迅速反复跳起，短暂休息后换脚。

9. 屈体跳（图7-93）

强度：高。
方向：垂直。
起始位置：保持舒服的直立站姿，双脚与肩同宽。
手臂动作：双手。
预备动作：开始时，微蹲成反弹动作。
向上动作：爆发式起跳，保持双腿直膝，尽可能使双腿向前，以双手触摸脚趾。
向下动作：落下至起始位置后，迅速反复跳起。

图7-93

（二）站立跳

1. 双腿垂直跳（图7-94）

强度：低。
方向：垂直。
起始位置：保持舒服的直立站姿，两脚与肩同宽。
手臂动作：双手。
预备动作：开始时，微蹲成反弹动作。
向上动作：使用双手爆发式起跳至目标。
向下动作：落下至起始位置后，迅速反复跳起，两跳间可以休息。

图7-94

2. 单腿垂直跳（图7-95）

强度：高。
方向：垂直。
起始位置：保持舒服的直立站

图7-95

姿，两脚与肩同宽，非起跳腿屈膝成静止状。

手臂动作：双手。

预备动作：开始时，微蹲成反弹动作。

向上动作：使用双手爆发式起跳至目标。

向下动作：落下至起始位置后，迅速反复跳起，两跳间可以休息，休息后换另一腿。

3. 障碍跳（图7-96）

强度：中。

方向：水平或垂直。

设备：圆锥或栏架等障碍物。

起始位置：保持舒服的直立站姿，两脚与肩同宽。

手臂动作：双手。

预备动作：开始时，微蹲成反弹动作。

向上动作：主要利用屈膝、屈髋使双腿跨越障碍，保持双脚并拢，不得左右分开。

向下动作：落下至起始位置后，迅速重复动作起跳，两跳间可休息。

注意：障碍高度需渐进式增加（如从圆锥到栏架）。

图7-96

4. 立定跳（图7-97）

强度：低。

方向：水平。

起始位置：保持舒服的直立站姿，两脚与肩同宽。

手臂动作：双手。

预备动作：开始时，微蹲成反弹动作。

向上动作：使用双手爆发式往上、往前跳，以达到最大水平距离为目标。

向下动作：双脚落下后重复起跳，两跳间可以休息。

图7-97

（三）多次跳跃

1. 双腿跳（图7-98）

强度：中。
方向：水平或垂直。
起始位置：直立站姿，双脚与肩同宽。
手臂动作：双手。
预备动作：开始时，微蹲成反弹动作。
向上动作：尽可能往前跳。
向下动作：落下至起始位置后迅速重复起跳。

图7-98

2. 双腿"Z"字型跳（图7-99）

强度：高。
方向：对角。
设备：摆10个栏架，"Z"字对角相距45~60厘米。
起始位置：保持舒服的直立站姿，两脚与肩同宽，站在第一个栏架外，手肘弯曲90°至体侧。
手臂动作：双手。
预备动作：开始时，微蹲成反弹动作。
向上动作：利用屈膝、屈髋动作，使双腿由侧前方跨越障碍，保持双脚并拢。
向下动作：落下至障碍物一侧后至起始位置，迅速重复动作跳至下一障碍物外。

图7-99

3. 单腿跳（图7-100）

强度：高。

方向：水平或垂直。

起始位置：保持舒服的单脚直立站姿，非起跳脚屈膝成静止状。

手臂动作：双手。

预备动作：开始时，微蹲成反弹动作。

向上动作：使用双手爆发式往上、往前跳。

向下动作：落下至起始位置后用相同脚迅速重复起跳，休息后换脚操作。

图7-100

4. 往前障碍跳（图7-101）

强度：中。

方向：水平或垂直。

设备：两个障碍，如两个圆锥或两个栏架。

起始位置：面对一个障碍，保持舒服的直立站姿，两脚与肩同宽。

手臂动作：双手。

图7-101

预备动作：开始时，微蹲成反弹动作。

向上动作：利用屈膝、屈髋动作，使双腿跨越障碍，保持双脚并拢，不得左右分开。

向下动作：落下至起始位置后，迅速重复动作跳过第二个栏架。

注意：跳跃强度可借障碍物高度渐进式增加（如从圆锥到栏架），或以单脚跳高来增加。

5. 侧向障碍跳（图7-102）

强度：中。

方向：两侧或垂直。

设备：一个障碍物（如圆锥或栏架）。

起始位置：两脚与肩同宽，于第一个障碍物外保持舒服的直立站姿。

手臂动作：双手。

预备动作：开始时，微蹲成反弹动作。

向上动作：主要利用屈膝、屈髋动作，使双腿跨越障碍，保持双脚并拢。

向下动作：落下至障碍物另一侧后至起始位置，迅速重复动作跳至起始点。

注意：侧跳强度从中到高，可借障碍物高度渐进式增加（如从圆锥到栏架）或通过单脚起跳来提高。

图7-102

6. 四个栏架练习（图7-103）

强度：高。

方向：两侧或垂直。

设备：四个障碍物或两对栏架，每对栏架间隔30厘米，两对栏架间隔46厘米。

起始位置：右脚保持舒服的直立站姿于第一个栏架外，其他四个栏架位于运动员右侧，非起跳脚屈膝成静止状。

手臂动作：双手。

预备动作：开始时，微蹲成反弹动作。

动作：①使用双手协助爆发式起跳跳过右脚一栏架（往左）；②右脚落下后迅速重复。动作跳过第二个栏架（往左）；③右脚再度下落后迅速重复动作跳过一对栏架（往左）；④左脚着地后立刻使用双手协助爆发式起跳跳过一栏架（往右）；⑤左脚落下后迅速重复动作跳过第二栏架（往右）；⑥左脚再度下落后迅速重复动作跳过一对栏架（往右）；⑦右脚着地。

图7-103

（四）跨跳

1. 垫步跳（图7-104）

强度：低。

方向：水平或垂直。

起始位置：一脚抬高，屈膝90°。

手臂动作：交互（一脚抬起，对侧手举起）。

图7-104

预备动作：开始时，单腿微屈成反弹动作。

向上动作：单脚向上、向前跳起，对侧脚维持开始时的屈曲姿势直到落地。

向下动作：对侧脚落下至起始位置后，迅速重复跨步跳出。

2. **爆发性垫步跳**（图7-105）

强度：低。

方向：垂直。

起始位置：一脚抬高，屈膝 90°。

手臂动作：双手。

预备动作：开始时，单腿微屈成反弹动作。

向上动作：单脚向上、向前跳起，利用双手协助移动。

向下动作：同脚落下至起始位置，对侧脚迅速重复动作做跨步跳跳出。

注意：强调跨步效率。

图7-105

3. **向后垫步跳**（图7-106）

强度：低。

方向：向后、水平或垂直。

起始位置：一脚抬高，屈膝 90°。

手臂动作：双手。

预备动作：开始时，单腿微屈成反弹动作。

向上动作：单脚向后跳出，利用双手协助移动弯曲的非跳跃腿向上，使屈膝90°。

向下动作：同脚落地至起始位置，另一只脚迅速重复动作跨步跳出。

图7-106

4. 侧向垫步跳（图7-107）

强度：中。
方向：垂直或两侧。
起始位置：一脚抬高，屈膝90°。
手臂动作：交互（一脚抬起，对侧手举起）。
预备动作：开始时，单腿微屈成反弹动作。
向上动作：单脚向上侧跳，对侧脚维持开始时屈曲姿势直到落地呈90°。
向下动作：同脚落地至起始位置，另一脚迅速重复做跨步跳出。

图7-107

5. 单手换脚跨跳（图7-108）

强度：中。
方向：水平或垂直。
起始位置：保持舒适的直立站姿，两脚与肩同宽。

手臂动作：单手。

预备动作：以舒适配速慢跑，以左脚向前开始进行。

向上动作：当左脚踩地时推蹬，推蹬期间右脚向前，大腿与地面平行，屈膝90°，腾空阶段左手向前伸出。

向下动作：右脚落地后，左脚立刻重复动作跳出落地。

注意：跨跳是跨步的夸大形式，目标是每步都能跨出最大距离。

图7-108

6. 双手换脚跨跳（图7-109）

强度：中。

方向：水平或垂直。

起始位置：保持舒适的直立站姿，两脚与肩同宽。

手臂动作：双手。

预备动作：以舒适配速慢跑，以左脚向前开始进行。

向上动作：当左脚踩地时推蹬，推蹬期间右脚向前，大腿与地面平行，屈膝

图7-109

90°，腾空阶段双手向前伸出。

向下动作：右脚落地后，左脚立刻顺序动作跳出落地。

注意：跨跳是跨步的夸大形式，目标是每步都能跨出最大距离。

（五）跳箱

1. 单脚推蹬（图7-110）

强度：低。

方向：垂直。

设备：跳箱（高15～46厘米）。

起始位置：立于箱前，一脚在地上，一脚在箱上，箱上脚脚后跟靠近箱边缘。

手臂动作：双手。

预备动作：无。

向上动作：利用箱上脚推蹬往上跳。

向下动作：同脚落在箱上，箱上脚比地面脚稍早落下，立刻重复动作。

注意：强度由跳箱高度决定，开始高度为15厘米。

图7-110

2. 换脚推蹬（图7-111）

强度：低。

方向：垂直。

设备：跳箱（高15～46厘米）。

起始位置：立于箱前，一脚在地上，一脚在箱上，箱上脚脚后跟靠近箱边缘。

手臂动作：双手。

预备动作：无。

向上动作：利用箱上脚推蹬往上跳。

向下动作：另一脚落在箱上，箱上脚比地面脚稍早落下，立刻重复动作，每次需换脚。

注意：强度由跳箱高度决定，开始高度为15厘米。

图7-111

3. 侧向推蹬（图7-112）

强度：低。

方向：垂直。

设备：跳箱（高15~46厘米）。

起始位置：立于箱侧，一脚在地上，一脚在箱侧，箱上脚脚后跟靠近箱边缘。

手臂动作：双手。

预备动作：无。

向上动作：利用箱上脚推蹬往上跳。

向下动作：同脚落在箱上，箱上脚比地面脚稍早落下，立刻重复动作。

图7-112

注意：强度由跳箱高度决定，开始高度为15厘米。

4. 两侧推蹬（图7-113）

强度：中。

方向：垂直。

设备：跳箱（高15~46厘米）。

起始位置：立于箱侧，一脚在地上，一脚在箱侧，箱上脚脚后跟靠近箱边缘。

手臂动作：双手。

准备动作：无。

向上动作：利用箱上脚推蹬往上跳。

向下动作：另一脚落在箱上另一侧，箱上脚比地面脚稍早落下，立刻重复动作到另一侧。

注意：强度由跳箱高度决定，开始高度为15厘米。

图7-113

5. 双脚箱上跳（图7-114）

强度：低。

方向：垂直或稍微水平。

设备：跳箱（高15～107厘米）。

起始动作：立于箱前，两脚与肩同宽，保持舒适的直立站姿。

手臂动作：双手。

预备动作：开始时，身体微蹲成反弹动作。

图7-114

向上动作：用双脚跳至箱上。

向下动作：双脚落在箱上成半蹲姿势，然后下箱，再重复动作。

注意：强度由跳箱高度决定，开始高度为15厘米。

6. 单脚跳上箱（图7-115）

强度：高。

方向：垂直或稍微水平。

设备：跳箱（高15～107厘米）。

起始位置：单脚立于箱前，保持舒适的直立站姿，非起跳腿屈膝成静止状。

手臂动作：双手。

预备动作：开始时，身体微蹲成反弹动作。

向上动作：用单脚跳至箱上。

向下动作：同脚落在箱上成半蹲姿势，然后下箱，再重复动作。

注意：强度由跳箱高度决定，开始高度为15厘米。

图7-115

7. 半蹲箱跳（图7-116）

强度：中。
方向：垂直或稍微水平。
设备：跳箱（高15~107厘米）。
起始位置：立于箱前，双手抱于头后，两脚与肩同宽，保持舒适的直立站姿。
手臂动作：无。
预备动作：开始时，身体微蹲成反弹动作。

图7-116

向上动作：双脚跳至箱上。
向下动作：双脚落在箱上成半蹲姿势，然后下箱，再重复动作。
注意：强度由跳箱高度决定，开始高度为15厘米。

8. 跳下跳箱（图7-117）

强度：中。
方向：垂直。
设备：跳箱（高30~107厘米）。
起始位置：立于箱上前缘，两脚与肩同宽，保持舒适的直立站姿。
手臂动作：无。
预备动作：跨出箱面。
向上动作：双脚跳至地面。
向下动作：双脚落在地面，迅速

图7-117

吸收落地的冲击后跨回箱上，再重复动作。

注意：强度由跳箱高度决定，开始高度为30厘米。

9. 侧向跳箱（图7-118）

强度：中。

方向：垂直或稍微水平。

设备：跳箱（高15～107厘米）。

起始位置：立于箱前，双脚与肩同宽，保持舒适的直立站姿。

手臂动作：双手。

预备动作：开始时，身体微蹲成反弹动作。

向上动作：双脚跳至箱上。

向下动作：同脚落在箱上成半蹲姿势，然后下箱至另一侧，再重复动作至另一侧。

注意：强度由跳箱高度决定，开始高度为15厘米。

图7-118

（六）跳深

1. 跳深（图7-119）

强度：高。

方向：垂直。

设备：跳箱（高30～107厘米）。

起始位置：立于箱上前缘，两脚与肩同宽，保持舒适的直立站姿。

手臂动作：双手。

预备动作：跨出箱面。

向下动作：双脚落在地面。

向上动作：落地后尽可能跳高。

注意：直接跨出箱面，不要向上或向下改变重心，以避免改变训练进行的高度；尽可能减少停留在地面的时间；强度由跳箱的高度决定，开始高度为30厘米；落地后，强调以最少的水平位移向上跳（图7-119第三张图展示过于向前）。

图7-119

2. 深跳至另一个箱（图7-120）

强度：高。

方向：垂直或水平。

设备：跳箱（高30～107厘米）。

起始位置：立于箱上前缘，两脚与肩同宽，保持舒适的直立站姿面对第二个跳箱。

手臂动作：双手。

预备动作：跨出箱面。

向下动作：双脚落在地面。

图7-120

向上动作：落地后尽可能跳至第二跳箱。

注意：直接跨出箱面，不要向上或向下改变重心，因为这种方式会改变训练进行的高度；尽可能减少停留在地面的时间；强度由跳箱的高度决定，开始高度为30厘米；两跳箱之间的距离取决于运动员经验与能力，距离越大，弹跳强度越高，开始距离为61厘米。

3. 半蹲深跳（图7-121）

强度：高。
方向：垂直。
设备：跳箱（高30～107厘米）。
起始位置：立于箱上前缘，两脚与肩同宽，保持舒适的直立站姿面对第二个跳箱。
手臂动作：双手或无。
预备动作：跨出箱面。
向下动作：落地后双腿半蹲（臀膝成90°，第二张图展示屈膝角度过大）。
向上动作：落地后立刻尽可能跳高，落地同样半蹲。

注意：直接跨出箱面，不要向上或向下改变重心，因为这种方式会改变训练进行的高度；尽可能减少停留在地面的时间；强度由跳箱的高度决定，开始高度为30厘米；落地后，强调以最少的水平位移向上跳。

图7-121

4. 深跳加侧移（图7-122）

强度：高。
方向：垂直或两侧。
设备：跳箱（高30～107厘米），一位同伴。
起始位置：立于箱上前缘，两脚与肩同宽，保持舒适的直立站姿。

手臂动作：双手。

预备动作：跨出箱面。

向下动作：双脚落地，落地前同伴需做出向左或向右的手势。

向上动作：落地后，立刻冲向同伴所指方向。

注意：直接跨出箱面，不要向上或向下改变重心，因为这种方式会改变训练进行的高度；尽可能减少停留在地面的时间；强度由跳箱的高度决定，开始高度为30厘米。

图7-122

5. 跳深加立定跳远（图7-123）

强度：高。

方向：垂直或水平。

设备：跳箱（高30~107厘米）。

起始位置：立于箱上前缘，两脚分开与肩同宽，保持舒适的直立站姿。

手臂动作：双手。

预备动作：跨出箱面。

向下动作：双脚落地。

向上动作：落地后，双脚立刻尽力往前跳。

注意：直接跨出箱面，不要向上或向下改变重心，因为这种方式会改变训练进行的高度；尽可能减少停留在地面的时间；强度由跳箱的高度决定，开始高度为30厘米。

图7-123

6. 深跳加180°转体（图7-124）

强度：高。
方向：垂直或水平。
设备：跳箱（高30～107厘米）。
起始位置：立于箱上前缘，两脚分开与肩同宽，保持舒适的直立站姿。
手臂动作：双手。
预备动作：跨出箱面。
向下动作：双脚落地。
向上动作：落地时，双脚立刻尽力往上跳，并在空中转体180°面对跳箱。
注意：直接跨出箱面，不要向上或向下改变重心，因为这种方式会改变训练进行的高度；尽可能减少停留在地面的时间；强度由跳箱的高度决定，开始高度为30厘米。

图7-124

7. 单腿深跳（图7-125）

强度：高。
方向：垂直。
设备：跳箱（高30～107厘米）。
起始位置：立于箱上前缘，两脚分开与肩同宽，保持舒适的直立站姿。
手臂动作：双手。
预备动作：跨出箱面。
向下动作：单脚落地。
向上动作：落地时，落地脚立刻尽力往上跳。

注意：直接跨出箱面，不要向上或向下改变重心，因为这种方式会改变训练进行的高度；尽可能减少停留在地面的时间；强度由跳箱的高度决定，开始高度为 30 厘米；这是非常进阶的深跳动作，只有具备前述各项深跳经验能力者方可进行。

图7-125

二、上肢快速伸缩复合

（一）胸前传球（图7-126）

强度：低。

方向：向前。

设备：药球或快速收缩复合训练用球，重0.9~3.6千克（2~8磅）；反弹网或同伴。

起始位置：两脚分开与肩同宽，保持舒适的直立站姿，面对反弹网或同伴，距离约3米，手肘弯曲将球举至胸前。

预备动作：开始时，手臂成反弹动作（增强式推掷动作需翘起手臂成反弹动

图7-126

作，在投掷前将手臂微向后移）。

手臂动作：双手伸展手肘将球掷向反弹网或同伴，球反弹或回传时接住，回到起始位置重复动作。

注意：强度随药球重量的增加而增加，开始重量为0.9千克（2磅）。

（二）双手过头掷球（图7-127）

强度：低。

方向：向前或向下。

设备：药球或快速收缩复合训练用球，重0.9～3.6千克（2～8磅）；反弹网或同伴。

起始位置：两脚分开与肩同宽，保持舒适的直立站姿，面对反弹网或同伴，距离约3米，双手将球高举过头。

预备动作：开始时，手臂成反弹动作（增强式推掷动作需翘起手臂成反弹动作，在投掷前将手臂微向后移）。

手臂动作：双手伸展手肘将球掷向反弹网或同伴，球反弹或回传时，在头顶将球接住，反复投掷；可将球掷向地面，反弹后接球。

注意：强度随药球重量的增加而增加，开始重量约0.9千克（2磅）。

图7-127

（三）双手侧方掷球（图7-128）

强度：低。

方向：向前或对角。

设备：药球或快速收缩复合训练用球，重0.9～3.6千克（2～8磅）；反弹网或同伴。

起始位置：两脚分开与肩同宽，保持舒适的直立站姿，面对反弹网或同伴，距离约3米，双手将球高举过肩，手肘弯曲。

预备动作：开始时，手臂成反弹动作（增强式推掷动作需翘起手臂成反弹动作，在投掷前将手臂微向后移）。

手臂动作：双手伸展手肘将球掷向反弹网或同伴，球反弹或回传时，在另一侧肩上接球，反复投掷。

注意：强度随药球重量的增加而增加，开始重量为0.9千克（2磅）。

图7-128

（四）单手掷球（图7-129）

强度：中。

方向：向前。

设备：药球或快速收缩复合训练用球，重0.5～2.3千克（1～5磅）；反弹网或同伴。

起始位置：两脚分开与肩同宽，保持舒适的直立站姿，面对反弹网或同伴，距离约3米，单手以肩外旋90°、手肘弯曲90°的方式将球高举，手臂旋转，前臂垂直于地面。

图7-129

预备动作：开始时，手臂成反弹动作（增强式推掷动作需翘起手臂成反弹动作，在投掷前将手臂微向后移）。

手臂动作：单手将球掷向反弹网或同伴，球反弹或回传时，在起始位置接住球，肩可以稍微外旋，立刻反复投掷。

注意：强度随药球重量的增加而增加，开始重量为0.5千克（1磅），这种训练要用自然的投掷姿势进行。

（五）爆发性下坠（图7-130）

强度：高。
方向：向前。
设备：药球或快速收缩复合训练药球，重0.9～3.6千克（2～8磅）；同伴；跳箱，30～107厘米（12～42英尺）高。

起始位置：仰卧于地面，手臂伸直，与身体成90°，头部靠近箱底，同伴立于箱上持药球，在练习者手臂上方。

预备动作：无。

手臂动作：当同伴将球坠下，用手接住球后，立刻掷回同伴。

注意：强度随药球重量的增加而增加，开始重量为0.9千克（2磅）；跳箱开始高度为30厘米（12英尺）。

图7-130

（六）增强式推撑（图7-131）

强度：中。
方向：垂直。
设备：药球或快速收缩复合训练用球，重2.3～3.6千克（5～8磅）。

起始位置： 手持药球，手肘伸直成推撑姿势。

预备动作： 无。

向下动作： 手迅速从球上移开落下，双手触地后与肩同宽，手肘微弯，胸部可碰触球。

向上动作： 立刻伸直手肘做爆发性推撑，迅速将手掌置于球上，反复练习。

注意： 向上动作过程中，当上半身到达最高点时，双手必须比药球更高；强度随药球重量增加而增加，开始重量为2.3千克（5磅）。

图7-131

三、躯干快速收缩复合

45°仰卧起坐（图7-132）

设备： 药球或快速收缩复合训练用球，重0.9～3.6千克（2～8磅）；同伴。

起始位置： 坐在地上，躯干与地面的角度约为45°，同伴持药球站在对面。

预备动作： 同伴将球掷向练习者伸出的手。

向下动作： 一旦同伴将球掷出，用双手接球，躯干稍微伸展，立即将球回传。

注意： 强度随药球重量的增加而增加，开始重量约0.9千克（2磅）；将球掷回给同伴的力量主要来自腹肌。

图7-132

第五节 耐力训练

一、有氧耐力训练

（一）有氧耐力训练的强度参数

1. 最大心率

心率（Heart Rate，HR）是有氧耐力训练时控制强度的经典指标，通常需要得知运动员的最大心率（HRmax）。在青春期之前和之后，运动员的心率可变性使得在不进行个体测试的情况下，很难估算最大心率。由于测试每名运动员个体最大心率所需的时间及测试可能的潜在误差，教练员通常选择主观体力感觉（Rating of Perceived Exertion，RPE），即把运动员对训练强度的主观感受划分为"容易""困难""艰难""极其艰难"等不同等级。

"220-年龄"的公式适合19~65岁人群最大心率的预测，但不适用于估算青少年运动员的最大心率。当前公认的估算7~17岁儿童青少年最大心率的公式为"208-0.7×年龄"，已经有研究证实了该方法的有效性，也有研究认为该公式同样适用于10~16岁的人群。尽管有研究指出该公式存在一定的缺陷，但它仍然是进入青春期之前和处于青春期之后阶段的青少年最大心率的可靠计算方法。

2. 主观体力感觉

在有氧耐力训练时，可以使用RPE来监控强度，通常使用经典的Borg 15分量表（15-point Borg Scale），当然也可以使用分类比率量表（Category-ratio Scale）。这两个量表如表7-1所示。儿童青少年RPE量表如图7-133所示。

表7-1　主观体力感觉量表

	15分量表（15-point Borg Scale）		分类比率量表（Category-ratio Scale）	
	英文	中文	英文	中文
6	No exertion at all	根本不费力	0　Nothing at all	什么感觉都没有
7	Extremely light	极为轻松	0.3	
8			0.5　Extremely weak	极其微弱

（续表）

15分量表（15-point Borg Scale）		分类比率量表（Category-ratio Scale）		
	英文	中文		英文	中文
9	Very light	非常轻松	1	Very weak	非常微弱
10			1.5		
11	Light	轻松	2	Weak	微弱
12			2.5		
13	Somewhat hard	有点艰苦	3	Moderate	适中
14			4		
15	Hard(heavy)	艰苦	5	Stong	强烈
16			6		
17	Very hard	非常艰苦	7	Very strong	非常强烈
18			8		
19	Extremely hard	极为艰苦	9		
20	Maximal exertion	最大用力	10	Extremely strong	极其强烈
			11		
				Absolute maximum	最大强度

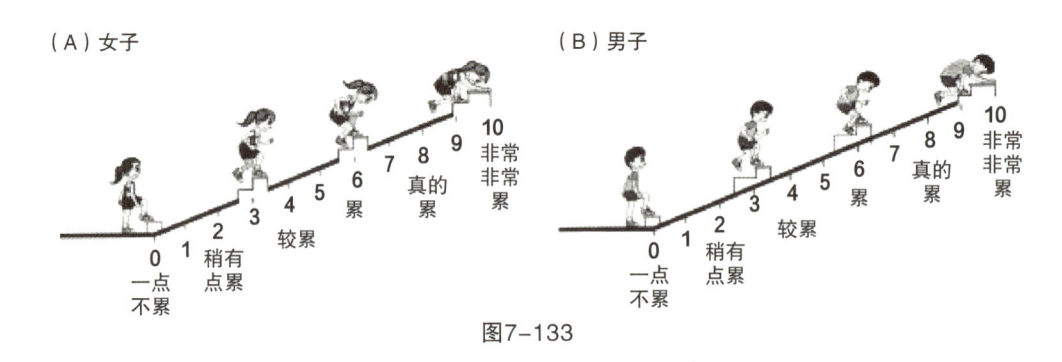

（A）女子　　　　　　　　　　　　（B）男子

图7-133

需要强调的是，实验室测试需要确保特定的运动强度与RPE之间的精确对应关系。当运动员的体能水平出现变化时，可以通过RPE来准确地调整运动强度。然而，有研究发现，RPE与运动强度之间的关系会受到各种外界因素的影响，如被动的干扰、环境温度等。

（二）有氧耐力训练的分类及训练方法

1. 根据生理强度划分

按照强度的不同，经典的耐力训练通常有低强度、中强度和高强度三种训练方法，它们的负荷结构如表7-2所示。

表7-2 有氧训练的负荷结构

	HRmax (%) 均值	HRmax (%) 范围	VO₂max (%) 均值	VO₂max (%) 范围
低强度有氧训练	65	50~80	55	20~70
中强度有氧训练	80	70~90	70	60~85
高强度有氧训练	90	80~100	85	70~100

低强度有氧训练通常采用慢跑、低强度比赛，用于比赛后次日或高强度训练课后的恢复性训练。进行低强度有氧训练时，可以采用那些没有身体接触或对抗，同时对肌肉刺激不大的练习。无球慢跑的练习可持续20～40分钟。

中强度有氧训练有助于增加肌肉中的毛细血管密度，提高氧化代谢能力。这些影响有氧耐力的外周机制。中强度有氧训练可以采用持续性和间歇性两种训练方法。如果采用间歇性训练，练习时间要超过5分钟。如果是无球训练，练习的时候每分钟的强度在70%、80%和90%最大心率之间交替变换。

高强度有氧训练的作用在于提高心脏的泵血功能。心脏的泵血功能是与有氧耐力有关的中枢机制，其能力的提高有助于运动员在比赛中进行反复高强度的运动。高强度有氧训练有时也会产生一定的乳酸，练习的强度要控制在80%最大心率以上。

2. 根据训练目的划分

从运动训练实践来说，教练员通常针对训练的目标，采用与之对应的强度分区来设计训练方法。运动强度的分区主要以最大心率百分比来划分（图7-134）。

第五区：红区
95%~10%最大心率
心率=180次/分以上

第四区：最大有氧功率
90%~95%最大心率
心率=175~180次/分以上

第三区：有氧功率
80%~90%最大心率
心率=160~175次/分

第二区：有氧能力
70%~80%最大心率
心率=140~160次/分

第一区：基础耐力
60%~70%最大心率
心率=120~140次/分

图7-134

表7-3是国际足联为青训运动员推荐的基于强度分区的耐力训练方法。

表7-3　有氧训练的强度区分

	训练方法	强度		
		%HRmax	%MAS	BLA（毫摩尔每升）
第五区	高强度无氧训练	95~100	90~140	11~16
第四区	高强度无氧-有氧训练	90~95	100~120	9~12
第三区	高强度有氧训练	80~90	85~100	5~8
第二区	中强度有氧训练	70~80	70~80	3~4
第一区	低强度有氧训练	60~70	50~70	1~3

二、无氧耐力训练

高水平足球比赛中，运动员的血乳酸一般为3~9毫摩尔每升，表明糖酵解系统参与供能。近几年，基于GPS技术的运动分析结果表明，比赛水平越高，运动员高速跑动的次数越多，距离也越长。因此，运动员需要加强对糖酵解供能系统的训练。但是由于这种训练会对生理和心理产生很大的挑战，因此仅限于高水平选手，而15岁以下的青少年运动员不适宜采用这种训练。

进入青春期后，随着心血管系统、神经系统的日趋成熟，可以逐步进行无氧耐力训练。无氧耐力训练通常分为乳酸生成训练与耐受训练。乳酸生成训练的目的是提高相对短的时间内最大做功能力，而乳酸耐受训练则是改善在高强度下持续运动的能力。

速度耐力的训练，其强度必须接近最大，如果采用小场地比赛（Small-Sided Games, SSG）的形式，10~20秒的练习时间不足以产生足够的强度刺激，练习时间应在20秒以上。在乳酸生成训练中，为了保证训练质量，练习时间相对较短（10~40秒），而每次练习的间歇时间相对较长（1~4分钟）。在乳酸耐受训练中，它们的负荷结构如表7-4所示。

表7-4　无氧耐力训练的负荷结构

	练习时间	间歇时间	强度	重复次数
乳酸生成训练	10~40秒	>5倍的练习时间	70%~100%	2~10
乳酸耐受训练	20~90秒	1~3倍的练习时间	45%~100%	2~10

三、小场地比赛

近年来，使用小场地比赛的训练形式来提高运动员的技战术与体能越来越被教练员及运动员接受。与传统训练方式相比，小场地比赛可以更好地发展运动员的技战术能力，提高处理关键球的能力，培养决策能力以及发展与技战术相结合的有氧与无氧能力。

（一）小场地比赛的优势

小场地比赛可使得参与者受益匪浅。研究及训练实践均表明，青少年足球运动员在通过参加规则适宜调整后的小场地比赛会得到更多的快乐，有更多的机会触球，而且在比赛中要更多地做出决策，需要以更多的身体移动更积极地参与到比赛当中。据统计，小场地比赛比十一人制的比赛更具有优势。

- 在4V4的小场地比赛中，运动员的触球次数增加5倍，比在7V7的小场地比赛中增加50%。
- 在4V4的小场地比赛中，运动员处于1V1状态下的次数增加3倍，比在7V7的小场地比赛中增加2倍。
- 在4V4的小场地比赛中平均2分钟就有进球，而7V7的小场地比赛约为4分钟。
- 在7V7的小场地比赛中，实际采取行动的次数要比11人制高出2~4倍。
- 在4V4的小场地比赛中，8%的时间处于死球状态，7V7的小场地比赛为14%，十一人制是34%。

此外，从内、外部负荷来分析，在使用小场地比赛时，与常规十一人制的比赛相比，可以达到相似或更高的心率、血乳酸和跑动距离（图7-135）。从生理学甚至技战术角度来看，小场地比赛非常类似于十一人制比赛，尤其是4V4和7V7。

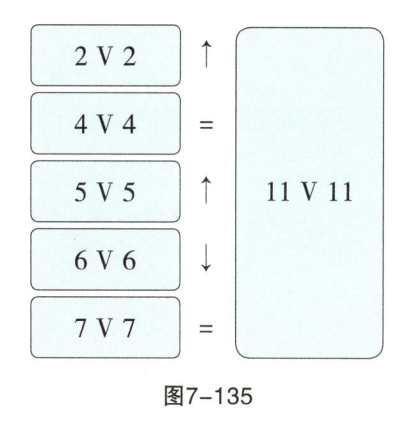

图7-135

（二）影响小场地比赛负荷的因素

通常，在小场地足球比赛中影响生理负荷大小有两种方式：一是改变参与的人数，二是改变场地的大小。

1. 强度

通过调整小场地比赛的球员人数，可以调节运动强度及技术和战术行为。人数较少的小场地比赛，其强度可以达到90%最大心率。不同人数的小场地比赛常规强度为80%～90%最大心率。表7-5为不同人数小场地比赛训练的最大心率百分比。

表7-5　不同人数小场地比赛训练的最大心率百分比

小场地比赛形式	HRmax（%）	备注
2 V 2	88.8~91.8	高强度
3 V 3	85.0~92.0	高强度
4 V 4	93.0~90.1	中等强度
5 V 5	88.8~89.0	中等强度
6 V 6	87.0~88.0	中等强度

人数较少的小场地比赛训练会提高心率反应、血乳酸浓度、RPE 和身体移动距离。小场地比赛的血乳酸范围为2.6～8.1毫摩尔每升。

2．人数和场地

小场地比赛场地面积的大小，需要根据青少年的年龄、技能水平和生长发育程度的个体差异等因素，采取循序渐进式的训练方式，如FIFA推荐6～12岁的青少年足球运动员先进行4V4（没有守门员），最终过渡到9V9，如表7-6所示。

表7-6　6～12岁足球运动员小场地比赛人数的选择

	6~8岁	9~10岁	11~12岁
4 V 4	√	√	√
5 V 5	√	√	√
6 V 6		√	√
9 V 9			√

此外，教练员也可以针对比赛规则在训练时有意识地选择相应的场地面积。表7-7、图7-136是FIFA推荐的小场地比赛场地尺寸。

表7-7　推荐的小场地比赛场地尺寸

	最小	最大
4 V 4	12米×20米	15米×25米
5 V 5	20米×30米	25米×35米
7 V 7	30米×45米	35米×50米
9 V 9	45米×60米	50米×67米

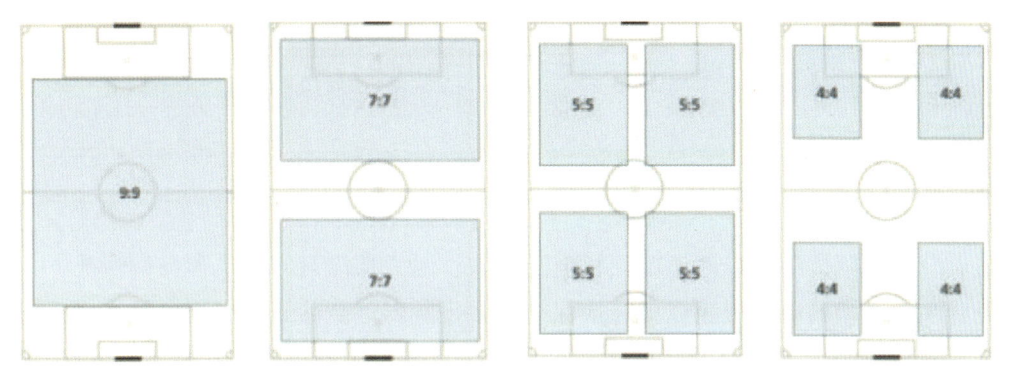

图7-136

在确定足球运动员跑动的轨迹和距离时，运动员身体移动距离非常重要。通常，每名运动员的运动面积由场区总面积除以运动员的数量来确定。随着场区面积的增加，运动员的最大心率、血乳酸浓度和RPE有增加的趋势。不同场区大小的小场地比赛训练心率反应的对比如图7-137所示。

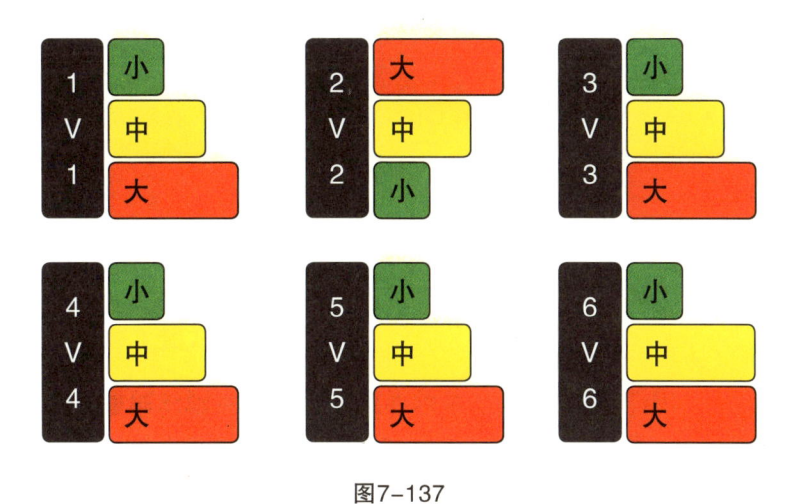

图7-137

3. 任务约束

教练员可以通过调整小场地比赛的规则，如是否有守门员、球门的尺寸，以及每个球员活动的特定区域、中立球员、每个球员的接触限制或教练员的不同奖惩等任务约束来调整运动强度（表7-8）。

表7-8　不同任务约束的小场地比赛强度变化

	强度提高	强度降低
守门员	无	有
触球次数限制	无	有
教练员的鼓励	有	无

没有守门员的小场地比赛训练强度更高，因为在没有守门员参与的情况下，球队倾向于增加防守组织以更好地保护目标，所以球队的进攻过程也更加谨慎，从而降低了小场地比赛的强度。在对触球次数有限制的小场地比赛中，运动员的动作速度和频率均加快，导致整体负荷强度的提高。教练员的鼓励这种外在动机可能会增加球员的心率反应。

4. 小场地比赛的场地面积

确定小场地比赛的第一个重要因素是对场地尺寸进行分类。表7-9是不同类型小场地比赛的场地尺寸。

表7-9　不同类型小场地比赛的场地尺寸

	1V1	2V2	3V3	4V4	5V5	6V6
小	5米×10米	10米×15米	12米×20米	16米×24米	20米×28米	24米×32米
中	10米×15米	15米×20米	15米×25米	20米×30米	25米×35米	30米×40米
大	15米×25米	20米×25米	18米×30米	24米×36米	30米×42米	36米×48米

使用不同场地大小和不同人数的小场地比赛会影响训练中达到的强度。人数较少的小场地比赛强度较大，在2V2、3V3 和4V4 中可以达到90%最大心率，因此可以用作发展无氧能力或者提高最大摄氧量的训练。人数较多的5V5、6V6和7V7，强度可以达到80% ~ 90%最大心率，因而更适合用于乳酸阈的训练。表7-10是设计小场地比赛训练方法的一些建议。

表7-10　设计小场地比赛的建议

		乳酸阈	最大摄氧量	无氧
		5V5→8V8	3V3、4V4	1V1→3V3
强度	HRmax（%）	80~90	90~95	>85
	RPE	相当困难	吃力	最大
	血乳酸（毫摩尔每升）	3~6	6~12	>10
时长	总时间（分钟）	30~60	12~35	4~16
	重复次数	1~8	4~8	2~4
	每次练习的时间（分钟）	30~60	3~6	20秒~3分钟
	间歇时间	<1分钟	运动休息比值=0.5:1	运动休息比值=1:4

然而，通过改变规则、得分方式、触球次数、是否有守门员、是否有中间人、教练员的指令及鼓励等多种因素，仍然可以达到影响生理负荷的目的。采用更少人数、更大场地、无守门员参与、有触球脚数限制及更多的教练员鼓励可以达到提高生理负荷、增加强度的目的。采用更多人数、更小场地、有守门员参与、无触球脚数限制及无教练员的鼓励来减小生理负荷、降低强度。图7-138分别总结了在小场地比赛训练中调整负荷与技术能力的方法。

提高生理负荷
（1）人数少
（2）场地较大
（3）无球门或小球门
（4）限制触球次数
（5）无守门员
（6）教练员鼓励
（7）人盯人
（8）有中间人（双方人数有差异）

降低生理负荷
（1）人数多
（2）场地较小
（3）正规球门
（4）触球次数无限制
（5）有守门员
（6）无教练员鼓励
（7）没有中间人（双方人数均等）

提高技术能力
（1）人数少
（2）场地较小
（3）无球门或小球门
（4）无限制触球次数

降低技术能力
（1）人数多
（2）场地较大
（3）正规球门
（4）触球次数有限制

图7-138

如果训练目的是最大限度地提高强度，首先考虑的是较少人数（1V1到4V4）、较大场地，其次可考虑限制触球次数（1~3次）、无球门、人盯人防守和教练员的语言鼓励。这些方法有助于心率和血乳酸升高，机体进入无氧代谢。当然，在一个回合的小场地比赛中不能使用全部的方法，需要综合考虑训练计划的体能目的和战术目的。

人数少、场地小的小场地比赛可以提高每个运动员的参与程度，但同时会增加疲劳的程度。教练员需要考虑训练的目的是以提高技术能力为主还是以发展体能为主。如果是前者，则需要延长恢复时间、降低练习强度，否则会影响技术能力的发挥，因为血乳酸超过6毫摩尔每升就会使动作协调性显著下降。如果是后者，教练员按照体能训练的要求进行即可。

（三）发展专项耐力的小场地比赛训练方法

1. 发展有氧耐力

（1）短时间训练法：当使用较短时间的小场地比赛训练法来发展有氧耐力时，通常采用90%最大心率强度，持续2~8分钟，重复5~8次，间歇时间为4~6分钟。可以通过在1V1、2V2、3V3的小比赛中改变触球次数、不设守门员及较大的场地来确保心率达到预定要求。通常，较大的场地是指15米×25米（1V1）、20米×25米（2V2）、18米×30米（3V3）。更大的场地确保了更高的比赛强度（图7-139）。

2V2加1个接应人。侧方的队友可以给予本方球员支持来打败对手，进攻两个小门得分。

3V3加2个中间人。进攻方应带球越过防守方的底线得分，中间人有特定的区域来接应带球的队友。

图7-139

（2）长时间训练法：当使用较长时间的小场地比赛训练法来发展有氧耐力时，通常采用85%～90%最大心率强度，持续8～15分钟，重复4～5次，间歇时间约为5分钟。这种训练应当在无疲劳积累的情况下进行。最佳的训练应当是在有守门员、无触球脚数限制的中等大小的场地上进行的4V4、5V5和6V6的比赛。通常场地大小为20米×30米（4V4）、25米×35米（5V5）、30米×40米（6V6）（图7-140）。

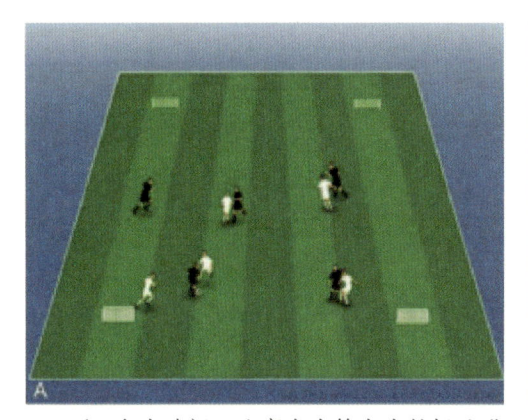

5V5和4个小球门。比赛在中等大小的场地进行，每方都有2个球门需要保护。

6V6加中路渗透突破。这个比赛有特定的战术方向，在射门之前，进攻方的每个队员都应在中间区域与队友完成一次成功的传接球。

图7-140

2. 发展无氧耐力

优秀足球运动员比赛中的血乳酸可达到12毫摩尔每升，显示出乳酸系统高度动员和高强度的重复运动的能力。

使用小场地比赛训练法发展无氧耐力时，负荷结构通常为：练习的持续时间一般为30秒～3分钟、重复4～8次/组，2～4组，运动与间歇时间的比值为1∶1，组间间歇为3～5分钟。可通过安排无守门员、无限制触球次数、更小场地、教练员的指令及鼓励更多的1V1、2V2的小场地比赛来实现无氧训练；也可安排更多队员参与比赛，但应安排特定的目标限制以发展无氧耐力。推荐的训练方法如图7-141所示。

这种形式的训练最好在小场地或中等大小的场地上进行，通常1V1时选用5米×10米或10米×15米的场地，2V2时选用10米×15米或15米×20米的场地。小场地比赛训练最大的优势是在训练战术行为和技术能力的同时有助于专项体能的发展，并且可以减少训练量，确保高水平的训练质量。表7-11为提高有氧与无氧耐力的小场地比赛训练方案。

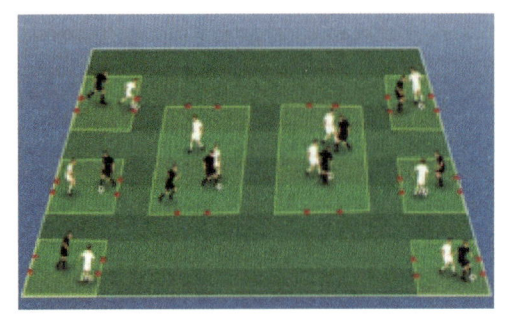

1V1和2V2。同时开始比赛，每次重复时，改变人数或比赛类型。带球越过防守方后的小门得分。

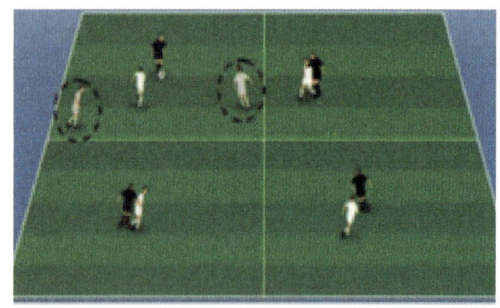

4V4加2个中间人。每队都有 4 名队员同时需要保护4块不同的扇形区域。因此，每队都有一名队员在不同区域。每队都应确保正确的传球线路。中间人可以穿越不同扇形区域为带球方提供接应，以发展中间人的无氧耐力。

图7-141

表7-11　提高有氧与无氧能耐的小场地比赛训练方案建议

		有氧训练		无氧训练
		短时间训练法	长时间训练法	
强度	HRmax（%）	>90	85~90	>85
	血乳酸	5~8 毫摩尔每升	3~4 毫摩尔每升	>8 毫摩尔每升
量	重复次数	5~8	4~5	4~8
	每次SSG练习时长	3~6分钟	5~15分钟	30秒~3 分钟
	次间歇时间	练习时间的 1/2	1~2分钟	与练习时间相同
	重复组数	1~2	1~2	2~4
	组间间歇	5~6分钟	4~5分钟	3~5
	总训练时间	10~30分钟	30~40分钟	4~16分钟
	SSG 形式	1V1　2V2　3V3	4V4　5V5　6V6	1V1　2V2
	场地面积	15米×25米　20米×25米　18米×30米	20米×30米　25米×35米　30米×40米	5米×10米　10米×15米 10米×15米　15米×20米
	守门员	无	有	无
	触球次数限制	有	无	有
	鼓励	有	无	有

（四）小场地比赛训练的周期设计

1. 赛季前

赛季前的准备期，通常都是增加负荷量、降低负荷强度，规律性地进行有氧训练。随着训练的进行和比赛的临近，低强度的有氧训练逐渐被高强度训练替代。产生较高乳酸的高强度训练之后的恢复能力也至关重要。

赛季前低强度有氧训练是首选，所以6V6、7V7或8V8最为常用。这些练习通常在小场地或中等大小的场地进行，每次重复4~5次，每次5~15分钟，每次练习之间的恢复时间为1~2分钟，总用时为30~40分钟。高强度有氧训练可以采用3V3、4V4的形式，分别在20米×25米、25米×30米大小的场地上进行，重复5~8次，每次3~6分钟，重复1~2组，总用时为10~30分钟。

2. 赛季中

欧洲足球强国的运动员在赛季中，其专项耐力不会有明显的变化。赛季中典型的周训练计划设计，通常有意大利模式和英国模式两种。

（1）意大利模式：这种模式分为一周一赛和一周双赛两种情况。一周一赛是在星期日比赛，星期一完全休息，星期三和星期四连续两天是大负荷训练日。一周双赛是在星期三和星期日比赛，星期一完全休息，星期五的训练负荷是最大的（图7-142）。

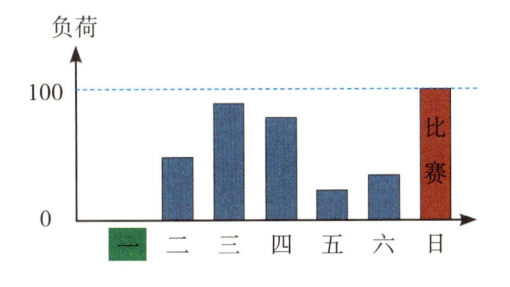

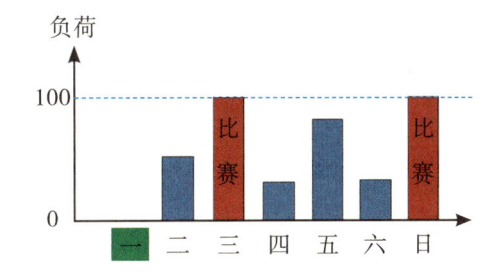

图7-142

（2）英国模式：英国模式采用一周一赛制，与意大利模式最大的区别在于前者在每周的周中（星期四）没有训练，是一个全天的休息日（图7-143）。而意大利模式是没有周中情况的，但是在赛前两天是连续的赛前减量训练。

在一周一赛的模式下，需要精心设计小场地比赛，以确保体能和技战术得到最理想的发展。

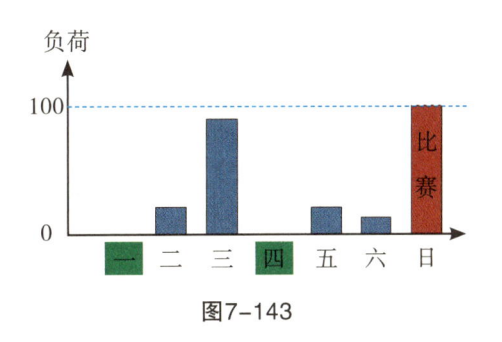

图7-143

星期二和星期六训练的主要目的是恢复。因此，可以使用有任务约束的比赛。

在星期三，进行较小场地的分队比赛，这样可以提高练习的强度和攻防转换的次数、与对手的身体接触机会以及加速次数，因此足以发展专项力量与高强度有氧耐力。训练时要求肌肉收缩是短时、高速和高肌肉张力的。这一天的小场地比赛训练在完成大量的制动、加速、变向、跳跃技术动作时，肌肉进行离心收缩。因此，人数较少的小场地比赛是最佳选择。

星期四训练的目的是提高负荷，降低强度。因此，推荐进行较大场地的分队比赛。训练时要求肌肉收缩是长时间、低速和低肌肉张力的。因此，进行场地较大、人数较多的小场地比赛训练。这种训练会提升血乳酸和练习的强度，但是要求整体的训练量不能影响小场地比赛的质量。

在星期五，乳酸耐受训练是首选。因此，1V1加一个中间人的练习可以有更多的反击机会，进攻队员会因失去控球权而被迫做出快速冲刺的战术行为。训练时要求肌肉进行非最大用力的短时、高速收缩，小场地比赛训练选择中等或者小的场地，人数较少，每组练习的重复次数较少。此外，训练内容不包括身体接触和跳跃、转身变向和制动。

四、青少年足球运动员耐力训练的建议

青少年足球运动员的耐力训练开始于12~13岁，可以将其融入技术训练、战术训练，尤其是教学比赛中。

在基础训练中，教学比赛是基本，尤其是在小场地比赛中，突出训练的趣味性。在此阶段，有球训练是首选。然而，也可以逐渐采用法特莱克训练或间歇性训练来提高负荷。这种训练也可以采用结合球的形式进行。

第二生长高峰期结束（13~14岁），可以逐渐增加负荷，采用100%~120%的MAS为强度的间歇性训练来发展最大有氧能力。当然，小场地比赛是个非常不错的训练方法，尤其是在赛季当中。

由于个体差异，以及青少年运动员的发育程度不同，对所有人采用相同的负荷进行耐力训练是不可取，甚至是错误的，正确的做法是根据有氧耐力测试的结果，进行个体化的训练。

从14~15岁开始，以85%~90%最大心率强度进行有氧功率训练，以提高有氧功率，打造运动员的"发动机"。小场地比赛、穿插各种变向与变速的法特莱克训练和基于MAS为强度参数的间歇性训练都是可以采用的。

第六节　核心训练

热身活动中的躯干激活训练动作，也可以作为核心训练的动作。

一、髋部抗屈曲/伸展训练

（一）双腿臀桥

动作：仰卧于垫子上，双手放在身体两侧，双足支撑，与肩同宽，屈膝角度大于或等于90°。臀肌收缩，伸展髋部，使膝、髋、躯干呈一条直线（图7-144）。

要点：①保持身体稳定，不要晃动。②避免过度伸髋而出现弓背。

动作进阶：①静态→动态+静态。②自重→迷你弹力带。

图7-144

（二）单腿屈膝臀桥

动作：仰卧于垫子上，双手放在身体两侧，支撑腿屈膝勾脚尖，屈膝角度大于或等于90°，另一腿屈膝、屈髋90°，勾脚尖。臀肌收缩，伸展髋部，使支撑腿的膝、髋和躯干呈一条直线（图7-145）。

图7-145

要点：①保持身体稳定，不要晃动。②两膝始终保持一拳距离。避免过度伸髋而出现弓背。

动作进阶：①静态→动态+静态。②自重→迷你弹力带。

（三）单腿直膝臀桥

动作：仰卧于垫上，双手放在身体两侧，支撑腿屈膝，左足踩在地面上，屈膝角度大于或等于90°，另一腿直膝勾脚尖。臀肌收缩伸展髋部，使支撑腿的膝、髋和躯干呈一条直线（图7-146）。

要点：①保持身体稳定，不要晃动。②两膝始终保持一拳距离。③悬空腿踝，膝、髋、躯干保持在一条直线上。

图7-146

动作进阶：①静态→动态+静态。②自重→迷你弹力带。

（四）屈膝髋外展

动作：侧卧于垫子上，弹力带套在膝关节上方，屈膝、屈髋，脚跟并拢，上方腿膝部缓慢上抬（图7-147）。

要点：①保持身体稳定，不要晃动。②保持腹部收紧，外展髋部时始终保持弹力带张力。

动作进阶：①增加弹力带磅数。②屈膝→直膝。

图7-147

（五）跪撑外展

动作：跪姿六点支撑，双手放在肩部正下方，膝放在髋部正下方，脚尖点地，弹力带套在膝关节上方。腹部收紧，不要塌腰，一条腿向外侧打开（图7-148）。

要点：①保持身体稳定，不要晃动。②保持腹部收紧，外展髋部时始终保持弹力带张力。

图7-148

（六）直膝臀桥

动作：仰卧于垫上，双手放在身体两侧，脚跟放在瑜伽球上。双腿伸直，勾脚尖，臀部发力将髋抬起。

要点：①保持身体稳定，不要晃动。②保持躯干、髋部、膝关节、脚踝呈一条直线。

动作进阶：①双腿→单腿→军步。②静态→静态＋动态。

（七）跪撑伸髋

动作：跪姿六点支撑，双手放在肩部正下方，膝放在髋部正下方，脚尖点地。腹部收紧，不要塌腰，一条腿向后伸展（图7-149）。

要点：保持身体稳定，不要晃动。

图7-149

（八）俯撑伸髋

动作：俯卧在瑜伽球上，双手撑地，髋部贴近瑜伽球。背部保持平直，抬起双腿。

要点：①保持身体稳定，不要晃动。②保持勾脚尖，躯干、髋部、膝关节、脚踝呈一条直线。

动作进阶：交替抬腿→一条腿与对侧手臂同时抬起。

二、躯干抗伸展、抗侧屈／屈曲训练

（一）平板支撑（手撑）

动作：双手放在肩部正下方，腹部、臀部收紧，双腿并拢，脚尖点地（图7-150）。

要点：①收紧腹部，保证身体不要晃动。②保持头部、躯干、膝关节、脚踝呈一条直线。

进阶动作：四点支撑→三点→两点。

图7-150

（二）平板支撑（肘撑）

动作：肘关节放在肩部正下方，腹部、臀部收紧，双腿并拢，脚尖点地（图7-151）。

要点：①收紧腹部，保证身体不晃动。②保持头部、躯干、膝关节、脚踝呈一条直线。

进阶动作：①四点支撑→三点→两点。②稳定支撑（地面）→不稳定支撑（瑜伽球等）。

图7-151

（三）跪撑伸展

动作：双手放在肩部正下方，膝关节放在髋部正下方，脚尖点地。腹部收紧，不要塌腰，慢慢抬起手臂或腿。

要点：①收紧腹部，保证身体不晃动。②保持头部、躯干、膝关节、脚踝呈一条直线。

进阶动作：抬起手臂→抬起大腿→抬起对侧手臂和腿。

（四）上卷腹

动作：仰卧于垫上，屈膝、屈髋，双脚踩实地面。手臂垂直于地面，眼睛看着手指方向，上腹部发力使上背部离开地面（图7-152）。

要点：①双脚不要离开地面，手臂始终保持垂直于地面。②在顶点停顿4~8秒。

进阶动作：①原地自重→瑜伽球→瑜伽球+负重。②抬起手臂→抬起大腿→抬起对侧手臂和腿。

图7-152

（五）下卷腹（瑜伽球）

动作： 双手放在肩部正下方，小腿放在瑜伽球上。腹部、臀部收紧，背部保持平直，下腹发力，髋关节屈曲使大腿尽量贴近胸部（图7-153）。

要点： ①保持身体稳定，不要晃动。②运动过程中，保持背部平直，腹部和臀部收紧。

图7-153

（六）下卷腹

动作： 仰卧于垫子上，手臂放在身体两侧，屈膝、屈髋。大、小腿夹紧，下腹发力将髋部向上抬。

要点： 手臂向下压住地面，髋部下放时要缓慢。

（七）卷腹（瑜伽球）

动作： 双腿跪姿准备，臀部和腹部收紧，手臂放在瑜伽球上。向前缓慢将球推出至最远端。

要点： 运动过程中，注意不要过度伸髋，腹部要始终保持收紧状态。

动作进阶： ①瑜伽球→腹肌轮。②跪姿→站立。

（八）侧桥

动作： 以右侧动作为例。右肘放在肩部正下方，身体侧躺在垫子上，双脚前后打开，左脚在前。撑起身体，保证右腿踝、膝、髋、肩部、头部呈一条直线（图7-154）。

要点： ①颈部肌肉收紧，头部正直。②保证髋部充分伸展，身体不晃动。

图7-154

动作进阶： ①三点支撑→两点支撑。②静态支撑→动态转动→水平阻力。

（九）提箱走

动作：一只手提重物（哑铃或壶铃），躯干保持直立，平稳向前行走。

要点：这一动作就是动态的负重侧桥，所以注意核心收紧、背部挺直、髋部充分伸展。

动作进阶：增加行走距离或者增加负重。

（十）农夫行走

动作：双手提重物（哑铃或壶铃），躯干保持直立，平稳向前行走。

要点：行走时需要核心收紧、背部挺直，确保两侧重物平稳向前移动。

动作进阶：增加行走距离或者增加负重。

三、躯干抗旋转／旋转训练

抗旋转训练是核心训练的新趋势。抗旋转训练主要有两种：第一种是平板支撑从四点支撑向三点或两点支撑的进阶练习，这表明三点或两点支撑也属于抗旋转的核心训练；第二种是对角线模式的训练，主要包括下劈、上拉、水平阻力推拉等练习。

（一）下劈

动作：单腿跪地，保持躯干中立位，腹部收紧，双臂肘关节自然弯曲，于跪地腿对侧肩上方拉住缆绳（弹力带）手柄，向跪地腿髋外侧用力拉，同时腹肌收紧，躯干保持中立位，略微向同侧转体。然后减少用力，回到起始姿势。

要点：①目视前方，躯干始终保持中立位，腹肌收紧，不要前俯后仰。②控制身体对抗缆绳（弹力带）的反弹力，回到起始姿势。

动作进阶：半跪姿→弓步→站姿撇步。

（二）上拉

动作：单腿跪地，保持躯干中立位，腹部收紧，双手在跪地腿髋外侧握住缆绳（弹力带）手柄，向对侧肩上方用力拉，同时腹肌收紧，躯干保持中立位，略微向同侧转体。然后减少用力，回到起始姿势。

要点：①目视前方，躯干始终保持中立位，腹肌收紧，不要前俯后仰。②控制身体对抗缆绳（弹力带）的反弹力，回到起始姿势。

动作进阶：半跪姿→弓步→站姿上步/登阶。

（三）水平阻力前推

动作：单腿跪地，保持躯干中立位，腹部收紧，躯干与固定于后方的缆绳（弹力带）垂直，双手在胸前握住缆绳（弹力带）手柄。躯干保持不动，将缆绳（弹力带）手柄向前水平推出。

要点：①目视前方，躯干始终保持中立位，腹肌收紧，不要前俯后仰。②控制身体对抗缆绳（弹力带）的反弹力，回到起始姿势。

动作进阶：半跪姿→弓步。

（四）水平旋转

动作：双脚平行站立，略微屈膝、屈髋，保持躯干中立位，腹部收紧，躯干与固定于体侧的缆绳（弹力带）垂直，双手在胸前握住缆绳（弹力带）手柄。肘关节微屈，向反方向水平转动，然后缓慢回到起始位置。

要点：①目视前方，躯干始终保持中立位，腹肌收紧，不要前俯后仰。②控制身体对抗缆绳（弹力带）的反弹力，回到起始姿势。

动作进阶：双脚平行站立→双脚前后弓步站立。

四、训练应用示例

训练应用示例如图7-155所示。

训练目标：强化核心力量，提高传接球配合后的射门能力						
训练内容：1. 与队友在门前完成传接球配合射门练习　2. 核心训练							
训练难度：中级						
训练说明：左右脚传接球配合后前插射门练习						
训练模块	训练动作	单组时间	间歇时间	重复次数	训练时间
动作准备	—				10~15分钟
专项技术	配合射门	60秒	20~30秒	15~20组	25~30分钟
	俯撑爬山	10次/单腿	20~30秒	3~5组	6~10分钟
基础体能	侧桥转体	6次+15秒	20~30秒	3~5组	6~10分钟
能量代谢	—				25~30分钟
恢复再生	—				10分钟

训练目标：强化核心力量，提高2V2进攻（射门）/防守能力				
训练内容：1. 2V2攻防练习 　　　　　2. 核心训练				
训练难度：高级				
训练说明：在左右两个场区进行2V2进攻（射门）/防守（反击）练习				

训练模块	训练动作	单组时间	间歇时间	重复次数	训练时间
动作准备	—	—	—	—	10~15分钟
专项技术	2V2攻防	60秒	20~30秒	15~20组	25~30分钟
	仰卧蹬车	12次/单腿	20~30秒	3~5组	6~10分钟
基础体能	侧桥+弓步	6次+20秒	30~45秒	4~6组	10~15分钟
能量代谢	—	—	—	—	25~30分钟
恢复再生	—	—	—	—	10分钟

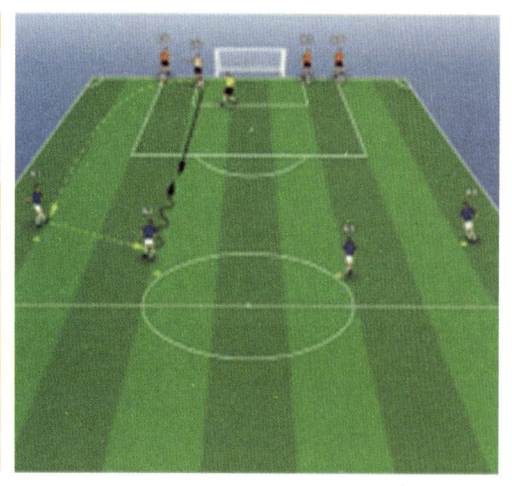

图7-155

第七节　灵敏训练

一、灵敏基础训练（强化减速能力）

（一）下落着地

目的：提高制动动作中身体的稳定性及反应力量。

动作：自然站立，双脚平行分开与髋同宽，双手缓慢举至头顶。从30厘米跳箱自由落下，双腿同时着地，通过髋、膝、踝弯曲缓冲落地的力量，同时手臂加速下摆。

要点：①主动屈髋、屈膝缓冲，臀部后坐，身体重心在两腿中间。②全脚掌踩实地面，脚后跟不要离开地面。③膝关节不要外展、内扣和超过脚尖。

动作进阶：①20~30厘米跳箱→40~50厘米跳箱→单腿下落。②结合有球练习。

（二）快速伸缩复合训练

目的：缩短跑动—减速—加速的时间，提高肌肉反应力量。

动作：自然站立，双脚平行分开与髋同宽，双手缓慢举至头顶。从30厘米跳箱自由落下，双腿同时着地，通过髋、膝、踝弯曲缓冲落地的力量，同时手臂加速下摆。落稳后迅速全力起跳，再落地停稳（图7-156）。

要点：①主动屈髋、屈膝缓冲，臀部后坐，身体重心在两腿中间。②全脚掌踩实地面，脚跟不要离开地面。③膝关节不要外展、内扣和超过脚尖。④起跳时手臂全力上摆，在头上位置突然制动，带动身体全力起跳。

动作进阶：20~30厘米跳箱→40~50厘米跳箱→单腿起跳双脚落地。

图7-156

（三）落地横切

目的：缩短跑动—减速—变向的时间，提高肌肉反应力量。

动作：自然站立，双脚平行分开与髋同宽，双手缓慢举至头顶。从30厘米跳箱自由落下，双脚同时着地，通过髋、膝、踝弯曲缓冲落地的力量，同时手臂加速下摆。落稳后迅速向一侧横切（图7-157）。

要点：①主动屈髋、屈膝缓冲，臀部后坐，身体重心在两腿中间。②全脚掌踩实地面，脚跟不要离开地面。③膝关节不要外展、内扣和超过脚尖。④如果向右侧横切，提醒运动员落地的同时将身体重心右移，小腿向右侧倾，同时左脚向左侧蹬。

图7-157

动作进阶：①双腿落地，20～30厘米跳箱→单腿落地横切，跳箱高度不变。②结合有球练习。

（四）侧滑步制动（切步）

目的： 学习横向切步动作，提高横向移动过程中制动时身体的稳定性。

动作： 自然站立，双脚平行分开与髋同宽，髋、膝微屈，躯干轻微前倾，背部直立。以左侧移动为例，右脚向右侧蹬，同时左脚向左侧跨步，移动时两脚之间的距离保持不变。连续滑动4次制动变向，左脚迅速水平向左横切，右脚向右跨步，向右侧滑步。

要点： ①核心收紧，腰背部挺直，身体重心上下起伏要小，不要出现横向跳跃的动作。②制动变向时，身体重心要在支撑脚内侧，膝关节不要超过制动脚，小腿指向接下来的运动方向。③制动变向时，支撑腿的对侧手臂收向身体中线，不要外展。

动作进阶： ①中速→快速。②模仿合理冲撞、跳起争顶球时的摆动、垫步和身体倾斜姿态。

（五）交叉步制动

目的： 学习切步动作，提高横向移动过程中制动时身体的稳定性和转身加速的速度。

动作： 自然站立，双脚平行分开与髋同宽，髋、膝微屈，躯干轻微前倾，背部挺直。以左侧移动为例，右脚快速向左前方插步，顺势快速踏地，同时左腿充分蹬地，向左侧跨出后制动，再向反方向做交叉步制动。连续完成4次交叉步后变向（图7-158）。

图7-158

要点：①身体重心上下起伏要小，不要出现横向跳跃的动作。②制动变向时，身体重心要在支撑脚内侧，膝关节不要超过制动脚，小腿指向接下来的运动方向。③制动变向时，支撑腿的对侧手臂收向身体中线，不要外展。

动作进阶：①中速→快速。②结合有球练习。

（六）"Z"字跨跳

目的：提高减速变向时身体的稳定性和腿部反应力量。

动作：以先向左侧跳跃为例，运动员先慢跑5米，再向左侧45°跨跳。左脚起跳，尽可能向左前方远跳，右脚落地后迅速向右前方跨跳。连续完成3次跳跃（图7-159）。

要点：①落地时，腹部收紧，背部挺直，主动屈髋、屈膝缓冲力量。②变向时，膝关节在支撑脚内侧，小腿指向变向方向。③制动变向时，支撑腿的对侧手臂收向身体中线，不要外展。

图7-159

动作进阶：①中速→快速。②结合有球练习。

二、闭合式灵敏训练（提高变向能力）

1. 标志线训练方法

步法：并步、开合步、剪刀步、交叉步、转髋步、碎步、单脚跳。

跳跃方向：前后、左右、旋转。

移动方向：正向、侧向、倒向、多方向。

动作进阶：频率（中速、快速）、手臂（胸前、头上）。

技术：无球→有球。

反应速度：教练员可以在训练中加入外部刺激（视觉、听觉）来训练反应速度。例如，随机喊出方向信息，向运动员掷球，或者在场地布置一些标志桶，当运动员接收到信号时，停止当前的运动迅速作出相应要求的反应。

（1）并步前后跳。

目的：提高下肢动作的速度。

动作：双脚平行站立，前后跳过中间的标志线，在规定时间内尽可能多地完成跳跃，或者用尽可能短的时间完成规定次数（图7-160）。

要点： ①躯干保持稳定，髋、膝微屈，跳跃时重心起伏不要太大。②落地准确，不要踩线或跳出范围。③动作干脆，不要发出摩擦地面的声音。

动作进阶： ①中速→快速。②原地→行进间。③双腿→单腿。④手臂置于胸前→手臂置于头上。

（2）并步左右跳。

目的： 提高下肢动作的速度。

动作： 双脚平行站立，左右移动跳过中间的标志线。在规定时间内尽可能多地完成跳跃，或者用尽可能短的时间完成规定次数（图7-161）。

要点： ①躯干保持稳定、髋、膝微屈，跳跃时重心起伏不要太大。②落地准确，不要踩线或跳出范围。③动作干脆，不要发出摩擦地面的声音。

动作进阶： ①中速→快速。②原地→行进间。③双腿→单腿。④手臂置于胸前→手臂置于头上。

（3）剪刀步。

目的： 提高下肢动作的速度和身体协调性。

动作： 前后分腿站立，左右脚像剪刀一样前后换腿跳过中间的标志线。在规定时间内尽可能多地完成跳跃，或者用尽可能短的时间完成规定次数（图7-162）。

要点： ①躯干保持稳定、髋、膝微屈，跳跃时重心起伏不要太大。②落地准确，不要踩线或跳出范围。③动作干脆，不要发出摩擦

图7-160

图7-161

图7-162

地面的声音。④手臂协调配合下肢的跳跃，避免同侧上下肢同方向摆动。

动作进阶：①中速→快速。②原地→行进间。③手臂置于胸前不摆动→手臂置于体侧跟随摆动。

（4）转髋步。

目的：提高下肢动作的速度和身体协调性。

动作：前后分腿站立，左右转髋，让双脚交替骑跨标志线，上体始终朝向正前方。在规定时间内尽可能多地完成跳跃，或者用尽可能短的时间完成规定次数（图7-163）。

要点：①躯干保持稳定，髋、膝微屈，跳跃时重心起伏不要太大。

图7-163

②落地准确，不要踩线或跳出范围。③动作干脆，不要发出摩擦地面的声音。④让髋关节灵活地转动起来，手臂协调配合下肢转动。

动作进阶：①中速→快速。②原地→行进间。③手臂置于胸前无摆动→手臂置于体侧跟随摆动。

（5）多边形跳跃。

目的：提高下肢动作的速度和身体协调性。

动作：可选取一种或多种步法进行练习，常用的多边形有"之"字形曲线、三角形、矩形、六边形。在规定时间内尽可能多地完成跳跃，或者用尽可能短的时间完成规定次数。

要点：①躯干保持稳定，髋、膝微屈，跳跃时重心起伏不要太大。②落地准确，不要踩线或跳出范围。③动作干脆，不要发出摩擦地面的声音。④手臂协调配合下肢运动。

动作进阶：①中速→快速。②单一步伐→多种步伐。③手臂置于胸前不摆动→手臂置于体侧跟随摆动。

2. 踏板训练方法

步法：剪刀步、开合步、碎步、滑冰步。

手臂：置于胸前保持躯干稳定→随身体摆动提高整体协调。

移动方向：正向、侧向。

动作进阶：频率（中速、快速）、手臂（胸前、头上）。

技术：无球→有球。

反应速度：教练员可以在训练中加入外部刺激（视觉、听觉）来训练反应速度。例如，随机喊出方向信息，向运动员掷球，或者在场地布置一些标志桶，当运动员接收到信号时，停止当前的运动迅速作出相应要求的反应。

（1）剪刀步。

目的： 提高下肢动作的速度和身体协调性。

动作： 前后分腿站立，左右脚像剪刀一样前后换腿跳上中间的踏板。在规定时间内尽可能多地完成跳跃，或者用尽可能短的时间完成规定次数（图7-164）。

要点： ①躯干保持稳定，髋、膝微屈，跳跃时重心起伏不要太大。②落地准确，不要跳出范围。③动作干脆，落地声音要小，不要用力跺踏板。④手臂协调配合下肢运动。

图7-164

动作进阶： ①中速→快速。②手臂置于胸前不摆动→手臂置于体侧跟随摆动。

（2）开合步。

目的： 提高下肢动作的速度和身体协调性。

动作： 双脚分别放在踏板两侧平行站立，髋、膝微屈，双脚同时跳上和跳下踏板。在规定时间内尽可能多地完成跳跃，或者用尽可能短的时间完成规定次数（图7-165）。

要点： ①躯干保持稳定，髋、膝微屈，跳跃时重心起伏不要太大。②落地准确，不要跳出范围。③动作干脆，落地声音要小，不要用力跺踏板。

图7-165

动作进阶： ①中速→快速。②手臂置于胸前→手臂置于头上。

（3）碎步。

目的： 提高下肢动作的速度和身体协调性。

动作： 双脚在踏板的一侧，髋、膝微屈，双脚分别交替跑上和跑下踏板。在规定时间内尽可能多地完成跳跃，或者用尽可能短的时间完成规定次数（图7-166）。

要点： ①躯干保持稳定，髋、膝微

图7-166

屈，跑动时重心起伏不要太大。②落地准确，不要跳出范围。③动作干脆，落地声音要小，不要用力跺踏板。

动作进阶：①中速→快速。②手臂置于胸前不摆动→手臂置于体侧跟随摆动。

（4）滑冰步。

目的： 提高下肢动作的速度和身体协调性。

动作： 双脚放在踏板一侧站立，髋、膝微屈，以向右移动为例，右脚先踩上踏板，左脚紧跟上踏板，右脚跑下踏板后向右侧蹬地，身体向左侧移动，重复完成多次。在规定时间内尽可能多地完成跳跃，或者用尽可能短的时间完成规定次数（图7-167）。

要点： ①躯干保持稳定，髋、膝微屈，跑动时重心起伏不要太大。②落地准确，不要跳出范围。③动作干脆，落地声音要小，不要用力跺踏板。

动作进阶： ①中速→快速。②手臂置于胸前不摆动→手臂置于体侧跟随摆动。

图7-167

3. 绳梯训练方法

步法： 碎步、高抬步、滑冰步、滑雪步、交叉步、开合步、剪刀步。

移动方向： 正向、倒向、侧向。

移动节奏： 两步、三步、连续。

动作频率： 中速、快速。

技术： 无球→有球。

反应速度： 视觉、听觉刺激，如随机变换步法和方向、掷球反应等。

常用训练动作： 两步一格、三步一格、滑冰步、滑雪步、前交叉步、进进出出、开合跳、跳格子。

（1）两步一格。

目的： 提高下肢动作的速度和身体协调性。

动作： 正向站在绳梯一端，左脚先进格子，右脚后进格子，以相同的方式跑完绳梯（图7-168）。

图7-168

要点：①躯干保持稳定，大腿半高抬，踝关节要有弹性。②落地准确，不要踩到绳梯。③动作干脆，落地声音要小，不要用力踩地或者发出摩擦地面的声音。

动作进阶：①中速→快速。②手臂置于胸前不摆动→手臂置于体侧跟随摆动。

（2）三步一格。

目的：提高下肢动作的速度和身体协调性。

动作：正向站在绳梯一端，左脚先进格子，右脚后进格子，左脚再踩一次第一个格子，右脚迈向第二个格子，每前进一个格子换一次脚，以相同的方式跑完绳梯（图7-169）。

图7-169

要点：①躯干保持稳定，大腿半高抬，踝关节要有弹性。②落地准确，不要踩到格子。③动作干脆，落地声音要小，不要用力踩地或者发出摩擦地面的声音。

动作进阶：①中速→快速。②手臂置于胸前不摆动→手臂置于体侧跟随摆动。

（3）滑冰步。

目的：提高下肢动作的速度和身体协调性。

动作：以向右侧移动为例，正向站在绳梯一端的左侧，右脚先进格子，左脚后进格子，右脚出格子向右侧蹬，左脚踩进第二个格子。以相同方式跑完绳梯（图7-170）。

要点：①躯干保持稳定，踝关节要有弹性。②落地准确，不要踩到格子。③动作干脆，落地声音要小，不要用力踩地或者发出摩擦地面的声音。④手臂协调配合下肢运动。

图7-170

动作进阶：①中速→快速。②手臂置于胸前不摆动→手臂置于体侧跟随摆动。

（4）前交叉步。

目的：提高下肢动作的速度和身体协调性。

动作：以向右侧移动为例，正向站在绳梯一端的左侧，左脚在右脚前向右插步，左脚踩进格子，右脚跨过格子落在绳梯右侧，左脚再向右跨出格子，双脚均落在绳梯右侧。以相同方式跑完绳梯（图7-171）。

要点：①躯干保持稳定，髋关节转动起来，踝关节要有弹性。②落地准确，不要踩到绳梯。③动作干脆，落地声音要小，不要用力踩地或者发出摩擦地面的声音。

图7-171

动作进阶：①中速→快速。②手臂置于胸前不摆动→手臂置于体侧跟随摆动。③前交叉→后交叉。

（5）进进出出。

目的：提高下肢动作的速度和身体协调性。

动作：双脚分别在第一个格子两边，髋、膝微屈，左、右脚依次进入格子，再依次跑出格子落在第二个格子旁边，以相同方式跑完绳梯（图7-172）。

图7-172

要点：①躯干保持稳定，踝关节要有弹性。②落地准确，不要踩到绳梯。③动作干脆，落地声音要小，不要用力踩地或者发出摩擦地面的声音。④手臂协调配合下肢运动。

动作进阶：①中速→快速。②手臂置于胸前不摆动→手臂置于体侧跟随摆动→前后击掌/触肩。③正向→侧向→倒向。

（6）开合跳。

目的：提高下肢动作的速度和身体协调性。

动作：双脚分别放在第一个格子两边，髋、膝微屈，双脚同时跳进格子再同时跳出，以相同方式跑完绳梯（图7-173）。

图7-173

要点：①躯干保持稳定，踝关节要有弹性。②落地准确，不要踩到绳梯。③动作干脆，落地声音要小，不要用力跺地或者发出摩擦地面的声音。④手臂协调配合下肢运动。

动作进阶：①中速→快速。②手臂置于胸前不摆动→双手触肩。③正向→倒向。

（7）滑雪步。

目的：提高下肢动作的速度和身体协调性。

动作：前后分腿站立，左脚在第一个格子里，右脚在绳梯外边，双脚同时起跳并交换，每只脚都需要踩一次格子再前进，以相同方式跑完绳梯（图7-174）。

要点：①躯干保持稳定，踝关节要有弹性。②落地准确，不要踩到绳梯。③动作干脆，落地声音要小，不要用力跺地或者发出摩擦地面的声音。④手臂协调配合下肢运动。

图7-174

动作进阶：①中速→快速。②手臂置于胸前不摆动→手臂置于体侧跟随摆动。③正向→倒向→侧向。

（8）跳格子。

目的：提高下肢动作的速度和身体协调性。

动作：正向站在绳梯一端，右脚跳进格子里，左腿屈膝90°，左脚勾脚尖，单脚起跳，双脚落在绳梯两侧，以相同方式跳完绳梯（图7-175）。

图7-175

要点：①躯干保持稳定，踝关节要有弹性。②落地准确，不要踩到绳梯。③动作干脆，落地声音要小，不要用力踩地或者发出摩擦地面的声音。④手臂协调配合下肢运动。

动作进阶：①中速→快速。②双手叉腰→手臂置于体侧跟随摆动。③正向→倒向。④向前高抬腿→向后踢腿→左脚向前高抬腿，右脚向后踢腿。

三、开放式灵敏训练（提高变向能力）

（一）变化档位跑动训练

目的：提高启动第一步速度，强化加速和减速能力。

动作：两个标志桶相距15米，教练员下达"开始"口令后，运动员开始在两个标志桶之间慢跑（这个速度为一档）；教练员下达"二档"口令时，运动员加速至全速的3/4；教练员下达"三档"口令时，运动员在两个标志桶之间全速跑动。训练时间控制在20～30秒。为了保证运动员不能预测档位，教练员应该随意发令，这样可使训练具有不可预测性，运动员便不得不将注意力集中于听觉信息线索上。

动作进阶：①听觉信号→视觉信号。②直线加速、减速后退→多方向加速、减速、变向，多种步法切换。

（二）冲刺接球训练

目的：提高对视觉刺激作出反应的第一步速度。

动作：教练员和运动员大约相距5米，运动员做出预备姿势，教练员将持球的手臂伸向一侧，与肩同高，然后随机松手。教练员一松手，运动员冲刺并在球落地弹起两次之前抓住球。运动员应该以预备姿势抓住球，不能扑向落球来弥补较差的反应时。

动作进阶：①增加距离。②教练员双手都拿球，随机放下一个。③不同的预备姿势：半蹲距式→单膝跪姿→俯卧趴地。

（三）四边形灵敏训练

目的：提高运动员在有限空间内的反应灵敏能力。

动作：将4个标志桶摆成一个正方形，边长3～5米。给4个标志桶分别编号

1~4，运动员在正方形的中间原地小跑准备，等待教练员喊出标志桶的号码。教练员发出信号后，运动员按照要求步法快速移动，并用离标志桶最近的手触碰。然后运动员再快速跑回起始位置，等待教练员叫下一个号码（图7-176）。

图7-176

（四）影子训练

目的：学习解读对手移动模式，提高变向反应速度。

动作：将4个标志桶摆放成边长为10米的正方形。两名运动员面对面站在正方形中间原地小步准备，指定一名运动员是队长，另一名运动员必须模仿队长的动作。例如，队长转身快速跑到一侧的标志桶，那么另一名运动员则要快速跑到对应的标志桶（图7-177）。

图7-177

（五）围堵训练

目的：学习解读对手移动模式，提高变向反应速度。

动作：将4个标志桶摆放成边长为15米的正方形。防守运动员站在正方形其中一边两个标志桶的中间位置，进攻运动员站在防守运动员对面的相应位置，两人做原地小步准备。听到"开始"的口令，进攻运动员试图躲开防守运动员，冲过防守边线。训练时，要求运动员不要与对手发生肢体接触（图7-178）。

图7-178

（六）"Y"形灵敏训练

目的：学习快速调整步长和放脚位置，缩短两种运动模式的过渡时间。

动作：将4个标志桶摆放成"Y"形，两个标志桶组成"Y"形的顶端，底端的标志桶与中间的标志桶相距10米。底部的标志桶是1号，中间的是2号，顶端的分别为3号和4号。教练员站在标志桶 2 的前面即"Y"形顶端"V"形的位置。运动员在标志桶1处做准备，接收到教练员信号后，运动员快速跑向标志桶 2。运动员到达后，教练员给出一个方向性的信号来指示运动员应该跑向哪个标志桶。方向性的信号可以是视觉信息（如指出方向），也可以是听觉信息（如叫出号码）。教练员可以让运动员以不同的步法移动到指定的标志桶来调整训练。

（七）遮挡训练

目的：学习解读对手移动模式，提高变向反应速度。

动作：将4个标志桶摆放成边长为6～8米的正方形。第一名运动员站在正方形的中间，第二名运动员站在左侧两个标志桶的中间，面向第一名运动员并与之平行，第三名运动员站在第二名运动员左侧或右侧两个标志桶的中间。

听到"开始"的口令后，第二名和第三名运动员开始在标志桶之间移动。当这两个运动员移动时，第一名运动员试着站在第二名和第三名运动员的交叉点上。随着这两名运动员不断地移动，第一名运动员必须在正方形内调整自己的位置从而确保这两个运动员在自己的视线内。此训练进行10～15秒，休息20～30秒之后，运动员调换角色。每名运动员都经过两次调换之后方能停止。

（八）触膝灵敏训练

目的：学习解读对手移动模式，提高变向反应速度。

动作：将4个标志桶摆放成一个边长为5米的正方形。两名运动员相隔大约2米，双方面对面做预备姿势并站在正方形的中间。听到哨响后，一名运动员试着触碰对手的膝部，为了避免被触碰到，对手应当根据需要进行躲闪。每次运动员触碰到对手的膝部便会得到1分，进行15~30秒，休息30~60秒，得分多者获胜，然后互换角色（图7-179）。

图7-179

（九）追击与逃跑灵敏训练

目的：学习解读对手移动模式，提高变向反应速度。

动作：将4个标志桶摆放成边长为20~30厘米的正方形。两名运动员面对面站在正方形中间，双臂前伸，指间相触，做原地小步准备。指定一名运动员为"逃跑者"，另一名为"追击者"。教练员发令后，"逃跑者"立即转身逃跑，争取在被"追击者"触碰之前跑到自己身后的标志桶处。运动员也可以采用背对背的形式准备，增加训练的多样性（图7-180）。

图7-180

四、训练应用示例

训练应用示例如图7-181所示。

训练目标：强化灵敏能力，提高双脚带球能力
训练内容：1. 提高下肢动作速度和协调性，使用标线、绳梯、踏板
2. 四个起始点的队员同时带球向中心完成转身、变向循环
训练难度：初级
训练说明：左右脚各部位带球，完成转身/变向等循环，接力比赛

训练模块	训练动作	单组时间	间歇时间	重复次数	训练时间
动作准备		—			10~15分钟
基础体能	标志线、绳梯、踏板	15~20秒	20~30秒	6~8组	10~15分钟
专项技术	带球	60秒	20~30秒	15~20组	25~30分钟
能量代谢		—			25~30分钟
恢复再生		—			10分钟

训练目标：强化灵敏能力，提高双脚盘带能力及假动作水平
训练内容：1. 提高下肢动作速度和协调性，使用标线、绳梯、踏板
2. 盘带中完成多次特定1V1假动作后与队友完成传接球循环
训练难度：中级
训练说明：左右脚盘带完成"V"字踩拉球动作后传接球/射门

训练模块	训练动作	单组时间	间歇时间	重复次数	训练时间
动作准备		—			10~15分钟
基础体能	标志线、绳梯、踏板	15~20秒	20~30秒	6~8组	10~15分钟
专项技术	盘带假动作	60秒	20~30秒	15~20组	25~30分钟
能量代谢		—			25~30分钟
恢复再生		—			10分钟

训练目标：强化灵敏能力，提高双脚带球能力及假动作水平
训练内容：1. 提高下肢动作速度和协调性，使用标线、绳梯、踏板
2. 盘带完成1V1假动作晃过防守人，完成传接球射门循环
训练难度：高级
训练说明：左右脚盘带完成1V1假动作晃过防守人，完成传接球/射门

训练模块	训练动作	单组时间	间歇时间	重复次数	训练时间
动作准备		—			10~15分钟
基础体能	标志线、绳梯、踏板	15~20秒	20~30秒	6~8组	10~15分钟
专项技术	盘带假动作	60秒	20~30秒	15~20组	25~30分钟
能量代谢		—			25~30分钟
恢复再生		—			10分钟

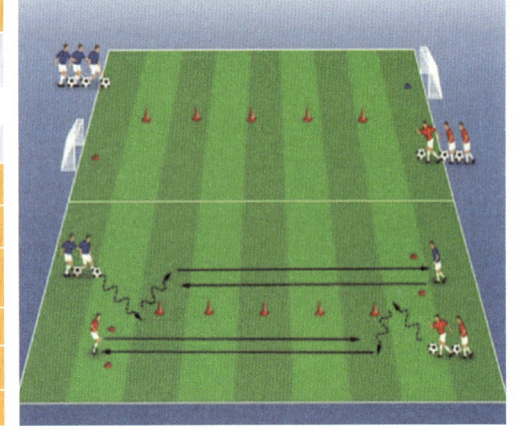

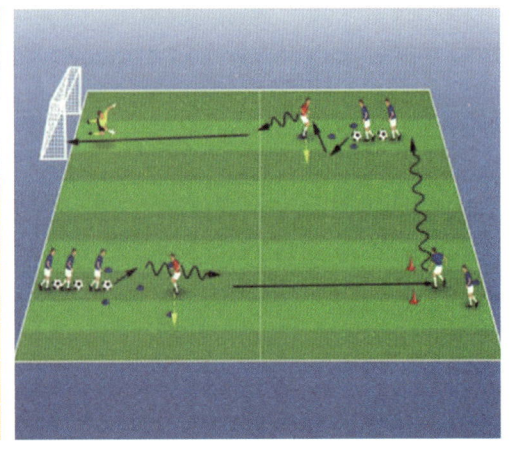

图7-181

第八节　平衡训练

一、稳定阶段

稳定阶段的练习动作要求支撑腿关节活动最小化，通过下肢肌肉的等长收缩，对关节施加压力，使关节反射性地维持稳定。

（一）单脚站立渐进式训练

目的：提高人体的静态平衡能力及稳定性，闭眼时可着重发展人体的本体感觉，发展全身小肌肉群的力量。

动作：直立姿势准备，双手叉腰单腿站立，另一腿屈膝向前微抬，原地保持平衡。

动作进阶：①上举手臂/向后伸髋→伸展对侧腿臂→站在非稳定器材上（平衡盘等）（图7-182）。②睁眼→闭一只眼→闭双眼。

要点：①始终保持背部平直，腹部收紧，支撑腿髋、膝、踝在一条直线上。②在保持稳定的前提下，手上举、腿后伸的动作尽量保持大幅度。

| 地板 | 手臂动作 | 腿部动作 | 腿臂皆动 | 泡沫软垫 | 平衡盘 |

图7-182

（二）单腿触够训练

目的：提高人体的动态平衡能力及稳定性，闭眼时可着重发展人体的本体感觉，发展小肌肉群的力量。

动作：双手叉腰，一腿屈髋、屈膝保持身体稳定，另一腿进行最大幅度的触够。到最大幅度时轻触一下收回，再进行下一次练习（图7-183）。

要点：①始终保持背部挺直、腹部收紧。②尽量进行最大幅度的触够。

图7-183

（三）单腿平衡动态阻力训练

目的：提高人体的动态平衡能力及稳定性，闭眼时可着重发展人体的本体感觉，发展小肌肉群的力量，通过进行各种动作模式的练习可提高动力链发力效率。

动作：单腿站立，另一腿屈膝抬起，保持身体直立。通过阻力带进行推、拉、旋转动作练习，利用足球、哑铃或壶铃进行上举练习（图7-184）。

要点：①始终保持标准的身体姿势，背部平直、腹部收紧。②尽量保持支撑

推　　　　　举　　　　　拉　　　　　旋转

上举练习

图7-184

344

腿髋、膝、踝在一条直线上。③在保持稳定的前提下，尽量在全范围、大幅度的情况下完成动作。

二、力量阶段

力量阶段的练习动作要求在支撑腿的整个活动范围内完成，练习动作涉及离心收缩和向心收缩。这些练习旨在提高人体运动系统中神经和肌肉的工作效率。在动作中要维持动态稳定，在动作结束时达到等长收缩的稳定。

（一）单腿下蹲

目的：提高人体的动态平衡能力及稳定性，提高运动系统中神经和肌肉的工作效率，发展维持平衡状态下的肌肉力量，提高动力链的传递效率。

动作：双手持哑铃在体前保持平衡，支撑腿髋、膝、踝在一条直线上。后腿抬起将脚放在训练凳上，前腿缓慢下蹲至屈膝90°（图7-185）。

图7-185

要点：①起始时保持背部挺直、腹部收紧，支撑腿髋、膝、踝关节在一条直线上。②下蹲应缓慢进行，膝盖不超过脚尖。

动作进阶：无负重→负重→负重下蹲+上举（尽量保持全范围、大幅度）。

（二）弓步下蹲

目的：提高人体的动态平衡能力及稳定性，同时发展保持平衡状态下的力量，提高动力链的发力效率，改善动作模式，提高运动表现及预防损伤。

动作：双手叉腰单腿站立，另一腿屈膝抬起向前成弓步。弓步落地后，前腿发力蹬伸，使身体重新回到单腿站立姿势，另一腿向前屈膝抬起（图7-186）。

要点：①起始时保持直立姿势，背部挺直、腹部收紧，支撑腿髋、膝、踝在一条直线上。②做弓步时，上身挺直，前后腿大腿与小腿呈90°角，后腿接近但不接触地面。后腿膝关节位于髋关节的正下方，前腿踝关节位于膝关节的正下方。

动作进阶：无负重→负重→负重弓步+推举（图7-187）。

弓步　　　　　　　　单腿平衡

图7-186

进阶动作

图7-187

（三）弓步登阶

目的：提高人体的动态平衡能力及稳定性，提高运动系统中神经和肌肉的工作效率，发展维持平衡状态下的肌肉力量，提高动力链的传递效率，改善发力模式，提高运动表现及预防损伤。

动作：双手叉腰，保持身体平衡，一腿向前迈步落在跳箱正中间。前腿蹬伸，单腿站立于跳箱上；另一条腿上抬，屈膝90°，勾脚尖（图7-188）。

要点：蹬上台阶后也要保持身体直立，支撑腿髋、膝、踝在一条直线上。

动作进阶：无负重→负重→负重登阶+推举→结合球（图7-189）。

单足上台阶　　　　　　　　单腿平衡

图7-188

单足上台阶　　　　　　单腿平衡　　　　　　头上推

图7-189

三、功率阶段

功率阶段的练习动作主要是换腿跳或单腿连续跳，其对离心力量、神经肌肉控制、关节稳定性要求较高，要求落地后保持3~5秒的稳定。

（一）单腿跳跃渐进式训练

目的： 提高人体的动态平衡能力及稳定性，提高神经肌肉控制能力和落地时的关节稳定性，改善发力模式，提高运动表现及预防损伤。

动作： 双手叉腰，保持身体平衡，背部挺直、腹部收紧，目视前方。单腿屈髋、屈膝起跳，正向、侧向、旋转跳落地，另一条腿屈髋、屈膝确保落地稳定

（图7-190）。

要点：①起始时保持直立的身体姿势，髋、膝、踝在一条直线上。②在控制稳定姿势的前提下，起跳高度、动作幅度都要尽可能大。③落地保持3～5秒的稳定状态，膝盖不要超过脚尖。

动作进阶：①原地→跳下→跳上。②正向→侧向→旋转。③换腿跳→单脚跳。

额状面
图7-190

（二）单腿快速伸缩复合训练

目的：提高人体的动态平衡能力及稳定性，提高神经肌肉控制能力和落地时的关节稳定性，改善发力模式，提高单腿起跳的爆发力，提高运动表现及预防损伤。

动作：双手叉腰，保持身体平衡，单腿支撑，髋、膝微屈，快速连续跳跃（图7-191）。

要点：①起始时保持直立的身体姿势，背部挺直，髋、膝、踝在一条直线上。②在保持躯干稳定的前提下，落地接触地面的时间尽可能短，触地即起跳。

动作进阶：正向→侧向→旋转。

图7-191

四、训练应用示例

训练应用示例如图7-192所示。

训练目标：强化单腿平衡能力，提高脚内侧传球准确性						
训练内容：1. 提高静态平衡能力 2. 两名练习队员传球通过场地中间的标志盘得分							
训练难度：初级						
训练说明：左右脚脚内侧传球击倒标志盘得分						
训练模块	训练动作	单组时间	间歇时间	重复次数	训练时间	
动作准备		—			10~15分钟	
基础体能	单腿站立渐进练习	12~20秒	15~20秒	4~6组	8~10分钟	
专项技术	脚内侧传球	60秒	20~30秒	15~20组	25~30分钟	
能量代谢		—			25~30分钟	
恢复再生		—			10分钟	

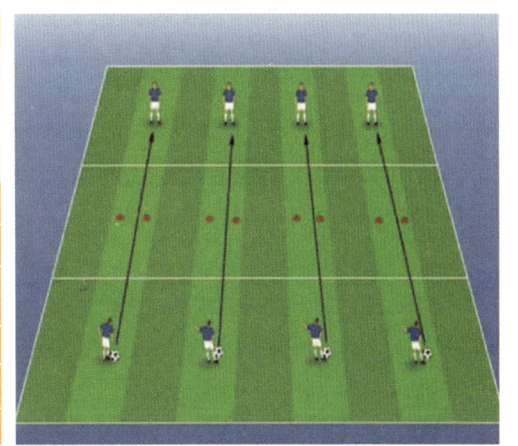

训练目标：强化单腿平衡能力，提高脚内侧传球准确性及力量						
训练内容：1. 提高静态平衡能力 2. 两名练习队员传球击倒对方标志桶得分							
训练难度：中级						
训练说明：左右脚脚内侧传球击倒标志桶得一分，限时得分多的队胜利						
训练模块	训练动作	单组时间	间歇时间	重复次数	训练时间	
动作准备		—			10~15分钟	
基础体能	单腿触够训练	12~20秒	20~30秒	4~6组	8~10分钟	
专项技术	脚内侧传球	120秒	20~30秒	10~15组	25~30分钟	
能量代谢		—			25~30分钟	
恢复再生		—			10分钟	

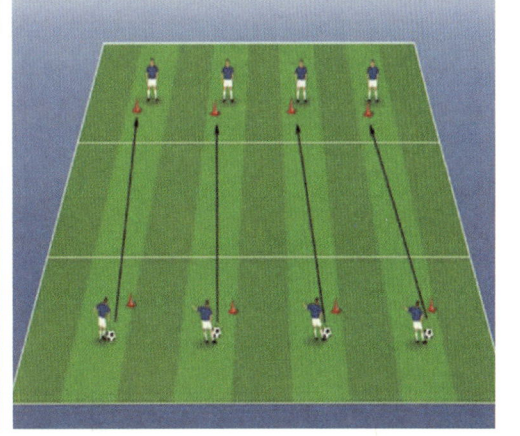

训练目标：强化单腿平衡能力，提高压力下传球准确性及力量						
训练内容：1. 提高静态平衡能力 2. 两队各两名队员传球击倒标志桶得分							
训练难度：高级						
训练说明：左右脚传球击倒标志桶后无球移动，限时得分多的队胜利						
训练模块	训练动作	单组时间	间歇时间	重复次数	训练时间	
动作准备		—			10~15分钟	
基础体能	单腿动态阻力训练	12~20秒	20~30秒	4~6组	8~10分钟	
专项技术	传球	120秒	20~30秒	10~15组	25~30分钟	
能量代谢		—			25~30分钟	
恢复再生		—			10分钟	

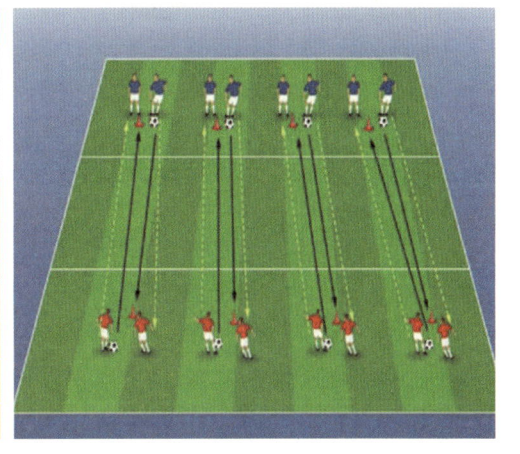

图7-192

第九节　恢复和再生训练

一、肌筋膜放松

（一）小腿前侧肌肉群

目的： 放松胫骨前肌。

动作： 泡沫轴横向放于瑜伽垫上，俯卧，双手支撑，一条腿屈髋、屈膝，将小腿置于泡沫轴上，上体保持稳定。双手向前将身体撑起，缓慢前后滚压小腿前侧（自膝关节至踝关节）（图7-193）。

要点： ①滚压时注意脚尖内扣，缓慢地将泡沫轴放在整个小腿前侧滚压，确保小腿前侧的胫骨前肌都能滚压到，同时寻找有无扳机点，滚压扳机点时保持匀速呼吸。②滚压时肘关节微屈，避免完全伸直。③也可以单腿伸直进行滚压，另一条腿屈膝置于下方腿上以增加重力。

图7-193

（二）腓肠肌外侧肌筋膜

目的： 梳理腓肠肌外侧肌筋膜。

动作： 坐姿，右腿置于泡沫轴上（也可以左腿屈膝置于右腿上增加重力），左腿屈膝，左脚平放，双手支撑身体，使身体除双手与左脚外均离开地面。双手支撑身体往前送，使右腿外旋，滚压部位为腓肠肌外侧。如遇扳机点，速度放慢，保持正常呼吸（图7-194）。

要点：①小腿外旋使滚压部位为腓肠肌外侧。②身体重心尽量压在小腿上，以增强放松效果。

图7-194

（三）腓肠肌内侧肌筋膜

目的：梳理腓肠肌内侧肌筋膜。

动作：坐姿，右腿置于泡沫轴上，左腿屈膝，左脚平放，双手支撑。右小腿内旋，使泡沫轴滚压腓肠肌内侧。身体撑起，除双手和左脚外全部离开地面（图7-195）。

要点：①小腿内旋，确保滚压部位是腓肠肌内侧。②身体重心尽量往小腿上倾斜。

图7-195

（四）股四头肌、屈髋肌群肌筋膜

目的：梳理股四头肌、屈髋肌群肌筋膜。

动作：以左腿为例，右膝跪地，左腿屈膝90°，将按摩棒放在左侧大腿前群靠近骨盆的位置。双臂用力，将按摩棒滚动按压至靠近膝关节的位置（图7-196）。

要点：①滚动部位为大腿上方。②力道要由轻到重，触碰到扳机点后速度放慢、力道放轻。

图7-196

(五)大腿内收肌筋膜

目的：梳理大腿内收肌筋膜。

动作：以左腿为例，右膝跪地，左腿屈膝 90°，将按摩棒放在左大腿内侧靠近骨盆的位置。右手握按摩棒上端，左手自左腿外侧穿过左腿下方握按摩棒下端。双臂用力，用按摩棒按压大腿内收肌，并使按摩棒滚动至靠近膝关节内侧的位置（图7-197）。

要点：滚动路线为大腿根部至膝关节内侧，力道由轻到重。

图7-197

(六)腘绳肌筋膜

目的：梳理腘绳肌筋膜。

动作：以左腿为例，右膝跪地，左腿屈膝 90°，将按摩棒放在左侧大腿下方靠近坐骨的位置，保持背部平直，身体稍向前倾。双手握按摩棒两端，双臂用力，将按摩棒滚动按压至腘窝位置（图7-198）。

要点：滚动路线为坐骨结节至腘窝，保持正常呼吸，不要憋气。

图7-198

（七）髂胫束肌筋膜

目的：梳理髂胫束肌筋膜。

动作：以右腿为例，左膝跪地，右腿屈膝 90°，将按摩棒放在右大腿根部外侧，右手握按摩棒上端，左手自右腿内侧穿过右腿下方握按摩棒下端，双臂用力，将按摩棒滚动按压至大腿外侧膝关节的位置（图7-199）。

要点：①滚动路线为股骨大转子至膝关节外侧。②保持正常呼吸，不要憋气。

图7-199

（八）前臂内侧肌筋膜

目的：梳理前臂内侧肌筋膜。

动作：以右臂为例，坐姿，双腿弯曲，将右臂放在右膝上，左手持按摩棒放在右臂肘关节的位置，让按摩棒沿着右臂内侧滚动至腕部（图7-200）。

要点：①滚动路线为肘部至腕部。②力道由轻到重。

图7-200

（九）前臂外侧肌筋膜

目的： 梳理前臂外侧肌筋膜。

动作： 以右臂为例，坐姿，双腿弯曲，将右臂放在右膝上，左手持按摩棒放在右臂肘关节的位置，让按摩棒沿着右臂外侧滚动至腕部（图7-201）。

要点： ①滚动路线为肘部至腕部。②滚动时注意尽量靠近外侧。

图7-201

二、扳机点消除（扳机点球）

（一）腓肠肌内外侧扳机点

目的： 消除腓肠肌内外侧扳机点。

动作： 两腿盘坐，将一个扳机点球放在上方腿的腓肠肌外侧，进行滚动按压。外侧完成后，再做内侧（图7-202）。

要点： ①保持扳机点球对腓肠肌的压力。②滚动过程中身体前倾，腿不要移动。③保持滚动力道均匀。

图7-202

（二）股四头肌扳机点

目的： 消除股四头肌扳机点。

动作： 俯卧，双肘支撑于地面，扳机点球放在一侧大腿下面。从髋部慢慢滚动到膝关节上部。完成一边后，再做另一边（图7-203）。

要点：①保持扳机点球对股四头肌的压力。②滚动力道要均匀。滚动时注意兼顾内外侧。

图7-203

（三）髂胫束扳机点

目的： 消除髂胫束扳机点。

动作： 以左侧为例，左侧卧，将扳机点球放在左腿外侧膝关节下方。左手屈肘支撑于头部前方地面，右手肘微屈支撑于胸部前方地面。左腿伸直，右腿屈膝约90°，支撑于左腿前方，脚掌着地，让扳机点球滚动按压髂胫束（图7-204）。

要点：①保持扳机点球对髂胫束的压力。②滚动路线为髂棘至膝关节外侧。③必要时可以不用脚掌着地，以增加滚动重力。

图7-204

（四）前臂内侧扳机点

目的： 消除前臂内侧扳机点。

动作： 坐姿，双腿弯曲，右臂伸直，手心向上，放在右膝上，左手以扳机点球按压右前臂内侧，不断调整位置寻找痛点。在痛点位置一直给予压力，以找到痛点。一侧完成后，再做另一侧（图7-205）。

图7-205

要点：①保持扳机点球对前臂内侧的压力。②力道由轻到重。③保持正常呼吸，不要憋气。

（五）前臂外侧扳机点

目的： 消除前臂外侧扳机点。

动作： 坐姿，双腿弯曲，右臂放于右膝上，左手将扳机点球放在右臂靠近肘关节的位置。右臂伸直，掌心向下。左手持扳机点球不断增加压力，以找到痛点。一侧完成后，再做另一侧（图7-206）。

要点： ①保持扳机点球对前臂外侧的压力。②保持滚动的位置为前臂外侧。③保持力道由轻到重。

图7-206

（六）三角肌扳机点

目的： 消除三角肌扳机点。

动作： 左侧卧，将扳机点球压在左侧肩部下方。右手按于身前地面，左臂弯曲成90°，保持扳机点球对左侧肩部下方的压力。一侧完成后，再做另一侧（图7-207）。

要点： ①保持扳机点球对三角肌的压力。②滚动发力时被滚压肩部保持放松。③滚动方向由近端到远端。④若在练习过程中肩部感觉到疼痛，应停下来咨询体能教练员或者队医。

图7-207

（七）胸大肌扳机点

目的： 消除胸大肌扳机点。

动作： 俯卧，将扳机点球放在右胸外侧下方，不断调整位置，直到找到痛点，并保持一定压力。调整球的位置，在痛点处及其周边不停地重复。一侧完成后，再做另一侧（图7-208）。

图7-208

要点：①保持躯干的稳定。②保持扳机点球对胸大肌的压力。③保持胸大肌放松。④保持正常呼吸，不要憋气。

（八）背部肌群扳机点

目的： 消除背部肌群扳机点。

动作： 仰卧，将扳机点球放置于背部下方，不断调整位置，在脊柱旁找痛点。屈膝，保持整个背部贴紧地面。深呼吸4~6次，用背部压住扳机点球，做卷腹、举臂等动作（图7-209）。

图7-209

要点：收紧腹部，不要塌腰。

三、静态拉伸

（一）颈部拉伸

目的：拉伸斜方肌、胸锁乳突肌。

动作：自然站立，背部伸展。缓慢低头，感觉颈部后方伸展（图7-210）。

要点：①背部伸展，核心稳定。②缓慢低头，保持均匀呼吸。

图7-210

（二）颈部一侧拉伸

目的：拉伸斜角肌、斜方肌、胸锁乳突肌。

动作：自然站立，背部伸展。头部中正，头部侧倒，同侧手辅助牵拉，感觉颈部侧方伸展（图7-211）。

要点：①背部伸展，核心稳定。②缓慢向一侧倒头，保持均匀呼吸，肌肉有灼烧感时立即停止。

图7-211

（三）三角肌后束拉伸

目的：拉伸三角肌后束。

动作：自然站立，背部伸展。一侧手臂前举后向另一侧平伸，另一侧手臂屈肘，于拉伸手臂外侧立前臂，向后缓慢用力，辅助牵拉（图7-212）。

要点：①背部伸展，核心稳定。②缓慢牵拉，保持均匀呼吸，可以轻微制动。

图7-212

（四）肱三头肌拉伸

目的： 拉伸肱三头肌。

动作： 自然站立，背部伸展。一侧手臂屈臂内收，置于头后侧，保持稳定，另一侧手臂拉住前者肘关节处进行对向牵拉（图7-213）。

要点： ①背部伸展，核心稳定，注意挺胸。②缓慢向一侧牵拉，保持均匀呼吸，以感到轻微疼痛为宜。

图7-213

（五）胸大肌拉伸

目的： 拉伸胸大肌。

动作： 自然站立，背部伸展。一侧手臂伸直置于墙或固定物上，另一侧手臂自然下垂，保持身体中正。身体稍向前移动，缓慢牵拉（图7-214）。

要点： ①背部伸展，核心稳定，注意固定侧手臂高于肩。②缓慢牵拉，保持均匀呼吸，注意挺胸。

图7-214

（六）站立侧展体拉伸

目的： 拉伸前锯肌、腹内斜肌、腹外斜肌。

动作： 两脚自然分开，略宽于肩，身体直立，背部伸展。双手沿体侧向上伸展，双手掌心相对，保持身体中正。缓慢向一侧倾斜身体，感觉牵伸（图7-215）。

要点： ①背部伸展，核心稳定，身体不要旋转。②缓慢牵拉，保持均匀呼吸，向体侧顶髋部。

图7-215

（七）弓步拉伸

目的：拉伸股四头肌、髂腰肌。

动作：弓步，保持身体稳定。后侧腿屈膝，保持踝关节跖屈抬起，同侧手拉脚背牵拉，身体略向前移动（图7-216）。

要点：①背部伸展，核心稳定，弓步时注意膝盖不要超过脚尖。②缓慢牵拉，保持均匀呼吸，拉伸髂腰肌时注意身体旋向对侧。

图7-216

（八）坐立两臂十字交叉拉伸

目的：拉伸背阔肌、菱形肌、竖脊肌、斜方肌。

动作：两腿弯曲坐在地面上，两臂伸直交叉，左手握右侧腿，右手握左侧腿。保持身体直立，两手分别用力牵拉（图7-217）。

要点：①背部伸展，核心稳定，手臂伸直。②缓慢牵拉，保持均匀呼吸，必要时下肢伸直。

图7-217

（九）单膝螺旋坐拉伸

目的：拉伸腹内斜肌、腹外斜肌。

动作：坐姿，两脚自然分开，背部伸展。一条腿屈膝跨过另一条腿，对侧手扶该腿膝部固定，向弯曲腿方向转体。保持身体直立，体会转体牵拉（图7-218）。

要点：①背部伸展，核心稳定，身体旋转到位。②缓慢牵拉，保持均匀呼吸，注意挺胸。

图7-218

（十）四字拉伸

目的： 拉伸梨状肌。

动作： 仰卧屈膝，目视上方，保持身体中正。一条腿膝关节外展，脚踝放在另一条腿膝关节上，两手抱腿辅助。也可以一只手扶外展膝关节，另一只手抱另一条腿辅助屈曲（图7-219）。

要点： ①背部伸展，核心稳定，颈部放松，头置于地面。②缓慢牵拉，保持均匀呼吸，注意膝关节充分外展。

图7-219

（十一）站立前弓步拉伸

目的： 拉伸腓肠肌、比目鱼肌。

动作： 弓步，重心前移，牵拉后腿（图7-220）。

要点： ①背部伸展，核心稳定，后腿蹬直时拉伸腓肠肌，后腿微屈时拉伸比目鱼肌。②缓慢牵拉，保持均匀呼吸。

图7-220

第八章 各年龄段训练注意事项

第一节 运动素质发展敏感期

运动素质主要分为力量、速度、耐力、柔韧、灵敏等方面。青少年运动员在生长发育过程中，不同的运动素质有不同的敏感期，即运动素质发展有一定的规律，表现出年龄特点（图8-1）。

实际年龄（岁）：男孩	6	7	8	9	10	11	12	13	14	15	16	17	18
实际年龄（岁）：女孩	6	7	8	9~10		10~11		11~12		13~14		15~16	17~18

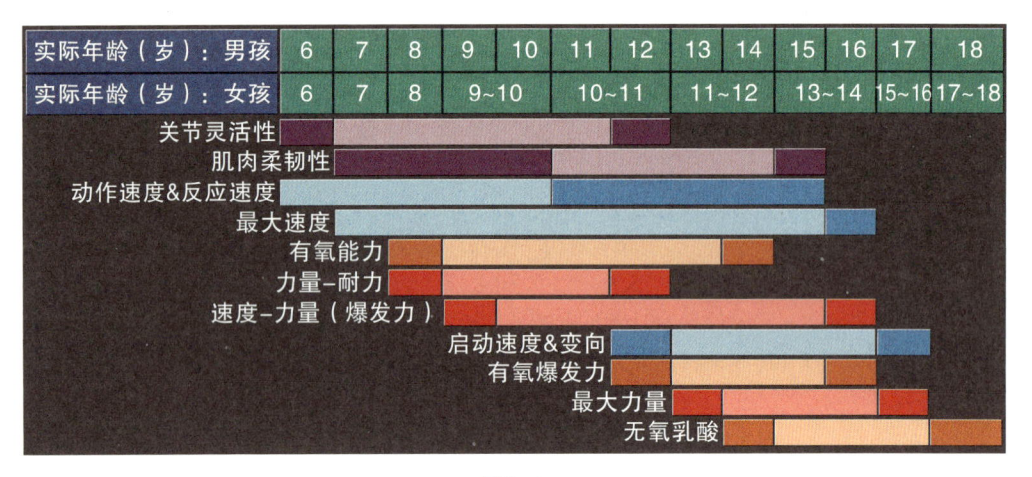

关节灵活性
肌肉柔韧性
动作速度&反应速度
最大速度
有氧能力
力量-耐力
速度-力量（爆发力）
启动速度&变向
有氧爆发力
最大力量
无氧乳酸

图8-1

青少年发展运动素质综合表现为：优先发展柔韧素质、速度素质、灵敏素质，然后过渡到力量、耐力素质、有氧能力、速度力量，最后发展最大力量、爆发力、无氧能力。

力量素质方面：力量耐力在7～16岁呈直线增长；最大力量从10岁开始快速增长，10～13岁为增长高峰期，14岁以后增长速度减慢，但还会持续增长；速度力量在7～13岁增长都很快，14岁以后增长缓慢（图8-2）。

实际年龄（岁）	6	7	8	9	10	11	12	13	14	15	16
力量耐力		持续增长									
最大力量					增长高峰期				缓慢增长		
速度力量		增长高峰期							缓慢增长		

图8-2

速度素质方面： 反应速度在6～12岁大幅度提高，13岁以后增长缓慢；动作速度从7岁开始快速增长，13岁左右会下降，14岁以后增长缓慢；最大速度在7～13岁快速增长，14岁以后增长缓慢（图8-3）。

实际年龄（岁）	6	7	8	9	10	11	12	13	14	15	16
反应速度	增长高峰期							缓慢增长			
动作速度		增长高峰期					下降	缓慢增长		
最大速度		增长高峰期							缓慢增长		

图8-3

耐力素质方面： 7～15岁持续增长，10岁、13岁左右分别有两次增长高峰期。

灵敏素质方面： 6～12岁缓慢增长，13～16岁是增长高峰期。

柔韧素质方面： 5岁就可以开始进行柔韧素质发展，6～13岁柔韧素质较好，柔韧要保持系统训练，甚至一直到成年（图8-4）。

实际年龄（岁）	6	7	8	9	10	11	12	13	14	15	16
耐力素质		持续增长			增长高峰期	持续增长		增长高峰期	持续增长		
灵敏素质	缓慢增长						增长高峰期				
柔韧素质	柔韧素质较好							保持系统训练			

图8-4

第二节 运动素质训练权重

一、小学阶段

（一）6～8岁运动素质训练权重

6～8岁时，儿童的神经系统发育速度非常快。这个时期是速度素质发育的敏感期，对于青少年足球运动员来讲，要优先发育速度素质。6～8岁时，骨骼中软骨成分较多，水分和有机物质含量多，骨富有弹性，适合进行关节灵活性训练（表8-1）。

表8-1　6~8岁运动素质训练权重

速度	动作速度	★★★
	反应速度	★★★
	位移速度	★★★
力量	最大力量	
	力量耐力	★
	爆发力	
耐力	有氧功率	
	有氧耐力	★
	无氧耐力	
灵敏	变速变向	★★
柔韧	关节灵活	★★★
	肌肉伸展	★★

（二）8~10岁运动素质训练权重

对于8~10岁的儿童，关节灵活性相对于6~8岁时变弱，但是肌肉柔韧性依旧保持，所以此年龄段是柔韧素质（关节灵活度、肌肉柔韧性）发展的高速时期。对于速度素质，依旧保持与6~8岁相同的神经发育速度。8岁是儿童心肺耐力发展的高速期，所以在这个时间段要注重力量耐力和有氧耐力的训练（表8-2）。

表8-2　8~10岁运动素质训练权重

速度	动作速度	★★★
	反应速度	★★★
	位移速度	★★★
力量	最大力量	
	力量耐力	★★★
	爆发力	★
耐力	有氧功率	
	有氧耐力	★★★
	无氧耐力	
灵敏	变速变向	★★★
柔韧	关节灵活	★★★
	肌肉伸展	★★★

（三）10~12岁运动素质训练权重

10~12岁时，儿童的神经系统发育速度放缓，所以速度素质的训练权重比之前要低；这个时期是儿童心肺耐力增长的高速期，对于力量耐力和有氧耐力的发展要重视。这个时期儿童的肌肉柔韧性依旧良好，神经肌肉协调能力开始发展，要注意增强灵敏和柔韧素质的训练（表8-3）。

表8-3　10~12岁运动素质训练权重

速度	动作速度	★★
	反应速度	★★
	位移速度	★★★
力量	最大力量	
	力量耐力	★★★
	爆发力	★
耐力	有氧功率	★
	有氧耐力	★★★
	无氧耐力	
灵敏	变速变向	★★★
柔韧	关节灵活	★★★
	肌肉伸展	★★★

二、初中阶段

13~15岁时，儿童的骨骼发育较为完善，软骨含量减少，所以适宜进行爆发力等力量素质训练，灵敏和柔韧素质依旧保持，心肺耐力迎来发展的最佳时期，要重点发展无氧耐力、有氧耐力及力量耐力等（表8-4）。

表8-4　13~15岁运动素质训练权重

速度	动作速度	★★
	反应速度	★★
	位移速度	★★★
力量	最大力量	★
	力量耐力	★★★
	爆发力	★★★

（续表）

耐力	有氧功率	★★★
	有氧耐力	★★
	无氧耐力	★★★
灵敏	变速变向	★★★
柔韧	关节灵活	★★★
	肌肉伸展	★★★

三、高中阶段

16～18岁时，骨骼发育基本完善，软骨含量较少，适宜各项素质全面发展（表8-5）。

表8-5　16～18岁运动素质训练权重

速度	动作速度	★★★
	反应速度	★★★
	位移速度	★★★
力量	最大力量	★★★
	力量耐力	★★★
	爆发力	★★★
耐力	有氧功率	★★★
	有氧耐力	★★★
	无氧耐力	★★★
灵敏	变速变向	★★★
柔韧	关节灵活	★★★
	肌肉伸展	★★★

第九章　青少年女子足球运动员专项体能训练

第一节　女子足球运动员的运动损伤特征

一、女子足球运动员运动损伤的发生率

调查研究表明，青少年女子足球运动员损伤的发生率远高于男子。因此，在开展训练活动或参加比赛时，应更加注重女子足球运动员的防伤训练。

二、女子足球运动员运动损伤的种类及部位

调查显示，从受伤的组织器官来看，肌肉、韧带是青少年女子足球运动员损伤的主要组织，其他组织如神经、内脏等受伤很少。肌肉损伤主要是由于足球运动中肌肉收缩过于强烈或肌肉过分被牵拉，导致肌肉负荷过大，一次性被拉伤或久而久之产生劳损。在足球运动中，加速跑、急停、急转、各种跳跃以及用力踢球等动作，如果用力过大，超过关节的正常活动范围，就会导致相应关节的韧带损伤。从受伤的部位来看，膝关节、踝关节、腰部以及足部损伤在青少年女子足球运动员中较为多见。

三、女子足球运动员运动损伤的常见损伤机制及预防

（一）膝关节损伤

在足球运动中，球员经常需要急速起动，并在高速中变速、变向、急停、起跳、冲撞等。膝关节生物力学研究结果显示，膝关节成 30°～50° 角时膝部力量最大，因而几乎所有的跑跳动作也都在屈膝30°～50° 角时发力。以下肢为主要活动的足球项目，要求运动员时常保持这一体位，发力点集中，髌骨软骨面承

受的压力很大，髌骨关节接触范围最大，而这时膝的稳定又主要靠髌骨来维持。这些解剖生理特点，都成为髌骨软骨在半蹲位受伤的潜在因素，猛烈的撞击、牵拉会使半月板、十字交叉韧带受到不同方向的分力撞击，使膝关节起固定作用的内外侧副韧带损伤。

女子在从事足球运动时，由于膝关节的灵活性比男子差，膝关节周围的肌肉韧带薄弱，加上反应和灵敏度不及男子，在激烈冲撞中常常会躲避不及，多数损伤可伤及内侧副韧带，而由于半月板位置特殊，专业运动员中受伤比率占70%以上。

膝关节损伤的预防：①掌握正确的技术动作。②严格遵守循序渐进的训练原则。③正确理解规则，严禁粗野的犯规动作。④加强股四头肌力量的练习。⑤做充足的准备活动。

（二）踝关节损伤

踝关节由胫腓骨下端及距骨构成，而距骨鞍状关节面前宽后窄，跖屈时踝关节松动。踝跖屈时距骨滑向前方，并伴有足的内旋动作。相对而言，足的内翻肌群比外翻肌群力量大，踝关节的外侧韧带损伤率为85%。

足球运动中，女子足球运动员与男子足球运动员相比，存在肌肉力量较弱、体能较差、承受负荷能力较低等特点，而其技术动作、技术风格却日渐男性化。由于女子足球运动员踝关节力量不足，在运球过人、急转、急停时，或身体失去重心时，或在运动中脚被踩、被绊时都可产生足的旋后位动作，导致踝外侧副韧带的损伤。在女子足球运动员踝关节的损伤中，多数运动员为再发性扭伤，这不仅表现为韧带关节囊的松弛，也伴有肌肉的损伤。踝关节的旋后伤不但会损伤外侧副韧带，而且可造成腓骨长短肌的损伤。

踝关节损伤的预防：①掌握正确的技术动作。②严格遵守循序渐进的训练原则。③正确理解规则，严禁粗野的犯规动作。④加强踝关节周围肌肉（特别是腓骨长短肌）的力量练习。⑤做充足的准备活动。

第二节 女子足球运动员的体能训练

一、女子足球运动员的速度训练

提升女子足球运动员速度素质的最佳年龄段是8~13岁。其中，在9~12岁期间，她们的反应速度发展最快，此时加强训练会有效提升她们这方面的能力。而在9～13岁，女子的动作速度发展最快，在这个阶段加强动作速度的训练，能够有效地提升她们这方面的能力；同时在这个年龄阶段，也可以训练女子的移动速度。女子足球运动员在速度训练中对动作速度要求较低，往往只注重移动速度的练习，导致一些运动员绝对速度较快，但结合球的移动速度和动作速度则水平不高。因此，在女子足球运动员的速度训练中，应该着重加强反应速度和动作速度的练习，加快动作频率，还要相应地发展力量素质以及掌握正确熟练的技术动作。

二、女子足球运动员的力量训练

提升女子足球运动员力量素质的最佳时间段为11～15岁。其中，在11～13岁，女子的肌肉力量发展显著，而在14～15岁，其肌力已经接近成人水平。女子足球运动员的力量训练应注重全面性，由于肩带肌、上肢肌、腹肌、盆底肌的力量相对薄弱，而这些部位的肌肉力量与足球运动技巧密不可分，所以对这些薄弱环节的肌肉力量训练应该多加注意。根据其心理特点，教练员应让女子足球运动员明确力量训练可以使肌肉力量明显增加，但肌肉体积不会像男子那样容易增大，引导其积极投入力量训练中。在循序渐进的基础上，女子力量训练应采取接近最大负荷的训练法，但必须适量，若长期大负荷练习，有可能导致子宫下垂等，影响生殖机能。力量训练的质量和强度也应该被关注，在速度和动作完成的幅度上也应严格要求。在爆发性力量训练中，应始终把目标放在提高爆发力上，更应注意与灵敏、速度的结合。

三、女子足球运动员的耐力训练

女子耐力发育的最佳时间段是9～18岁，相对于男子而言较早。其中，提升女子足球运动员有氧耐力素质的最佳时间段为9～13岁，而提升女子足球运动员无氧耐力素质的最佳时间段是14～17岁。由于女子身体内脂肪含量较多，体脂占体重的百分比数值相当于男子的2倍，可以根据女子这一身体特点进行耐力训练。一方面，女子足球运动员应加强一定时间范围内具有一定强度反复跑的耐力训练，提高比赛中的跑动距离，并通过饮食、训练等措施减少脂肪，为灵敏素质发展提供良好的基础；另一方面，应充分利用时间耐力的优势，通过延长训练课时间磨炼基本技术和发展基础战术。

四、女子足球运动员的灵敏训练

提升女子足球运动员灵敏素质的最佳时间段是6~13岁。女子在进入青春期后，由于体重增加，内分泌系统发生了变化，会对灵敏素质的训练产生一定的影响。女子足球运动员的灵敏素质相对较差，在进行灵敏训练时应该与速度练习一样，加强有球和无球的灵敏练习，训练时间不宜过长，训练形式和内容宜丰富多样。

五、女子足球运动员的柔韧训练

提升女子足球运动员柔韧素质的最佳时间段是5~12岁。女子骨骼比男子纤细，骨重量约为男子的90%，骨骼的抗压、抗弯和抗断能力比男子差，但女子脊柱椎间盘比男子厚，关节囊和韧带较薄，因而关节活动范围大，柔韧性好。针对这一特点，女子足球运动员的柔韧训练可以通过瑜伽、低强度游泳和其他使肌肉活动幅度达到最大的轻缓活动来进行，同时注意与力量的并行发展。

六、女子足球运动员的平衡训练

有人认为，青少年女子的平衡能力比男子强，原因是女子重心较低、上体窄细。但是通过对测量数据进行统计，发现男子的平衡能力并不比女子差，可能是男子的前庭器稳定性强、肌肉的力量较大，因而提高了神经对肌肉的控制能力，从而相应地加强了人体的平衡能力。在女子足球运动员的平衡训练中，更加注重的是通过提升平衡能力来预防潜在的危险动作，提高训练的水平，而这一训练应当遵循由易到难、循序渐进的原则。